古代東アジアの文字文化と社会

角谷常子 [編]

臨川書店

は　じ　め　に

　本書は「文字文化からみた東アジア社会の比較研究」（平成26～30年度　科学研究費補助金　基盤研究（A）研究代表者：角谷常子）をテーマとした共同研究の成果をまとめたものである。執筆者は，特別寄稿のマシュー・カーボン氏，エドワード・ハリス氏以外は全員研究班のメンバーである。マシュー・カーボン氏は，Institute of Classical Studiesとの共催で行ったシンポジウム「Law and Writing Habits in the Ancient World」（2016年9月1日2日　於ロンドン大学）において，エドワード・ハリス氏との共著になる論文を発表され，今回その内容を御寄稿いただいた。

　本共同研究は，日本，韓国，中国の古代社会において展開される文字文化を通して，各地域社会の特色を明らかにせんとするものである。文字は紙，木，竹，石，金属などさまざまな媒体に書かれる。そのうち木簡・竹簡は主に行政の場で用いられ，金属は青銅器や買地券など用途も特殊で数も多くない。それに対して石は，一般的に複数人あるいは集団が，あるいは公権力が，何らかの目的をもって立てるものである。従って社会のありかたや人間関係を窺うには，石が適しているであろうと考え，本研究班では石を主たる研究対象と位置づけた。本書所収の論考のほとんどが石刻を分析対象としているのはそのためである。

　比較研究のメリットはいうまでもなく，異なる地域や分野における知識や知見，発想を獲得し，それを以って自らのフィールドを照らすことによって，今までの景色が一変し，あるいは閉塞が打破されることであろう。ただそうした劇的な結果がそう簡単に得られるものでないこともまた誰しも経験することである。しかし，目に見える形をとらなくても，他者から得た刺激や啓発は，自らの研究に必ず何らかの影響を与えるはずである。本書所収の各論考は，そうした新しい要素をとりいれつつ考察されたものである。

　最後に編者が共同研究を通して得たことを2点ご紹介しておきたい。

はじめに

　一つはギリシャと中国に見られる，法を刻んだ石がもつ共通点である。ここにいう法とは国家が発布するものだけでなく，民間人が特定の目的のために集まって取り決めたもの（中国では「約」「約束」といわれる）も含む広い概念で用いている。栗原論文がいうように，古代ギリシャでは法は書かれることによって有効になり，破壊によって無効になる。書かれるとは，具体的には石に刻まれるのであるが，それは公示する必要があるからだろう。つまりこの場合「書くこと」とは公示と置き換えられる。公示されている間は有効であり，みだりに破壊されてはならない。従って耐久性と堅牢性が必要となる。だからこそ石が選ばれたのだろう。こうしたことは中国の約束刻石や水利碑も同じである。時代は下るが12～14世紀の華北の水利碑においても，管理組織が保管・秘匿する水利規約を記した水利簿ではなく（改竄の危険性があるため），碑の内容を有効とし，従って不利な内容があれば抉り取ったり破壊される[1]。

　ではそもそもなぜ取り決め事を石に刻むのだろうか。中国古代において約束が石に刻まれたのは，約束内容を残すことはもちろんだが，私見によると約束内容を神に誓う時代から，関係者相互に確認・保証するようになったためだと思われる。従って関係者の目にふれる状態にあることに意味があるのである。水利碑の場合も，それが「証拠である以上」「現実に目に見える物体として存在する必要があ」った。碑に書かれた内容こそが拠るべきものであるため，違反行為などの問題があった時は古代ギリシャと同じく碑文の内容が根拠とされた[2]。

　では，かように共通点があるならば，法や約束を定め，それを碑に刻んだ人々の関係性についても共通点が見いだせるだろうか。例えばカーボン論文が紹介する，寄進の際に「贈与する側と受け手のあいだの複雑な協議の過程」を必要とする，そんな集団の性格が，中国の約束刻石や水利碑を立てた集団にも認められるかということである。このように時代や地域を超えて共通した現象が見出された今，カーボン論文にも「ローマのコッレーギアと，中国の商人結

---

1) 井黒忍『分水と支配　金・モンゴル時代華北の水利と農業』（早稲田大学学術叢書　2013）。井黒氏は水利碑の主題を水利施設，水利祭祀，水利規約，水利契約，水利図の5つに分けている。
2) 井黒忍注1前掲書。

社や敦煌の蔵経洞で確認された仏教集団とを比較する動向が見られる」というように，それを生み出した集団そのものの比較研究の段階に至っているのである。

　もう一つは日本古代の刻石文化の低調とその不継承の理由である。日本古代には石碑が少なく，かつそのわずかな石碑文化も継承されなかった。それはなぜか。これは研究班発足当初から是非解決したい問題であった。これまで識字率の低さや石の加工技術の未熟さが指摘されてきたが，それだけでは説明しきれないのではないかという疑問があったからである。

　この問題について市論文では，数少ない日本古代の石碑の立碑目的を再検討し，中国の石碑との比較検討を加えた結果，その原因として社会的流動性の乏しさを想定した。一方渡辺論文では木簡の機能の考察から，文字による意思伝達文化のなさ（裏返せば根強い口頭伝達文化）に求めている。

　一般に石に刻むという行為は，佐川論文や角谷論文でも指摘されるように，政治的あるいは社会的変動など，何らかの不安定，危機感を背景に持つ場合が多い。中国では王朝の存亡にかかわるような権力闘争や大規模反乱，果ては異民族による王朝交代も幾度となく起こっている。そうした激しい変動に比べれば，日本の社会的流動性は確かに緩やかであろう。従って石に刻んでアピールしたり，結合関係を強化したり，後世に残さねばならない切実な必要性は感じられなかったのではないか。文字という目に見える明確な形にする文化が希薄なのも，こうした緩やかな社会が有する心もちが影響しているのかもしれない。こうした見方が正当かどうかはこれから十分に吟味いただきたいが，石碑文化の低調と不継承の原因について，一つ扉が開いたと感じる。

　古代の石碑の少なさを以上のように考えるならば，この後に現れる中世の石造物や刻石の盛行，江戸時代の中国式石碑の流行は，もはや識字率や加工技術の変化のみを以って説明することは難しいであろう。さらにはじめて石碑が流行したという共通点をもつ，江戸時代と後漢時代の比較など，興味深い問題が待ち構えている。

目　次

はじめに

第Ⅰ部　石を選択する意味 ……………………………………………… 7

石碑からみた日本古代社会 ……………………………………… 市　大樹　8
文字媒体とその機能
　――日本における石碑文化の継受をめぐって ………………… 渡辺晃宏　43
後漢時代の刻石流行の背景 ……………………………………… 角谷常子　61
石刻による宣示――漢代石刻と「場所」 ……………………… 藤田高夫　87
6世紀河北農村の慈善活動と石柱建立
　――北斉標異郷義慈恵石柱再考 ……………………………… 佐川英治　106

　コラム　宇治橋断碑について　　竹内　亮　143

第Ⅱ部　法を刻む意味 …………………………………………………… 153

辺境に立つ公文書――四川昭覚県出土《光和四年石表》試探 …… 籾山　明　154
集安高句麗碑から見た広開土王碑の立碑目的 ………………… 李　成市　175
文字そのものの力
　――アテナイにおける法の有効性をめぐる一考察 …………… 栗原麻子　197

　コラム　東京護国寺所在の安倍仲麻呂塚の碑　　東野治之　216

第Ⅲ部　公示と伝達 ……………………………………………………… 225

西晋五条詔書等の伝達・頒布をめぐって …………………… 伊藤敏雄　226

『類聚三代格』にみえる「牓示」小考 ……………………… 寺崎保広　242

特別寄稿
ギリシア聖法と基金を再考する
　——分類にむけて ………………………… ジャン＝M・カーボン，E・ハリス　261

お わ り に

編者・執筆者紹介

第Ⅰ部
石を選択する意味

石碑からみた日本古代社会

市　　大　樹

は じ め に

　日本古代の石碑は，石塔4点を含めて18点が現存する。このほか，文献史料から存在が推定される石碑が6点（ただし必ずしも石碑とは断定できない），拓本のみ伝わるものが1点ある（以上，表1，図1）。中国はもちろんのこと，朝鮮半島に比べても極めて少ない[1]。わざわざ石碑を立てるからには，それなりの動機があったはずで，それを具体的に見極める必要性がある。

　また，日本古代の石碑は7世紀末から9世紀初頭に大半が収まり，基本的に日本律令国家が形成されてから大きく変容し始めるまでの期間に重なる。天長3（826）年の浄水寺寺領碑の次が，康平7（1064）年の浄水寺如法経碑まで一気に飛ぶように，結局のところ，日本古代社会に石碑文化は根付かなかったといわねばならないが，それは一体なぜなのか。

　本稿では，律令条文にみる日本古代石碑の特徴，碑と牌・牓の相違点を確認した後，采女氏塋域碑を中心とした墓碑や，上野三碑のひとつ多胡碑を取り上げ，それぞれの立碑事情を探ってみたい[2]。その上で最後に，日本古代社会で石碑が定着しなかった理由について，現時点における見通しを述べてみたい。

---

[1]　古代の日本と朝鮮半島の石碑に関しては，小倉慈司・三上喜孝編『国立歴史民俗博物館研究叢書4　古代日本と朝鮮の石碑文化』（朝倉書店，2018）によって概要をつかむことができる。各碑の基本文献も掲載されており（すべての碑に対してではないが），それぞれ参照されたい。

[2]　引用する諸文献のほか，福山敏男『福山敏男著作集6　中国建築と金石文の研究』（中央公論美術出版，1983），国立歴史民俗博物館編『古代の碑――石に刻まれたメッセージ』（1997），前沢和之『古代東国の石碑』（山川出版社，2008），東北歴史博物館編『ふるきいしぶみ――多賀城碑と日本古代の碑』（2001）も多く参照した。

はじめに

表1 日本古代の石碑・石塔（網掛けは石塔）

No.	名　称 (所在地・由来地)	現存	紀　年	形状（加工法）	枠線	種　類	備考，現存しない石碑の出典
1	伊予道後温湯碑 (愛媛県松山市)		法興6年（推古4年，596)			巡行碑	製作年代は議論。伊予国風土記逸文
2	宇治橋断碑 (京都府宇治市)	一部	大化2年(646)	加工石	○	架橋碑	製作年代は議論。笠石・台石もあったか。帝王編年記に全文
3	藤原鎌足碑		天智8年(669)			墓碑	日本書紀，藤原氏家伝
4	山上碑 (群馬県高崎市)	○	辛巳歳（天武10年，681)	自然石		供養碑？	後補の台石あり
5	采女氏塋域碑 (大阪府太子町)	拓本	己丑年（持統3年，689)	加工石（圭首？）		墓碑	現物は行方不明
6	那須国造碑 (栃木県大田原市)	○	庚子年（文武4年，700)	加工石（笠石，二段の台石）		墓碑	台石は徳川光圀による補修
7	多胡碑 (群馬県高崎市)	○	和銅4年(711)	加工石（笠石，二段の台石）		建郡碑	台石はコンクリート製に改修
8	超明寺碑 (滋賀県大津市)	○	養老元年(717)	加工石（圭首？）	○		贋物説あり
9	元明天皇陵碑 (奈良市)	○	養老5年(721)	加工石	○	墓碑	現状では一部しか釈読できない。東大寺要録に全文
10	阿波国造碑 (徳島県岩井町)	○	養老7年(723)	塼製（上下に枘）		墓碑	笠・台座もあったか
11	金井沢碑 (群馬県高崎市)	○	神亀3年(726)	自然石		供養碑	
12	竹野王多重塔 (奈良県明日香村)	○	天平勝宝3年(751)	加工石（軸部四石，屋根三石）		造塔碑	
13	薬師寺仏足石碑 (奈良市)	○	天平勝宝5年(753)	自然石	○	供養碑	
14	薬師寺仏足石跡歌碑 (奈良市)	○	天平勝宝5年(753)？	自然石	○	供養碑	
15	多賀城碑 (宮城県多賀城市)	○	天平宝字6年(762)	加工石（円首）	○	築城碑	
16	南天竺波羅門僧正碑 (奈良市)		神護景雲4年(770)			造像碑	石碑か不明。南天竺波羅門僧正碑幷序

9

17	大安寺碑 （奈良市）		宝亀6年 （775）			造寺碑	石碑か不明。諸寺縁起集
18	宇智川磨崖碑 （奈良県五條市）	○	宝亀9年 （778）	自然石		供養碑	
19	浄水寺南大門碑 （熊本県宇城市）	○	延暦9年 （790）	加工石	○	造寺碑	後補の支柱石・蓋石あり
20	浄水寺灯籠竿石 （熊本県宇城市）	○	延暦20年 （801）	加工石		寄進碑	露盤を転用した台石あり
21	山上多重塔 （群馬県桐生市）	○	延暦20年 （801）	加工石（三層の塔身，屋蓋，相輪，台石）		造塔碑	
22	沙門勝道歴山水瑩玄珠碑（栃木県日光市）		弘仁5年 （814）			造寺碑	石碑か不明。性霊集
23	益田池碑 （奈良県橿原市）		天長2年 （825）			造池碑	石碑か不明。性霊集
24	浄水寺寺領碑 （熊本県宇城市）	○	天長3年 （826）	加工石	○	寺領碑	後補の蓋石あり
25	浄水寺如法経碑 （熊本県宇城市）	○	康平7年 （1064）	加工石		供養碑	後補の蓋石あり

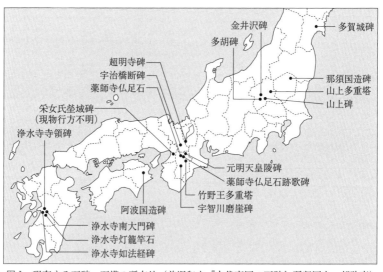

図1　現存する石碑・石塔の所在地（前沢和之『古代東国の石碑』所収図を一部改変）

1 律令条文にみる日本古代の石碑

　まず，石碑に関する律令条文を確認しよう[3]。すでに東野治之氏が唐の律令条文との比較検討をおこない，後述のような注目すべき指摘をしているが[4]，触れられていない問題もあるので，あえて検討を試みる。

　①凡墓，皆立レ碑。記=具官姓名之墓−。　　　　　　　　（養老喪葬令 12 条）

　これが日本の碑に関する唯一の律令条文である。「碑」とは，本条の『令集解』諸説にみるように，石碑を意味する。①は極めて簡易な規定で，墓にはみな碑を立て，「具官姓名の墓」と記すことだけを定める[5]。つまり，墓の標識として碑を立てることを規定している。ここでいう墓とは，

　②凡三位以上，及別祖・氏宗，並得レ営レ墓。以外不レ合。雖レ得レ営レ墓，若欲=大蔵−者聴。　　　　　　　　　　　　　　　　　　（養老喪葬令 10 条）

とあるように，A三位以上，B別祖，C氏宗しか営むことが許されなかった。
　まず，有位者のうち，A三位以上だけを対象としているのは，国家による葬具の支給対象となったのが，二品以上の親王，諸臣の三位以上，太政大臣，左右大臣，大納言であったことが関係しよう。四位・五位の場合，轜具と帷帳は貸与されるが，葬具は支給されなかった（以上，養老喪葬令 8 条）。
　つぎに，B別祖は「別族之始祖」（『令義解』）のことで，新たに分立したウジの始祖を指す。『令集解』諸説によれば，新たなウジ名を賜与され，ウジをお

---
[3] 以下，日本の令文については，ほぼ全文のわかる養老令（718 年頃制定，757 年施行）による。なお，『令集解』所引の古記などによって，特に言及するものを除けば，大宝令（701 年制定・施行）も同文と判断されることを断っておく。
[4] 東野治之「東アジアの石碑文化と古代日本」（『日本古代金石文の研究』岩波書店，2004，初出 1999）。以下，第 1 節における東野氏の見解はこれによる。
[5] 新川登亀男「古代東国の「石文」系譜論序説——東アジアの視点から」（平野邦男監修・あたらしい古代史の会編『東国石文の古代史』吉川弘文館，1999）は，「具官姓名」について，大宮・朝廷への奉仕を極めて簡略に記号化したものとみる。

こした人物を意味する。なお，ウジ名はそのままであっても，新たなカバネを賜与された者も対象になったようである（古記一云）。

最後に，C氏宗（大宝令では氏上）は「氏中之宗長」（『令義解』）のことで，要するにウジの代表者である。ただし，すべてのウジが氏上を出すことができたわけではなく，基本的に五位以上の官人を出し得るような畿内の中級以上のウジに限られた[6]。なお，Cで特に始祖をあげていないのは，遠い過去の人物であり，新たに墓を営まないからである[7]。

もっとも，実際には，『令集解』喪葬令10条古記に「諸王・諸臣四位以下，皆不レ得レ営レ墓。今行事濫作耳」とあるように，古記のまとめられた天平10（738）年頃には，造墓規制は十分に守られていなかったようである。しかし令意としては，一部の者だけが墓を営み，墓碑を立てることができたのである。

つづいて，①の母法となった唐令をみると，かなり違った規定となっている。

　　③諸碑碣　其文皆須=実録ー。不レ得=濫有=褒飾ー。五品以上立レ碑。螭首・亀趺，趺上高不レ得レ過=九尺ー。七品以上立レ碣。圭首・方趺，趺上高四尺。若隠淪道素，孝義著聞者，雖レ無=官品ー，亦得レ立レ碣。其石獣，三品以上六，五品以上四。　　　　　　　　　　　　　　（天聖喪葬令宋令26条）

北宋の天聖令（1029年制定・施行）は，唐の開元25年令（737年制定・施行）をもとに，まず宋代に有効なものを選んで修訂した条文（宋令）を掲げ，ついで宋代には継承されなかった唐令条文（不行唐令）をそのまま載せる編纂方針をとった。③は宋令であるが，すでに天聖令発見以前に，仁井田陞氏が各種史

---

[6] 直木孝次郎「「氏」の構造について」（『日本古代の氏族と天皇』塙書房，1964，初出1962），義江明子「日本令の嫡子について――戸令応分条の再検討のために」（『日本古代の氏の構造』吉川弘文館，1986，初出1980）など。

[7] 山野占有の禁止に関わって，その例外として「氏々祖墓」が提示されているが（『続日本紀』慶雲3年3月丁巳条など），大宝令に先立つ持統5（691）年に，18氏に「其祖等墓記」を提出させており（『日本書紀』同年8月辛亥条），このとき氏々祖墓の登録・認定がなされたと考えられる。つまり①は，氏々祖墓以外の新規の営墓許可対象についての補定的規定として理解できる。北康宏「律令国家陵墓制度の基礎的研究――「延喜諸陵寮式」の分析からみた」（『日本古代君主制成立史の研究』塙書房，2017，初出1996）参照。

料から次のように復原しており，ほぼ同文であったとみてよい。

④諸碑碣，其文須₋実録₋。不ᴸ得₌濫有₋褒飾₋。五品以上立ᴸ碑。螭首・亀趺，趺上高不ᴸ得ᴸ過ᴸ九尺₋。七品以上立ᴸ碣。圭首・方趺，趺上高四尺。若隠淪道素，孝義著聞，雖ᴸ不ᴸ仕，亦立ᴸ碣。石人・石獣之類，三品以上六，五品以上四。　　　　　（『唐令拾遺』喪葬令復旧20条）

　現在提示されている唐令復原条文は，③から，A「其文皆須₌実録₋」の「皆」を削除し，B「其石獣」を「其石人・石獣之類」に改めたものである（『天一閣蔵明鈔本天聖令校証』唐喪葬令復原32条）。Bは次の史料を根拠にする。

⑤碑碣之制，五品已上立ᴸ碑。螭首・亀趺，趺上高不ᴸ過ᴸ九尺₋。七品已上立ᴸ碣。圭首・方趺，趺上高不ᴸ過ᴸ四尺₋。若隠淪道素，孝義著聞，雖ᴸ不ᴸ仕，亦立ᴸ碣。凡石人・石獣之類，三品已上用ᴸ六，五品已上用ᴸ四。凡徳政碑及生祠，責取₌政績可ᴸ称，州為ᴸ申ᴸ省，省司勘覆定，奏聞，乃立焉。　　　　　（『唐六典』巻4礼部郎中員外郎）

　『唐会要』巻38葬も「石人・石獣之類」とするが，『開元礼』巻3序例下雑制は「石獣等」とし，『唐律疏議』巻26雑律15条疏議も「石獣者」とする。そこで「石人」の語の有無が問題になるが，筆者は次の二つの唐律を根拠に，唐令は「石人」の語を含まなかった可能性がやや高いと考える。

⑥諸営₌造舎宅・車服・器物及墳塋・石獣之属₋，於ᴸ令有ᴸ違者，杖一百。雖ᴸ会ᴸ赦，皆令₌改去₋之。墳則不ᴸ改。（後略）　　　（唐雑律15条）
⑦諸毀₌人碑碣及石獣₋者，徒一年。即毀₌人廟主₋者，加₌一等₋。（後略）
　　　　　　　　　　　　　　　　　　　　　　　　（唐雑律55条）

　⑥は令の規定する規格に反して器物などを製造した場合の罰則を定めたもの，⑦は工作物を毀損した場合の罰則を定めたものである。ともに「石獣」は明記

13

するが,「石人」に関しては特に言及していない。律令条文としては石獣に代表させて規定した,とみるのがよいのではないか。

　もうひとつ③に相当する唐令の復原で問題になるのが,⑤波線部の規定の有無である。すなわち,徳政碑や生祠を立てる場合に中央に上申し,皇帝の承認を得ることを定めた規定があったかどうかである。『唐令拾遺補』は唐喪葬令の別の条文として復原している。しかしながら,これに該当する令文は天聖令にみられず,少なくとも別条として存在したとは考えにくい。また,墓碑とは直接関係のない内容であるので,③に対応する唐令の一節を構成したとも考えにくい。ただし,次の唐律には注意すべきである。

　⑧諸在レ官長吏,実無ニ政迹一,輒立レ碑者,徒一年。若遣下人妄称ニ己善一,
　　申中請於上上者,杖一百。有レ贓重者,坐贓論。受遣者,各減ニ一等一。雖
　　レ有ニ政迹一,而自遣者亦同。　　　　　　　　　　（唐職制律44条）

　これは,在官の長吏が自己の功績を讃える虚偽の碑を建立させたり,人を遣って嘘の善行を上申させたりした場合の罰則を定めたものである。これに対応する令文を考えたとき,⑤波線部の規定（特に徳政碑に関する規定）はふさわしくみえる。ただし,令文と律文が完全対応する必要があるわけでもない。若干の問題は残るが,⑤波線部は唐喪葬令にはなかったとみておきたい。

　以上,①に対応する唐令は③とほぼ同文であったと判断してよかろう。

　そこで①と③を比較してみたい。まず唐令では,五品以上と七品以上という品階に応じて,墓碑の種類・碑首・台座・趺上の高さが定められ,五品以上は石獣の使用も認められている。さらに「隠淪の道素にして,孝義著聞なる者」も特別に碣を立てることが許されている。これに対して日本令では,三位以上・別祖・氏宗（氏上）の碑しか認められておらず（位階制に加えて氏族制の原理も入り込んでいる）,碑の形などについても言及するところがない。日本は唐と比べて,墓碑の対象範囲が格段に狭く,装飾性も乏しかったといえる。

　つぎに唐令では,墓碑の文章は実録によるべきで,虚飾してはならないと規定している。このことは,唐の墓碑は顕彰碑的な性格が濃厚であったことを物

語る。一方，日本の墓碑は単に「具官姓名の墓」と記すにすぎない。

このように令文は日唐間で随分と違うが，それは律文についてもいえる。まず，⑥⑦に対応する日本律は確認できない。もっとも，日本の雑律は残存せず，逸文によらざるを得ないという限界がある。とはいえ，少なからざる日本雑律の逸文が発見されるなか，⑥⑦に対応する日本律がみつかっていない点は看過できない。石獣が日本令に規定されなかった点からも，⑥⑦は継受されなかったとみるのが妥当であろう。⑧も東野氏が指摘したように，日本律では碑に関する傍線部の規定が故意に削除されている。

東野氏は，唐においては，令で故人のための石碑に嘘があってはならないことを説き，律では生存者について虚偽の碑を禁じているのに対して，日本ではこの二つが揃って省略された点に着目し，日中の社会で碑がもっていた意義が違うことを指摘した。すなわち，唐では石碑が社会に定着し，宣伝手段としての意味を帯びていたが，日本はそうではなかった。こうした日本古代における碑の不振は，識字率との関連で理解でき，さらに石像物を造ることが一般に低調であったことも関係する，という重要な指摘をおこなった。

ただし，日本古代でも官人層では文字が普及しており，また，古墳石室などにみるように，それなりの石材加工技術があったと考えられる。日本で石碑が流行しなかった理由は，識字率の低さ，石材加工技術の未熟さのほかにも，追究する余地を残しているように思う。この問題は最後に少し考えてみたい。

2　碑と牌・牓

日本の碑（石碑）に関する律令条文は①養老喪葬令12条しかないが，死者の埋葬地における標識に関する条文であれば，別に存在する。

　　⑨凡丁匠赴レ役身死者，給レ棺。在レ道亡者，所在国司，以ニ官物ー作給。並
　　於ニ路次ー埋殯，立レ牌幷告ニ本貫ー。若無ニ家人来取者ー焼之。有ニ人迎接ー
　　者，分明付領。　　　　　　　　　　　　　　　　（養老賦役令32条）
　　⑩凡有ニ死人ー，不レ知ニ姓名・家属ー者，経ニ随近官司ー推究。当界蔵埋，立ニ

榜$於上$_、画$其形状$_、以訪$家属$_。　　　　　（養老捕亡条6条）
　⑪凡囚死無$親戚$者、皆於$閑地$権埋、立$榜於上$_。記$其姓名$_、仍下$本属$_。即流移人在$路、及流徒在$役死者、准$此。　（養老獄令9条）

　⑨は丁匠が死亡した際の処置を、⑩は姓名・家属の不明な者の死体が発見された際の処置を、⑪は囚人が死亡した際の処置を定める。⑨は「牌」を、⑩⑪は「榜」を埋葬地に立てることを規定する。⑨は「諸国往還百姓」を対象として『延喜式』民部下式39条に、⑪は「死囚」を対象として同刑部式19条に継承される。「牌」「榜」ともに木札である。

　これら⑨～⑪の令文と、後掲⑮⑰などを根拠にして、日本では石に代替する木製の碑の伝統があった、とする見解も出されている。つまり、日本は木の文化であったため、石碑があまり作成されなかった、という理解である[8]。たしかに、日本の文化は石よりも木に代表される側面があろう。しかし、日本古代に石碑が少ない理由について、木で代用されたためと考えてよいかというと、事はそれほど単純ではない。その根拠とされた⑨～⑪から取り上げよう。

　これまであまり注意されていないが、⑨～⑪の牌・榜は仮埋葬地に立てられる点を見落としてはならない。まず⑨は、役に赴いて都で死亡したり、都との往来の途次に亡くなったりした丁匠を路次に埋葬し、牌を立て、さらに丁匠の本貫に告知することを規定する。後半部の規定にあるように、牌を立てるのは、家人が死体を引き取りにくることを期待してのことである。つぎに⑩は、身元不明の死体を埋葬し、形状（『令義解』によれば「状歯・老幼及其物色」、つまり人相・年齢・所持品）を記した榜を立てるが、これによって往来人に告知し、家属に情報が伝わることが期待されている。最後に⑪は、死亡した囚人に親戚がいない場合、閑地に埋葬して榜をその上に立てるが、「権埋」とあるように仮埋葬という位置づけである。榜を立てるだけでなく、本属に下しているように、死体の引き取りが想定されているのである。

　そして、唐令にも⑨～⑪と類似する条文が存在した。

[8) 仁藤敦史「古代東国石文の再検討」（注5前掲書）、三上喜孝「古代日本における石碑文化の受容と展開」（注1前掲書）など。

⑫諸丁匠赴‍レ役身死者，官為=収殯‍=。並於=路次‍=，明立=牌銘‍=，数遣検行，幷移=牒本貫‍=。家人至日，分明付領。　　　（天聖賦役令宋令 20 条）

⑬諸地分有=死人‍=，不‍レ知=姓名・家属‍=者，経=随近官司‍=申牒推究，験=其死人‍=。委無=冤横‍=者，当界蔵埋，立=牓於上‍=，書=其形状‍=，以訪=家人‍=。検屍之条，自従=別勅‍=。　　　　　　　（天聖捕亡令宋令 5 条）

⑭諸囚死無=親戚‍=者，皆給‍レ棺，於=官地内‍=権殯‍=。(本注略) 置=塼銘於壙内‍=，立=牓於上‍=。書=其姓名‍=，仍下=本属‍=，告=家人令‍レ取。即流移人在‍レ路，及流徒在‍レ役死者，亦準‍レ此。　　（天聖獄官令不行唐令 4 条）

　いずれも天聖令によったが，このうち⑭は唐令（開元 25 年令）を直接反映している。⑫⑬は宋令であるため，唐令の復原が問題になるが，ほぼ同内容の日本令があり，唐令も⑫⑬と類似するものであったと判断できる。

　これらの日唐比較をすると，⑨と⑫，⑩と⑬はあまり大差ないが，⑪と⑭の違いは大きい。⑭からは，地表に牓を立てることに加えて，墓穴内に銘塼を入れたことがわかる。こうした銘塼（刑徒墓磚）は秦（～前 206）・前漢（前 202～後 8）・後漢（25～220）の実例が知られる。侯旭東氏は，⑭を出発点に種々の考察を加え，刑徒墓磚は死者の家人が引き取るまで仮埋葬地に収めるものであったが，その多くは実際には遷葬されなかった点を明らかにしている[9]。中国では，少なくとも秦代にまで遡る刑徒墓磚の伝統があり，それが唐令に継承されたのである。しかし日本では，囚人の墓に銘塼を入れる習慣はなく，牓の規定だけを摂取したのであった。

　このような違いもあるが，石製の碑を墓に立てる一方で，木製の牌・牓を仮埋葬地に立てることは，日唐間で共通している。仮埋葬地の標識はいずれ朽ちる木札でもよいが，本来の埋葬地である墓では，永続的な石碑でなければならなかったのである（これはあくまでも令意で，実態は別途考える必要がある）。

　石碑の永続性については，9 世紀初頭に成立した仏教説話集『日本霊異記』の二つの説話からも読み取れそうである。

---

[9] 侯旭東「東漢洛陽南郊刑徒墓的性質與法律依據──從《明鈔本天聖令・獄官令》所附一則唐令說起」（『中央研究院歷史語言研究所集刊』82-1，2011）。

⑮（前略）電落同処、作=彼墓-、永立=碑文柱=言、取レ電栖軽之墓也。此電、悪怨而鳴落、踊=践於碑文柱-、彼柱之折間、電攃所レ捕。（中略）天皇勅使、樹=々碑文柱=言、生之死之捕レ電栖軽之墓也。（後略）

(上巻第1縁)

これは、雄略天皇の従者である小子部栖軽が雷（電）を捉えた著名な説話である。雷の落ちた場所に栖軽の墓を造り、永く碑文の柱を立て、「電を取りし栖軽の墓也」と記した。雷はこの碑文の柱を悪み恨み、雷を落として、碑文の柱を蹴り踏んだところ、その柱の裂け目に雷は挟まり捕まってしまった。その後、天皇は勅使を遣わして、改めて碑文の柱を立てさせ、「生きても死にても電を捕えし栖軽の墓也」と記したという。

この碑文の柱について、おそらく「柱」という表現を根拠にしてであろうが、木製と一般的に理解されている。また、『日本書紀』推古26（618）年是年条に、次のような話がみえる。造船のため安芸国に派遣された河辺臣が木材を探し求めた際、雷神が邪魔立てをして雷を落としたが、河辺臣を傷つけることはできず、小さな魚となって「樹枝」に挟まってしまったという。この話を参考にすると、なるほど木製のようにもみえる。

しかし「柱」に関しては、「石柱」という語があるように（超明寺碑、額田寺伽藍幷条里図）、必ずしも木製とは断定できない。「碑」はもともと石碑を意味すること[10]、説話に「永く」碑文の柱を立てたとあること、「○○之墓」は①養老喪葬令10条の規定とも合致すること、これらを総合すれば、⑮は石碑が念頭にあるとみる余地も十分に残されている。そうであれば、⑮を根拠にして、日本の墓の標識は木が一般的であったとは必ずしもいえなくなる。

⑯大伴赤麻呂者、武蔵国多磨郡大領也。以=天平勝宝元年己丑冬十二月十九日=死、以=二年庚寅夏五月七日-、生=黒斑犢-。自負=碑文=矣。探=之斑文=謂、赤麻呂者、檀=於己所レ造寺-、而随=恣心-、借=用寺物-、未=

---

10) ただし、東大寺の「大仏殿碑文」（『東大寺要録』巻2縁起章第2）のように、木製の「碑」もあった。福山敏男「大仏殿碑文に就いて」（『考古学雑誌』22-12, 1932）参照。

報納₋之死亡焉。為ㇾ償₌此物₋故，受₌牛身₋者也。(後略)

(中巻第9縁)

　多磨郡大領の大伴赤麻呂が死亡し，約半年後に黒の斑模様のある犢（牛）として生まれ変わり，自らの背中に「碑文」を負っていた。その斑になった文章を調べたところ，赤麻呂は寺物を借用しながら未納のまま死亡し，その弁償のために牛の身となったことがわかったという。人間から犢に生まれ変わっても，前世の事績が碑という形で後世に伝わった点に着目すれば，そこに碑の永続性を読み取ることも不可能ではあるまい。

　もうひとつ⑯で興味深いのは，碑の文章が背負われた状態で示されている点である。ここからは，公開性という碑の特徴も看取できる。この点は⑮も同様で，栖軽の墓であることが碑文によって示されている。

　以上，細部はともあれ，永続的な石碑，一時的な牌・牓，という違いがあったことは確実である。そして，牌に関しては，次の史料が注目される。

　⑰勅₌大宰府₋，去天平七年，故大弐従四位上小野朝臣老，遣₌高橋連牛養於南嶋₋樹ㇾ牌。而其牌経ㇾ年，今既朽壊。宜下依ㇾ旧修樹，毎ㇾ牌，顕₌着嶋名幷泊ㇾ船処，有ㇾ水処，及去就国行程，遙見嶋名₋，令中漂着之船知ㇾ所₌帰向₋上。

(『続日本紀』天平勝宝6年2月丙戌条)

　天平7（735）年に南嶋に立てた牌が朽壊したため，天平勝宝6（754）年に牌を再設置している。漂着した船が帰向できるように，牌ごとに，着いた嶋の名前，船の停泊所，水のある場所，行き来する国までの行程，遙かに見える嶋の名前[11]を記したという。これは『延喜式』雑式42条にも規定されている。

　このうち諸国への行程は，多賀城碑（762年）にも「去京一千五百里／去蝦夷国界一百廿里／去常陸国界四百十二里／去下野国界二百七十四里／去靺鞨国

---

11) 当該部は「遙₌見嶋名₋」という返り点が一般的で，南嶋に立てられた牌は「遠くの船から嶋名が確認されるほどの大きさであった」という解釈が出されているが（仁藤敦史注8前掲論文），少し釈然としない。集英社本『延喜式』雑式42条の返り点を参考にして，引用史料のように改め，それをもとに解釈をおこなった。

界三千里」と刻まれている。ともに諸国への行程を記しながら，一方は木製の牌，他方は石製の碑とされている。この点に着目すると，木牌と石碑の互換性が読み取れなくもない。しかし，両者は耐久度合いがまったく異なるばかりでなく[12]，権威面でも大きな違いがあったと考えられる。後者に関しては，次のような事情を想起すべきであろう。

　南嶋については，大宝2（702）年に多禰嶋司が設置され（『続日本紀』同年8月丙申条），種子島と屋久島が律令国家の支配地に組み込まれる（屋久島の支配は少し遅れる可能性もある）。その他の嶋は律令国家の直接の支配下に置かれることはなく，神亀4（727）年の南嶋人132人の来朝（『続日本紀』同年11月乙巳条）を最後に，都までやってくることはなくなる。しかしその後も，大宰府との間で交易活動はおこなわれていたようである。律令国家と南嶋との間に，特に目立った衝突はおきていない。

　ところが，東北では蝦夷との戦争がその後も長く続く。なかなか帰服しない蝦夷に律令国家の権威を見せつけるためにも，文明的な石碑を立てる必要があったのではないか[13]。周知のとおり，藤原仲麻呂の政権下において，その第四子である朝獦が多賀城を修造し，それを記念して多賀城碑が立てられた。高さ196cmの堂々たる石碑で，中国的な円首碑の形に綺麗に整え，文字を大きく整然と記す（図2）。日本古代石碑のなかでも出色の出来映えといってよい。単に仲麻呂の中国趣味にとどまらず，蝦夷・靺鞨にアピールする側面も重視すべきである。これに対して，律令国家との関係が比較的安定している南嶋では，実用的な木牌でよしとされたのであろう。

　以上，石碑と木製の牌・牓との違いについて検討した。日本古代に石碑が少ない理由について，日本は石の文化ではなく木の文化であったため，というような回答は，一面では正しいであろうが，十分なものではないと考える。

---

12) 三上喜孝注8前掲論文は，日本の告知札・牓示札も傍証としてあげながら，日本古代においては，石碑の代わりに牌が大きな役割を占めていた可能性があるとするが，告知札・牓示札は碑と違って耐久性には乏しい点に注意を払うべきであろう。

13) 平川南『全集日本の歴史2　日本の原像』（小学館，2008）290頁が「辺境は，古代国家の理想像を貫徹させる対象地であった」と述べている点は示唆的である。三上喜孝注8前掲論文も「中国風の石碑を，辺境の軍事・行政拠点である多賀城にあえて置くことで，辺境において先進的な支配を追究するという姿勢を表明した」とみる。

3　墓碑にみる石碑製作の一背景

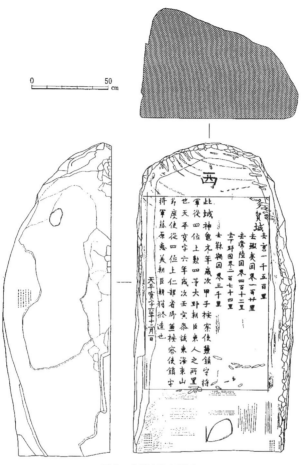

図2　多賀城碑実測図
(安倍辰夫・平川南編『多賀城碑——その謎を解く』より)

3　墓碑にみる石碑製作の一背景——釆女氏塋域碑に着目して

日本古代墓碑の実例

　日本の碑に関する律令条文は①喪葬令12条が唯一で，墓碑について規定するが，実際に日本古代の墓碑はいかなるものであったのか。

　現在，藤原鎌足碑 (669年)，釆女氏塋域碑 (689年)，那須国造碑 (700年)，

元明天皇陵碑（721年），阿波国造碑（723年）の5点が知られる。このほか，上野国の放光寺の僧である長利が母のために立てた山上碑（681年。後掲㉖）も，山上古墳の真横に立つことから，墓碑とされることがある。ただし，山上古墳の造営年代は碑の記す辛巳（天武10，681）歳よりも古い[14]。山上碑が母を追葬した際のものであれば墓碑となるが，母の追善供養のために製作された可能性がより高いようにみえるので，ここでは考察対象外としておきたい。

　このうち，①喪葬令12条と内容的に合致しそうな墓碑は，元明天皇陵碑と阿波国造碑の2点だけである。

　元明天皇陵碑は，山を築いた火葬場をそのまま陵とし，常緑樹を植え，「剋字之碑」を立てよ，という元明太上天皇の遺詔（『続日本紀』養老5年10月庚寅条）を受けて製作されたものである。直方体の切石で，現在ほとんど文字は読み取れないが，『東大寺要録』巻8裏書の記載より，方眼のマス目に「大倭国添上郡平城／之宮馭宇八洲／太上天皇之陵是其／所也／養老五年歳次辛酉／冬十二月癸酉朔十／三日乙酉葬」と記されていたようである。

　その2年後の養老7（723）年の年紀をもつのが阿波国造碑で，正面に「阿波国造／名方郡大領正□位下〔七ヵ〕／粟凡直弟臣墓」，側面に「養老七年歳次癸亥／年立」と記す。石材ではなく軟質の塼が使用され，碑身も高さ約29cmにすぎなかった。粟凡直弟臣は名方郡の大領になるような有力な地方豪族とはいえ，朝廷から氏上の認定を受けるようなウジの出身ではない。太上天皇ですら喪葬令の規定を意識した簡易な碑文にとどまっている以上，①の規定を逸脱する碑を立てることは到底許されなかったはずである。そのため，塼製の小型の碑としたのであろう。なお，この碑の上下両端には柄があり，本来は笠と台座を備えていたようである。

　さて，①の規定は少なくとも大宝令（701年制定・施行）まで遡る。それ以前の浄御原令（689年制定・頒布）に，①のような規定があったのか不明であるが，墓碑の実例をみると，明らかに①とは齟齬している。

　まず，この点が明らかなのが那須国造碑である。永昌元（持統3，689）年に

---

14) 白石太一郎「山ノ上古墳と山ノ上碑の再検討」（『考古学からみた倭国』青木書店，2009，初出2003）など。

那須評督に任命された那須国造の那須直韋提が，庚子（文武4，700）年に死去し，その後継者である意斯麻呂が立てた碑である。東野治之氏が詳しく検討したように，韋提の事績を顕彰するとともに，その生前の地位を子が継承したことを述べ，孝を核とする国造一族の団結を誇示する内容となっている。さまざまな典籍（ただし比較的末書に近い典籍）を参考に撰文されており，中国の碑文の序（誌）と銘の様式にもよっている。則天武后期の「永昌」年号の使用が目を引くが，これについては，持統4（690）年2月に渡来し，8月に下野国に移住させられた新羅人（『日本書紀』同年2月戊午条，8月乙卯条）が，その知識をもたらし，石碑の製作に関与した可能性があるという[15]。また，二段の台石と笠石を備えた堂々たる碑で，笠石の碑は新羅の真興王巡狩碑（磨雲嶺碑〈568年〉など）などの例があり，その影響が考えられるという[16]。

つぎに藤原鎌足碑については，『藤氏家伝』上巻鎌足伝に「百斉人，小紫沙吒昭明，才思頴抜，文章冠世。傷=令名不ˬ伝，賢徳

図3　砂宅智積碑（韓国文化財庁ウェブサイト）

空没-，仍製=碑文-。今在=別巻-」とあるように，鎌足の功徳が埋もれてしまうのを恐れて書かれ（これは中国で石碑を製作する動機として一般的なもの），別巻とされるだけの一定の分量があった。また，碑文の作者である沙吒昭明（沙宅紹明）は，「法官大輔」（『日本書紀』天智10年正月是月条），大友皇子の「学士」

---

15)　東野治之「那須国造碑」（注4前掲書所収，初出2002）。
16)　東野治之「上野三碑管見」（『日本古代木簡の研究』塙書房，1983，初出1981）。

「賓客」(『懐風藻』大友皇子伝)となるなど，当時を代表する知識人であった。ちなみに，一族の砂宅智積は，甲寅(654)年に百済で寺院を建立し，百済の数少ない石碑を今に伝える(図3)。この砂宅智積碑は方眼のマス目に整然と文字が刻まれ，字体は欧陽詢体であり，文章も四六駢儷体であるなど，中国碑のような色彩が濃厚である。鎌足碑の内容は，『日本書紀』天智8(669)年10月辛酉条所引「日本世記」に「碑日，春秋五十有六而薨」と伝わるにすぎないが，これは『文選』巻58・59碑文上・下に残された文章によくかなうことが指摘されている[17]。これらの諸点から，藤原鎌足の墓碑も中国的なものであった可能性が高い[18]。

　ただし注意すべきは，中国的な色彩が強い石碑といっても，渡来系新羅人や沙吒昭明のように，朝鮮半島出身者が大きく関与した点である。あわせて注意すべきは，新羅では7世紀前半に石碑がいったん製作されなくなった後，7世紀後半になると，太宗武烈王碑(661年〜681年の間に建立)などのように，唐にならって亀趺碑が新たに建立されるのに対し[19]，日本では江戸時代まで亀趺碑は登場しないという事実である[20]。日本で中国的な碑を志向するといっても，かなり限定的であったとみる必要がある。

　残る采女氏塋域碑の碑文も，①の規定とは異なる内容となっている。

---

17) 新川登亀男注5前掲論文。
18) 日本の初期の石碑として，伊予道後温湯碑(596年)と宇治橋断碑(646年)が知られ，碑文はかなり本格的である。まず，伊予道後温湯碑は現存しないが，『釈日本紀』『万葉集註釈』所引の『伊予国風土記』に全文が収録されている。それによると，序(誌)と銘からなり，銘は四六駢儷体である。貴人巡行碑，あるいは温泉碑とでも称すべきもので，同様のものは中国にもある。つぎに，宇治橋断碑は上部のみ現存し，下部は江戸時代の後補である。全文が『帝王編年記』大化2(646)年条に収録されており，対句を交えた四字一句で書かれ，全24句からなる。宇治橋の架橋を記念する内容で，それを推進した道登を顕彰する意味合いをもつ。架橋碑もやはり中国に存在する。両碑の信憑性をめぐって議論があるが，その製作年代が遅れるにせよ，7世紀に収まる可能性は十分にある。伊予道後温湯碑については，東野治之「七世紀以前の金石文」(『大和古寺の研究』塙書房，2011，初出2000)，宇治橋断碑については，仁藤敦史「宇治橋断碑の研究と復元」(注1前掲書)などを参照。
19) 橋本繁「朝鮮半島古代の石碑文化」(注1前掲書)。
20) 平勢隆郎『亀の碑と正統——領域国家の正統主張と複数の東アジア冊封体制観』(白帝社，2004)。

⑱飛鳥浄原大朝廷大弁
　官直大弐釆女竹良卿所
　請造墓所形浦山地四十
　代他人莫上毀木犯穢
　傍地也
　　己丑年十二月廿五日
（書き下し）飛鳥浄原大朝廷の大弁官，直大弐釆女竹良卿の請いて造る所の墓所，形浦山の地の四十代なり。他の人の上りて木を毀ち，傍の地を犯し穢すことなかれ。
　　己丑年十二月廿五日

江戸時代に河内国石川郡春日村（現，大阪府太子町春日）の帷子山（現，片原山。銘文中の「形浦山」に対応）から掘り出されたが，現物は行方不明で拓本だけが伝わる（図4）。近江昌司氏は，小杉榲邨旧蔵文書の真拓（静岡県立美術館蔵）をもとに，圭首形に作る碑で，高さ53 cmほどであったことを指摘している[21]。

その内容は，釆女竹良が形浦山の地40代をもらいうけて墓所を造り，他人がそこへ上って木を伐ったり，周辺の地を犯し汚してはならない，というものである。「四十代」（0.8段）を「四千代」（8町）と釈読する見解もあるが，三谷芳幸氏が詳しく考証したように，「四十代」をとるべきであろう[22]。そうであれば，本碑は通常「釆女氏塋域碑」と呼び慣わされているが，「釆女氏」全体ではなく「竹良」個人に関わるものとみる必要がある。

以上，大宝律令施行以前における墓碑3点は，①喪葬令12条の規定とは随分と異なる碑文であったことを確認した（考察対象外とした山上碑も，仮に墓碑とみた場合，同様のことがいえる）。したがって，浄御原令には①に相当する規定はなかったか，あったとしても効力を発揮しなかったことになる。

---

21) 近江昌司「釆女氏塋域碑について」（『日本歴史』431，1984）。
22) 三谷芳幸「釆女氏塋域碑考」（『東京大学日本史学研究室紀要』1，1997）。以下，三谷氏の見解はこれによる。

図4 采女氏塋域碑拓本（国立歴史民俗博物館編『古代の碑——石に刻まれたメッセージ』より）

采女氏塋域碑の製作背景

　日本古代の墓碑5点のうち，その設置目的を碑文に明記するのは采女氏塋域碑だけである。「他の人の上りて木を毀ち，傍の地を犯し穢すことなかれ」とあり，墓域（塋域）への立ち入り禁止を求めている。岡田清子氏は「請い造る」という表現に，土地公有制との関係をみいだし[23]，東野治之氏も年紀の己丑（持統3，689）年が浄御原令の班賜された年であり，そこに規定された班田収授との関連で，田薗山林の帰属や公私の別が大きな社会的関心になっていた点に着目した[24]。たしかに，慶雲3（706）年3月14日詔をみると，山野の

---

23) 岡田清子「喪葬制と仏教の影響」（近藤義郎他編『日本の考古学5　古墳時代下』河出書房新社，1966）。

公私共利原則の遵守を命じた後，周 20〜30 歩（約 36〜54 m）の範囲に限って，「氏々祖墓」の林の所有を認めているように（『続日本紀』同日条，『類聚三代格』巻 16 山野藪沢江河池沼事），土地所有と関わることは間違いない。

　しかしより重要なのは，三谷氏が指摘するように，釆女竹良の墓の所在した磯長谷は，敏達・用明・推古・孝徳の各天皇陵や聖徳太子墓が営まれたり，高屋枚人墓誌（776 年）や紀吉継墓誌（784 年）が出土したりしているように，古代の代表的な埋葬地であったことではないか。律令国家の形成にともない，中央官人は新たに都城の周囲に埋葬されるようになるが[25]，竹良の墓はまさにその初期の事例ということになる。従来は本拠地で一族の墓域に埋葬され，その力が衰えないかぎり，墓域は永く守り伝えられると期待できた。ところが，中央官人は本拠地から切り離され，個人あるいは夫婦を単位に埋葬されるようになり，さらには火葬も導入されるにいたる。こうした新たな葬制にともなう不安が，釆女氏塋域碑製作の背後にあったのではないか。

　この点については，7 世紀後半から 8 世紀末にかけての，日本古代の墓誌 16 点（うち 4 点が骨蔵器[26]）が参考になる。地上に設置される墓碑に対して，墓誌は地下に埋葬される点で大きな違いがあるが，その一方で墓誌は墓碑の代用として製作される側面もあった。すなわち，小野毛人墓誌（677 年。追納ヵ）・小治田安万侶墓誌（729 年）・高屋枚人墓誌の銘文には「○○（之）墓」とあり，大橋一章氏が指摘したように，墓碑に相当する記載となっている[27]。また，伊福吉部徳足比売骨蔵器（710 年）にも「上件如前。故謹録錍」とあり，東野氏が指摘するように，この墓誌（金属製の骨蔵器）が「錍」（金属製の碑）であるという意識が働いていたことを示す。東野氏が指摘するように，日本の墓誌に長方形のものが多いのも，立札（石や金属ならば碑，錍）の意味を含めて製作したことが考えられる[28]。なお，8 世紀になると，墓碑には①喪葬

---

24)　東野治之「古代の墓誌」（注 4 前掲書所収，初出 1978）。
25)　稲田奈津子「律令官人と葬地——都域か本拠地か」（『日本古代の喪葬儀礼と律令制』吉川弘文館，2015，初出 2004），橋本義則「日本古代の宮都と葬地」（同編『東アジア都城の比較研究』京都大学学術出版会，2011）など。
26)　奈良国立文化財研究所飛鳥資料館編『日本古代の墓誌』（同朋社，1979），大阪府立近つ飛鳥博物館編『古墳から奈良時代墳墓へ』（2004）などを参照。
27)　大橋一章「古代墓誌の研究」（『史学雑誌』83-8，1974）。

令12条の規制が働くようになるが，墓誌の場合，埋葬されて人目につかないこともあり，威奈大村骨蔵器（707年）・美努岡万墓誌（730年）・行基骨蔵器残欠（749年）・石川年足墓誌（762年）のように，顕彰的な記載のものが作成され続ける。こうした現象も，墓誌が墓碑の代用と認識されていたことを示すのではないか。

そこで墓碑に目を向けると，次の点が注目される。第1は，初期段階の船王後墓誌（668年。追納ヵ）・小野毛人墓誌を除いて，火葬墓（一部推定を含む）に埋葬された点である。第2は，船王後墓誌・小野毛人墓誌・下道圀勝圀依母夫人骨蔵器（708年）・伊福吉部徳足比売骨蔵器・宇治宿禰墓誌（768年？）を除くと，非本拠地の埋葬とみられることである[29]。第3は，船王後墓誌の「即為下安二保万代之霊基一，牢中固永劫之宝地上也」，下道圀勝圀依母夫人骨蔵器の「故知後人明不レ可二移破一」，伊福吉部徳足比売骨蔵器の「故末代君等，不レ応二崩壊一」のように，墓地の永久的な安寧を祈願するものがある点である。

日本古代の墓誌は，中国に比べて格段に少ない。その製作の背後にはそれなりの動機があったはずで，そのひとつに，新たな葬制の導入に対する不安な気持ちを読み取っても，あながち不当ではあるまい。

ここで参考になるのは，中国西晋（265〜316）の時代に，小型の碑形をもつ墓誌が出現したことの背景である。福原啓郎氏は，立碑の禁だけではなく，次の点により目を向けるべきことを指摘した。すなわち，先祖代々の墳墓があり，家族・宗族が住む故郷・本籍地で葬られ，以後，子孫が祭るのが本来のあり方であった。しかし，貴族は地方の名望家から中央の官僚に転身し，京師洛陽を新たな本拠地とし，洛陽の郊外に葬られるようになる。こうした郷里および宗族・家族から切り離されるという二重の疎外状況下において，喪失した本来のあり方への希求として，小型の碑形の墓誌が出現したという[30]。

---

28) 東野治之注24前掲論文。
29) 後掲⑳から船氏は河内国丹比郡の野中寺南に伝統的な墓域があったことが知られるので，船王後墓誌が出土した河内国安宿郡の松岳山は非本拠地とみることもできる。しかし，両者はさほど離れていないこと，船王後は婦の安理故能刀自と墓を同じくするのみならず，大兄の刀羅古首の墓と並ぶことから，本拠地での埋葬事例と判断した。
30) 福原啓郎「西晋の墓誌の意義」（『魏晋政治社会史研究』京都大学学術出版会，2012，初出1993）。

3　墓碑にみる石碑製作の一背景

　さらに，北方の鮮卑族の建てた北魏（386〜534）でも，漢化政策を推し進めた孝文帝によって，494年に平城から洛陽への遷都が断行された直後から，序（誌）・銘を備えた墓誌が爆発的に作られるようになる[31]。この種の墓誌は半世紀ほど前に南朝で成立しており，その影響が考えられている[32]。墓誌の製作を促した要因について，梶山智史氏は，孝文帝の「姓族分定」によって門閥尊重の風潮が盛行した点を指摘している[33]。また，室山留美子氏は，強制移住ともいえる洛陽遷都によって，洛陽に居住地と墓地を強制的に設定されるという特殊な政治的状況下で墓誌が作られている点に着目し，福原説との関連を示唆している。ただし室山氏は，山東氏族などの漢人官僚は，郷里に一族の墓を再建して帰葬し，墓誌は本籍地からも出土する点にも留意し，さらに多角的な考察を要すると述べる[34]。この問題は北魏研究者の本格的検討を待ちたいが，墓地を強制したこととの関連[35]があるとすれば，福原氏の指摘とあわせ，日本における墓誌・墓碑誕生の背景を考える上で実に示唆的である。

　もっとも，このように述べると，少数ながら，日本では本拠地に営まれた墓にも墓誌が副葬された点が問題になるかもしれない。しかし，本拠地に埋葬された場合であっても，実際のところ，墓地が永遠に守られる保証はない。その意味で，延暦18（799）年の次の二つの史料は注目される。

⑲（前略）高祖父佐波良・曽祖父波伎豆・祖宿奈・父乎麻呂墳墓，在_本郷_者，拱樹成レ林。清麻呂被レ竄之日，為_人所_伐除_。帰来上疏陳レ状。詔以_佐波良等四人幷清麻呂_，為_美作・備前両国々造_。（後略）

（『日本後紀』延暦18年2月乙未条）

31）　古く水野清一「墓誌について」（『書道全集6　中国・南北朝Ⅱ』平凡社，1966）に指摘があり，その後多くの発見があったが，状況は変わらない。
32）　窪添慶文a「墓誌の起源とその定型化」，同b「遷都後の北魏墓誌に関する補考」（ともに『墓誌を用いた北魏史研究』汲古書院，2017，初出a 2009，b 2013），梶山智史「北魏における墓誌銘の出現」（『駿台史学』157，2016）など。
33）　梶山智史「北朝の墓誌文化」（窪添慶文編『アジア遊学213　魏晋南北朝史のいま』勉誠出版，2017）など。
34）　室山留美子「出土刻字資料研究における新しい可能性に向けて――北魏墓誌を中心に」（『中国史学』20，2010）。
35）　この点については，佐川英治氏より多くの教示を得た。佐川氏の詳論を期待したい。

29

これは和気朝臣清麻呂の薨伝の一部である。和気氏の本拠地は備前国藤野郡にあり，そこに高祖父・曽祖父・祖・父の墳墓が営まれ，祖先の墓地は林をなして維持されていた。ところが，清麻呂が神護景雲3（769）年の宇佐八幡宮神託事件で失脚すると，祖先の墓地の林が伐採されてしまったという。

⑳正四位下（中略）菅野朝臣真道等言，己等先祖，葛井・船・津三氏墓地，在 河内国丹比郡野中寺以南 。名曰 寺山 。子孫相守，累世不 侵。而今樵夫成 市，採 伐冢樹 。先祖幽魂，永失 所 帰。伏請，依 旧令 禁。許之。　　　　　　　　　　　　　　　（『日本後紀』延暦18年3月丁巳条）

野中寺南方にあった葛井・船・津の三氏の墓地は，寺山と名づけて子孫が守り伝えてきたが，現在は樵夫が集まって墓地の樹木を伐採し，先祖の幽魂が永く落ち着ける場所が失われたことを述べる。

以上，墓碑・墓誌の製作を促した要因のひとつとして，律令国家形成にともなう新たな葬制の導入を決して看過すべきではないことを指摘した。

もちろん，これはあくまでも一要因にとどまる。8世紀以後の墓碑に関していえば，①喪葬令12条の規定に応じて，三位以上・別祖・氏宗（氏上）であるため建立するという，外在的な要請によるものも存在したであろう。しかし，8世紀の現存する墓碑は2点にすぎない。失われた墓碑もあろうが，その数は決して多くあるまい。それを示唆するのが，天平勝宝元（749）年，聖武天皇が代々国家に仕奉してきた優れた臣下の墓に「表」を置いて顕彰するように指示し（『続日本紀』同年4月甲午朔条），大伴家持がこれに応じる歌を詠んでいる（『万葉集』巻18-4096番歌）ことである。これは東野氏が指摘するように，日本では墓碑の建立が盛んではなかったことを物語っている[36]。

墓誌についても，延暦3（784）年の紀吉継墓誌を最後に確認できなくなる。

結局のところ，墓碑・墓誌ともに，日本古代社会には定着しなかったことになるが，その理由は最後に考えることにしたい。

---

36) 東野治之注4前掲論文。

4 石碑にみる地方豪族の一意識——多胡碑に着目して

多胡碑の特徴

　別の事例として，上野三碑（図5）のひとつ多胡碑（711年）を取り上げてみたい。いわゆる建郡碑であるが，顕彰碑的な性格もあるとされるものである。

㉑弁官符上野国片岡郡緑野郡甘
　良郡并三郡内三百戸郡成給羊
　成多胡郡和銅四年三月九日甲寅
　宣左中弁正五位下多治比真人
　太政官二品穂積親王左太臣正二
　位石上尊右太臣正二位藤原尊

（書き下し）弁官符す。上野国片岡郡・緑野郡・甘良郡并せて三郡の内の三
　百戸を郡と成し，羊に給いて，多胡郡と成せ。和銅四年三月九日甲寅に

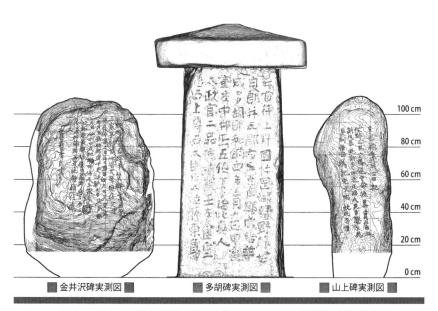

図5　上野三碑実測図（高崎市教育委員会リーフレット『上野三碑』より）

宣りたるは，左中弁正五位下多治比真人なり。太政官二品穂積親王，左太臣正二位石上尊，右太臣正二位藤原尊。

　上野三碑のうち，山上碑（681年）・金井沢碑（726年）は自然石を用いるが，多胡碑は高さ129cmの方柱状に加工し，笠石と台石が付属する。大ぶりの楷書体で碑身いっぱいに文字を刻み，多賀城碑のそれよりも大きい。同じ東国で類似した形状の那須国造碑が，中央部に小さく浅い文字を刻むのと対照的である。多胡碑近辺には多胡郡家が想定され，正倉とみられる遺構も検出されている[37]。本碑は多くの議論が重ねられたが，次の2点が特に重要な成果である。

　第1は，冒頭の「弁官符」を公文書と考える必要がなくなった点である。かつて「符」形式の公文書と理解されてきたが，（a）弁官は符の発給主体にならない，（b）「符到奉行」の文言がない，（c）日付・署名の位置が合わない，（d）必要のない大臣などの署名までみえる，（e）改行・字配りへの配慮がない，といった問題点があった。これに対して東野治之氏は，長屋王家木簡の「大命以符」と「以大命宣」という表現に着目し，ともに「大命を以ておおす」もしくは「大命を以てのる」と読め，同義とみられることから，多胡碑の「符」も命令の意味をもつ和語への当て字となる可能性を指摘した[38]。これは「弁官符」を公文書とみる呪縛から解き放った点で，極めて画期的な説であったといえる。

　第2は，鐘江宏之・磐下徹両氏によって，郡司の任官儀礼である郡司召に関わると指摘された点である[39]。郡領（大領，少領）の任用手続きは，（1）国擬（国司による候補者の選抜と式部省への推薦），（2）式部省詮擬（式部省での試練。口頭試問と筆記試験），（3）郡司読奏（国擬・式部省詮擬の結果を天皇・太政官に報

---

37) 滝沢匡「上野国多胡郡正倉跡と寺院」（佐藤信編『古代東国の地方官衙と寺院』山川出版社，2017）。
38) 東野治之「上野三碑」（注4前掲書所収，初出1991）。
39) 鐘江宏之「口頭伝達の諸相──口頭伝達と天皇・国家・民衆」（『歴史評論』574，1998），磐下徹「上野国多胡碑にみる「交通」」（『飯田市歴史研究所年報』12，2014）。川尻秋生「口頭と文書伝達──朝集使を事例として」（平川南他編『文字と古代日本2　文字による交流』吉川弘文館，2005），平川南「建郡碑──多胡碑の輝き」（『律令国郡里制の実像　上』吉川弘文館，2014，初出2012）なども，先に発表された鐘江論文を支持している。

4　石碑にみる地方豪族の一意識

告。任用を審議し決定)，(4) 郡司召（太政官庁での新任郡司の唱名と位記の交付），という流れをたどった（『延喜式』太政官式131条など）。郡司召では，参議以上の公卿らが居並ぶなか，国司（朝集使）・新任郡司に対して，「弁大夫」が宣命を読み上げる（『儀式』巻9太政官曹司庁叙任郡領儀）。磐下氏が主張するように，郡司召は奈良時代前半頃まで2月下旬〜3月に実施され，宣命は郡司任官者に位階を授与する内容であるが（『柱史抄』），当該任官に関連する内容（建郡など）も伝達された可能性が高い。

　この2点から，多胡碑の内容は次のように理解できる。多胡郡の建郡は和銅4（711）年3月6日に決定された。具体的には，甘良郡の織裳・韓級・矢田・大家の4郷，緑野郡の武美郷，片岡郡の山郷の計6郷を割いて，新たに多胡郡を新置するというものである（『続日本紀』同日条）。その3日後に郡司召が実施され，左中弁の多治比真人三宅麻呂が，新たに多胡郡の郡領に任命される羊なる人物に対して，「上野国片岡郡・緑野郡・甘良郡幷せて三郡の内の三百戸を郡と成し，羊に給いて，多胡郡と成せ」と口頭で読み上げた。その場には，知太政官事[40]の穂積親王，左大臣の石上朝臣麻呂，右大臣の藤原朝臣不比等らが列席していた[41]。磐下氏は，初代多胡郡司の羊が平城宮で挙行された郡司召に参加した際の情景を文章化したものと述べており，従うべき見解である。

　以上の先学による指摘を踏まえた上で，さらに次の3点を付け加えたい。

　第1は，郡司召の場には，羊とは別にもう1人，多胡郡の新郡領が参列したはずであるが[42]，このことに多胡碑はまったく触れていない点である。つまり，碑文の内容は明らかに取捨選択されている。ちなみに，もう1人の郡領に

---

40) 多胡碑には「太政官」と記されるが，もともと「〇〇官」は，官司の呼称としても，官職の呼称としても使用されるという二義性があった（早川庄八「飛鳥浄御原「官員令」私考」青木和夫先生還暦記念会編『日本古代の政治と文化』吉川弘文館，1987など）。『続日本紀』慶雲2（705）年9月壬午条に「詔=二品穂積親王_，知=太政官事_」とあるように，穂積親王はいわゆる知太政官事の地位にあった。

41) そのほかの参列公卿として，大納言の大伴宿禰安麻呂，中納言の小野朝臣毛野・阿倍朝臣宿奈麻呂・中臣朝臣意美麻呂が推測される。

42) 多胡郡は6郷からなり，下郡に位置づけられ（養老戸令2条），郡司は大領1名，少領1名，主帳1名で構成される（同職員令77条）。このうち大領・少領からなる郡領は，任官の際に中央に行く必要があった。このとき多胡郡が新設されているため，2人そろって郡司召に参加したとみられる。

33

ついては，多胡郡内にある山上碑と金井沢碑の立碑に三家氏が関与している（後述）点に着目すると，同氏の可能性が考えられよう。

　第2は，多胡建郡を通知する太政官符が上野国に下達されたはずであるが[43]，それを碑文には書き写さなかった点である。先述のとおり，那須国造碑の製作には新羅系渡来人が関与していた。多胡碑を含む上野三碑も，近年の研究で強調されているように，新羅石碑の強い影響を受けたことは間違いない。新羅には「教」を刻んだ石碑が多く存在し，いわば法令宣布を石に刻む文化があったことを踏まえて，その知識と記憶が多胡碑の「弁官符」に影響を与えたことが指摘されている[44]。「弁官符」を公文書とみることはできないが，多胡碑文が公文書のごとき体裁を装ったとみる余地は残されており，新羅からの影響力を一定程度認めることは可能であると考える。しかし，実際に公文書として出された太政官符を書き写す方向に進まなかった点には，十分な注意が必要である。

　第3は，羊とそれ以外の人名記載が対照的なことである。「羊」に関しては，個人名が記されるにすぎず，方角説・動物説・略字説・誤字説なども出された。しかし，碑文に「羊に給い」とある「給」は，ある一定の地域を「一任」する，すなわち監督者の地位を給うという意味であり，「羊」は人名（個人名）とみなければならない[45]。つぎに，羊以外の4人をみると，官職・官位（親王の場合は品位）は必ず書かれている[46]。そして，皇親である穂積親王を除く3人は，ウジは記載されているが，個人名は省略されている。カバネに関しては，「丹治比真人」は記されているが，残り2人は書かれず，その代わりに「石上尊」「藤原尊」とあるように，貴人への尊称表現である「尊」字が付されている。

　この3点は密接に関連しており，多胡碑の製作主体を羊とみることで統一的な理解が可能になる。羊の立場になって考えれば，もう一人の郡領にあえて言

---

43) 「廃_置国郡_」は太政官奏の論奏式によるが（養老公式令3条。大宝令も同様に理解できる〈坂上康俊「発日勅・奏抄事項と論奏事項」『史淵』138，2001〉），太政官符によって施行されることは珍しくない。

44) 新川登亀男注5前掲論文，三上喜孝「古代日本と古代朝鮮における金石文」（犬飼隆編『古代文学と隣接諸学4　古代の文字文化』竹林舎，2017）など。

45) 有富由紀子・稲川やよい・北村春々香「多胡碑文の史料分析」（注5前掲書）。

46) 穂積親王の「太政官」も官司・官職を合わせた表現である。注40参照。

及する必要はなく，太政官符に依拠して碑文を製作する必然性も特にない。第3点目についても，次のような理解が可能であろう。

まず，羊以外の4人の名前を石碑に刻むことは，中央政府の高官が羊の後ろ盾になっていることを，地域社会にアピールする意味合いがある。官職・官位（品位）は政府高官の証しとして必要であるし，ウジ・カバネもその人物の出自を示すものであるので，碑文に明記するのが望ましい。一方，政府高官の個人名は地域社会ではさほど大きな意味をもたないため，省略したのであろう。

つぎに，碑文の製作主体でもある羊について。新設の多胡郡には多くの渡来人が居住していた。渡来人は無姓者の事例が少なくない[47]。羊も渡来系の出自の可能性があるが，郡領に任命されるような有力者である以上，無姓者とは考えにくい[48]。羊も当然ウジ・カバネをもっていたが，省略された可能性が高い。その最有力候補は，郡名にも採用された「多胡吉士」（多胡は多呉・多吾とも）であろう[49]。羊の心情としては，地域社会に自分たち一族のウジ・カバネはすでに知れ渡っており，わざわざ石碑に刻むまでもない，と考えた可能性が高い。

個人名で活動する地方豪族

ところで，ウジ・カバネを有しながら，個人名のみを記した郡司の事例[50]としては，次のような8世紀の木簡をあげることができる。

㉒・符春部里長等　竹田里六人部　　□□　□依而□
　・春部君廣橋　神直与□　〔部ヵ〕〔弟 足ヵ〕
　　　　　　　　　　　　　□里長□□木参出来　四月廿五日　碁万侶
　春部鷹麻呂　右三人　　　　　　　　　　　　　　　　　　　少領
　　　　　　　　　　　　　　　　今日莫不過急々　　　　　　□

丹波国氷上郡の郡家別院とされる山垣遺跡（兵庫県丹波市）から出土した，

---

47) 平野邦雄『大化前代社会組織の研究』（吉川弘文館，1969）第6編など。
48) 尾崎喜左雄「上野三碑と那須国造碑」（杉原荘介他編『古代の日本7　関東』角川書店，1970）など。
49) 加藤謙吉「上野三碑と渡来人」（注5前掲書）など。

召喚に関わる郡符木簡である（『木簡研究』20号228頁2号）。サト表記から霊亀3（717）年以前と推定できる。ここでは少領の碁万侶が発給主体となっている。本遺跡から出土した別の召喚木簡にも，碁万侶は登場する（同3号）。後者は文字の欠損があるため断定できないが，現状ではウジ・カバネは確認できない。

㉓・依調借子入□□□□□〔浜津郷鴨部〕里□□〔戸主ヵ〕物部三□〔狩ヵ〕
　・　　　　　　　大領「石山」

　遠江国敷智郡家に比定される伊場遺跡群の梶子北遺跡（静岡県浜松市）から出土した木簡である（『伊場遺跡総括編（文字資料・時代別総括）』梶子北遺跡1号）。サト表記から霊亀3年〜天平12（740）年のものとなる。注目すべきは，裏面に大領の石山が自署していることである。このような自署のある文書の場合，書記官があらかじめ個人名以外を記載しておくのが通常である。しかし本木簡では，そうなっておらず，結果的に石山のウジ・カバネは省略された。

　そして，7世紀の事例としては，「辛亥年」（白雉2年，651年）の年紀をもつ法隆寺旧蔵観音菩薩立像銘があげられる[51]。

---

50) 勝浦令子「建郡と碑――多胡碑」（平川南他編『文字と古代日本1　支配と文字』吉川弘文館，2004）は，「名」のみで活動する郡司として，次の二つの史料に注目した。
　　（a）多褹嶋熊毛郡大領外従七位下安志託等十一人，賜＝多褹後国造姓＝。益救郡大領外従六位下加理伽等一百卅六人多褹直，能満郡少領外従八位上粟麿等八百六十九人，因＝居賜＝直姓＝。武蔵国埼玉郡新羅人徳師等男女五十三人，依＝請，為＝金姓＝。
　　　　　　　　　　　　　　　　　　　　　　　　　　　　　（『続日本紀』天平5年6月丁酉条）
　　（b）美濃国席田郡大領外正七位上子人・忠衛无位吾志等言，子人等六世祖父留和斯知，自＝賀羅国＝，慕＝化来朝。当時，未＝練＝風俗，不＝着＝姓字＝。望随＝国号＝，蒙＝賜姓字＝，賜＝姓賀羅造＝。　　（『続日本紀』天平宝字2年10月丁卯条）
　　これらは賜姓記事である。傍線を付したように，個人名のみを記した郡司が複数登場し（波線部は郡以外），無姓の郡司が珍しくなかったようにもみえなくもない。だが勝浦氏が注意を促すように，賜姓を申請する際に，名のみ記して，新しい姓を賜る形式で書く場合があり，これらの郡司が無姓者であったとは断定できない。
51) このほか，「戊午年」（斉明4年，658年）の年紀をもつ観心寺蔵銅造観音菩薩立像付属光背銘も，「伊之沙古」「汙麻尾古」という個人名しか書かない。また，「丙寅年」（天智5年，666年）の年紀をもつ法隆寺旧蔵菩薩半跏像銘も，「韓婦人名阿麻古」（韓婦人，名は阿麻古）と記す。ただし後者は，渡来人のため無姓者であった可能性もある。これらの銘文については，奈良国立文化財研究所飛鳥資料館編『飛鳥・白鳳の在銘金銅仏』（1976）を参照。

㉔辛亥年七月十日記笠評君名左古臣辛丑日崩去辰時故児在布奈
　太利古臣又伯在□古臣二人乞願

　ここには3人が登場する。1人目の「笠評君名左古臣」（笠評君，名は左古臣）について，まず「評君」は，法隆寺旧蔵幡墨書銘にも「阿久奈弥評君女子為父母作幡」としてみえる（『正倉院年報』4号30頁33号）。また，栢寺廃寺（岡山県総社市）出土の文字瓦にも「評太君服」とあり[52]，「評太君」は「評君」に同じと考えられる。「服」はウジ「服部」の一部なので，「評（太）君」は評督など評の官人である者を指す尊称とみてよい。つまり「笠評君」はウジ・カバネとはならない。つぎに「左古臣」であるが，「臣」は個人名に付された尊称である。これは2人目の「太利古臣」，3人目の「□古臣」も同様である。このように㉔の3人はいずれもウジ・カバネが記載されていない。
　評の官人よりも少しランクは下がるが，次のような事例もある。

㉕・丁丑年十二月三野国刀支評次米
　・恵奈五十戸造阿利麻
　　春人服部枚布五斗俵

　これは飛鳥池遺跡（奈良県明日香村）出土の荷札木簡である（『評制下荷札木簡集成』107号）。「丁丑年」は天武6（677）年。「恵那五十戸造阿利麻」の「五十戸造」は，後の里長に相当する。ここでも「阿利麻」という個人名しか書かれていない。こうした五十戸造＋個人名は，飛鳥京跡苑池遺構出土木簡の「ツ非野五十戸造鳥」（『評制下荷札木簡集成』141号），伊場遺跡出土木簡の「五十戸造麻久□」（『伊場遺跡総括編』伊場遺跡21号）にも認められる。
　さらに，地方豪族の人名表記として，次の「辛巳歳」（天武10年，681年）の年紀をもつ山上碑も注目に値する。

52）　竹内亮「古代の造寺と社会」（『日本古代の寺院と社会』塙書房，2016，初出2012）。

㉖辛己歳集月三日記
　佐野三家定賜健守命孫黒売刀自此
　新川臣児斯多々弥足尼孫大児臣娶生児
　長利僧母為記定文也　放光寺僧
（書き下し）辛己歳集月三日記す。佐野三家を定め賜える健守命の孫黒売刀自，此れ新川臣の児斯多々弥足尼の孫大児臣と娶いて生める児長利僧，母の為に記し定むる文也。放光寺僧。

　放光寺僧の長利が母のために立てた碑である。長利・母のほかに傍線を付した 5 人が登場し，すべて個人名＋尊称となっている。健守命は佐野三家（屯倉）の設置に関わったことから，その子孫は，金井沢碑に登場し，その立碑主体ともなった三家氏であった可能性が高い。興味深いのは，「新川」と「大児」が桐生市新里町新川，前橋市大胡町の地名として残る点である。ともに山上碑の北東約 20 キロメートル，赤城山の南麓である。篠川賢氏は，蘇我馬子・蝦夷を「嶋大臣」「豊浦大臣」と呼んだ例をあげ，新川・大児に住んだ個人を指して「新川臣」「大児臣」と表記したとみており[53]，従うべき見解である。
　以上のとおり，㉒〜㉖はウジ・カバネが省略されているが，うち㉒〜㉕は官職・地位が明記されているので，その人物の特定は容易であったに違いない。多胡碑の羊の場合も，郡領任命について明記されていないとはいえ，「郡と成し，羊に給い」という表現から，そのことが窺えるようになっている。たとえ官職・地位が記されなくても，郡司になり得るような地方豪族であれば，地域社会ではその一族のウジ・カバネは自明であるため，省略してもよかったのであろう。むしろ地域社会では，個人名こそ重要だったと考えられるのである。
　本来，石碑は永続性の高い存在であり，未来に訴えかける側面をもつ。その意味では，普遍的な記載をするのが望ましい。しかし多胡碑は，和文体の混じった表記であることに加えて，中心人物となる羊のウジ・カバネが省略された点によく示されているように，当該期の地域社会でのみ通用する記載といわね

53）　篠川賢「山上碑を読む——「佐野三家」を中心として」（注 5 前掲書）。

ばならない。そのため，時間の経過とともに，正しい理解が損なわれてしまう。

　多胡碑は圧倒的な存在感があったようで，後世に忘れ去られてしまった多くの石碑と違って，「羊太夫伝承」として地域社会で語り継がれた[54]。その最初期の事例は，14世紀後半成立の『神道集』巻7「上野勢多郡鎮守赤城大明神事」である。それによれば，上野勢多郡に流された高野辺左大将家成の一家の悲劇を都に急報する使者として，「足早」の「羊太夫」が登場する。磐下徹氏は，羊太夫の足早という属性は，初代多胡郡司の羊が都と強く結びついている，という事実に読み替えが可能であると指摘する[55]。これは興味深い見解であるが，多胡碑が正しく理解されなくなっている点もまた認める必要があろう。

　ところで，地域社会には郡司候補者となり得る有力者が複数存在しており，終身官であるはずの郡司が，実際には10年未満の短期間で交替していたことが指摘されている[56]。羊が多胡碑を建立したのも，そうした周囲の競合相手よりも優位に立ちたい，という願いが込められていた点は間違いない。郡司候補者は国司が選抜することになっており（国擬），多胡碑が国司にアピールする側面があったことは十分に考えられる。高島英之氏は，多胡郡の新置を伝える『続日本紀』和銅4（711）年3月辛亥条の郡名記載が，京からのルートに即した甘良・緑野・片岡の順になっているのに対し，多胡碑では国府からのルートに即した片岡・緑野・甘良の順に記載されていることを指摘している[57]。

　ここで郡司の任用方法に着目したとき，次の天平7（735）年制は興味深い。

㉗制，畿内七道諸国，宜下除二国擬一外，別簡二難波朝庭以還譜第重大四五人一副上之。如有下雖レ无二譜第一，而身才絶レ倫，幷労郊聞レ衆者上，別状亦副，並附二朝集使一申送。其身，限二十二月一日一，集二式部省一。

　　　　　　　　　　　　　　　　　（『続日本紀』天平7年5月丙子条）

---

54)　堀口育男「羊太夫説話伝承考」（『伝承文学研究』32，1986），小池浩平「多胡碑研究のあゆみ」（注5前掲書）など。
55)　磐下徹注39前掲論文。
56)　須原祥二「八世紀の郡司制度と在地――その運用実態をめぐって」（『古代地方制度形成過程の研究』吉川弘文館，2011，初出1996）。
57)　高島英之「多胡碑」（『古代出土文字資料の研究』東京堂出版，2000，初出1999）。

これまで国司は国擬による郡司候補者1名を中央の式部省へ送り届ければよかったが、天平7年になって新たに、複数の候補者を送り届けなければならなくなったのである。「難波朝廷以還の譜第重大なる」という郡司任用基準が明示され、代々郡司を務めてきた一族であることがより重要になってくる。もし多胡碑が天平7年以降に製作されたのであれば、必ずや羊のウジ・カバネを明記したに違いないが、それに先立つ和銅4年段階の建立ということもあり、その重要性に気が付かず、省略されてしまったのである。

　以上、多胡碑について検討をおこない、これは公文書を書き写したものではなく、初代郡領となった羊の目を通して、郡司召の場面を記したものであることを述べた。この結論自体は特に目新しいものではないが、人名表記の仕方に特徴がみられることなど、いくつか新たな論点を付け加えてみた。

おわりに

　最後に、これまでの考察を踏まえ、なぜ日本古代社会には石碑文化が根付かなかったのか、現時点における見通しを述べてみたい。

　これまで、識字率の低さや、石材加工技術の未熟さ（日本は木の文化という見方にもつながる）に原因を求める説が出されてきた。たしかに当たっている面もあるが、それだけが原因ではなかろう。極めて漠然とした言い方になるが、日本古代は大陸・半島に比して社会的流動性があまり高くなかったため、石碑を立ててまで強く訴えかける必要性に乏しかった点が大きいのではないか。

　このように考えるにいたったのは、多胡碑の理解に負うところが大きい。本稿で述べたように、多胡碑は当該期の地域社会でのみ通用する記載内容であった。羊は多胡郡新設に関わる自らの功績を後世に永く伝えようとする欲求や、郡司職への就任を狙う周辺の豪族よりも優位に立ちたいという欲求をもっており、それらが石碑建立の背後にあったのは間違いなかろう。しかし、その碑文が地域社会の既存秩序を前提に記載されている点を見逃してはならない。石碑を建立してまで社会に広く訴えなければならないだけの、特に差し迫った事情があったとは、どうしても思えないのである。多胡郡には新羅系の渡来人が多

おわりに

く居住しており，新羅の石碑文化も知られており，先に山上碑も建立されていた。他地域であれば，わざわざ石碑を立てなかったであろうが，こうした多胡郡の地域的特性が羊に石碑建立を決意させたのではないか。

もうひとつ本稿では，采女氏塋域碑について取り上げた。これまで本拠地で一族の墓域に埋葬されるのが一般的であったが，7世紀末頃から中央官人は本拠地から切り離され，個人もしくは夫婦を単位に埋葬されるようになり，火葬も導入されるようになる。こうした新たな葬制にともなう不安が，墓碑や墓誌の製作を促す要因のひとつになった可能性を指摘した。

しかし，これはあくまでも要因のひとつにすぎない。しかも本稿で述べたように，結局のところ，日本古代社会には墓碑・墓誌ともに定着しなかった。その理由について，多胡碑の考察結果を参考に考えてみると，実際には墓碑・墓誌の必要性が強く感じられるほどには，葬制の変化はあまり大きなものとしては認識されなかった可能性が出てくる。

たしかに，一族の本拠地に代々営まれてきた墓地から切り離された中央官人たちは，不安を感じたに違いない。ところが，中央官人の大部分は畿内の出身者である。本拠地から切り離されるとはいっても，距離的にはあまり大きなものではなく，中国のそれとは比ぶべくもない。また，火葬に関しても，中国では儒教倫理の厳しい制約や伝統的な霊魂観もあって容易には普及しなかったのに対して，日本では比較的抵抗なく広まっており，天皇ですら火葬を採用している点は極めて注目に値する[58]。

日本古代の石碑や墓誌は，7世紀末～9世紀初頭（墓誌は8世紀末まで）に大半が収まる。さらに，本稿の主題とする石碑のうち，石碑（狭義）とは性格を異にする石塔を除き，さらに現存する石碑に限定すると（現存しないものは石碑ではない可能性も残るため），7世紀末～8世紀中葉に集中することがわかる[59]。7世紀末～9世紀初頭，とりわけ7世紀末～8世紀中葉は，律令国家の名に最

---

58) 東野治之「墳墓と墓誌の日唐比較」（『史料学探訪』岩波書店，2015，初出2004）。
59) なお，8世紀後半以降の石碑については，三上喜孝注8前掲論文も指摘するように，仏教関係のものが顕著である（石塔も同様）。中世になると，仏教的性格の強い石刻資料（板碑，宝篋印塔など）が多くみられるようになるが，どのような展開過程をたどるのか，たいへん興味深い問題である。

もふさわしい時代といってよい。中国の存在を強く意識し，その諸制度や文化を貪欲に吸収しようとしていた時期にあたる。そうした風潮に加えて，それまでの朝鮮半島からの強い影響もあって，石碑や墓誌が日本でも製作されるようになったものの，真の意味での必要性が乏しい社会であったこともあり，結局は根付かなかったのではないか。

…

文字媒体とその機能
―― 日本における石碑文化の継受をめぐって ――

渡辺晃宏

は　し　が　き

　日本古代における石碑文化[1]の継受とその特色を考えるにあたっては，石以外の媒体を視野に入れた総合的な視覚が不可欠である。そこで筆者は前稿[2]において，日本古代において石碑を造る文化が定着しなかった理由について，木簡による木を媒体とする情報伝達をめぐってこれまで考えてきたことに基づきながら，さまざまな媒体による情報伝達を総体として理解する視点から考察した。
　その結果，石に文字を刻む技術はあるのに，石碑が定着しなかった背景には，文字による意思表示の伝統の稀薄さ，言い換えれば口頭による意思表示を重視する社会だったことが根底にあるとの見通しを得ることができた。
　日本における文字媒体としては，石，金属，木，紙，土器，瓦などが知られる。本稿では，前稿を踏まえて，筆者が主として取り扱ってきた木を媒体とする文字資料，すなわち木簡を素材としながらこれを相対化することを試みつつ，所期の課題に迫るための基礎的な検討を引き続き行ってみたい。

1　文字媒体とその機能

　筆者はこれまで，木簡の分類を再検討する中で，機能による分類の有効性に

---

1) 日本古代の石碑文化を包括的に概観するものとしては，福山敏男「飛鳥・奈良時代の金石文」(『中国建築と金石文の研究』(福山敏男著作集6)(中央公論美術出版，1983，初出1961)，東野治之「東アジアの石碑文化と古代日本」(『日本古代金石文の研究』岩波書店，2004)，国立歴史民俗博物館展示図録『古代の碑――石に刻まれたメッセージ』(1997) などがある。
2) 拙稿「日本における情報伝達媒体と石に刻む文化 (Media for transmitting information in Japan and the tradition of inscribing stone)」(シンポジウム "Law and Writing Habits in the Ancient World" 予稿集。2016年9月1日，於 Senate House, University of London) 後，*Law and Writing Habits in the Ancient World*（2019年3月1日発行　奈良大学　非売品）。

ついて考えてきた。機能という視点を重視することで，木という文字媒体の特質と結び付けた提示が可能となる。直近のもので示すと次のようになる[3]。それぞれ，機能―従来の分類―文字媒体としての木の特性，の順に示す。

　　意思伝達機能―文書木簡―反復性
　　属性表示機能―付札木簡―堅牢性　　　（分類Aとする）
　　墨書媒体機能―習書・落書木簡―簡便性

　文書木簡は削って再利用可能であるという反復性に，付札木簡は丈夫で運搬や保管に耐えるという堅牢性に，習書・落書木簡は入手が容易であるという簡便性にそれぞれ対応しており，木簡の3種類の分類が，木のもっている素材としての3つの特色をそれぞれに生かした用途であることが理解できると思う。すなわち，素材としての特性と木簡としての機能とが結び付いているのである。素材としての木の特性を熟知し，それを十二分に生かした機能を付与していることが読み取れよう。

　さて，実は筆者自身これらの機能の表記には揺れがあって，必ずしも統一が取れていないとの謗りは免れないが，こうした観点からの整理が一定の有効性をもつことは，なお否定しがたいと思う。そこで，揺れの要因も含めて初めに再説し，最新の見解をまとめておくこととしたい。

　筆者が木簡の分類に機能の観点を導入することを考えた契機は，実際に出土する木簡のヴァリエーションの拡大にあった。1988年から1989年にかけて，長屋王家木簡，二条大路木簡という数万点規模の木簡の発見が相次いだ。その中に，それまでにも出土事例はあったものの，あまり注目されることのなかったタイプの木簡が多数含まれていた。そのうち最も注意を引いたのは，封緘木簡と命名されたタイプの木簡である。その代表的なものは，「『封』北宮進上津税使」という墨書のある木簡（『平城京木簡1』454号）であろう。

　この木簡を筆頭に，長屋王家木簡には9点の封緘木簡が含まれ[4]，過去に報

3）　拙稿「出土文字資料――木簡」（小口雅史・佐藤信編『古代史料を読む（上）律令国家篇』同成社，2018）
4）　表簡と裏簡の組合せが明らかなものは合わせて1点に数えた。また，封緘に伴う文字は残らないが，形状からみて封緘木簡を二次利用したとみられる1点（『平城京木簡2』1928号）を含む。

告されていた平城宮・京跡出土木簡に遡った集成が行われる一方，八幡林遺跡など地方官衙関連遺跡でも出土が相次ぐようになった[5]。また，封緘木簡は，下部を左右から細く削り出す羽子板状の形状を取るのが一般的であることから，長屋王家木簡の最初の正報告書である『平城京木簡1』の刊行に際しては，それまで15種類だった木簡の型式番号に，新たに041・043・049の3種類[6]が加えられることになった。

　封緘木簡は，封緘という機能という点では，表裏に2枚に剥いだ木簡の間に紙の文書を挟んだうえで紐をかければよいわけで，墨書を必須とはしていない。しかし，紐の上から「封」・「印」などの封緘文言を書き加えることによって，紐によって封じる効力が高められる。また，上述の「北宮進上津税使」の例のように，宛先や差し出しを書く場合もあったが，それはむしろ稀であった。このように，封緘木簡は本来的な機能としては紙の文書を封じるための木製品であって，必ずしも墨書を必要とはしないが，墨書を加えることによってその機能が高められるという性格をもつことがわかる。これはそれまで知られていた文書，付札，習書・落書の3分類の範疇には収まりきらないものである。同様の性格を有する木簡として，題籤軸，棒軸，文書箱，キーホルダーなどの事例があり，筆者はこれらに墨書木製品という名称を与え，文書，付札，習書・落書と並ぶ第4の木簡の分類に位置付けようとしたのだった[7]。

　ところが，その後この木簡の新たな分類について考察を進めるうち，墨書木製品と名付けた新しい範疇の木簡が，実は機能的には付札と類似していることに気付くに至る。すなわち，墨書木製品の墨書は，墨書が施された木製品自体の属性を示す記載である。一方付札は，それを取り付けられた物品の属性を示す記載であって，属性を示すという点においては墨書木製品と同一の機能とい

---

[5] 封緘木簡の集成の代表的な業績としては，佐藤信「封緘木簡考」(『日本古代の宮都と木簡』吉川弘文館，1997，初出1995)が挙げられる。
[6] 041型式：長方形の材の一端の左右を削り，羽子板の柄状に作ったもの。
　　043型式：長方形の材の一端を羽子板の柄状に作り，残りの部分の左右に切り込みを入れたもの。
　　049型式：長方形の材の一端を羽子板の柄状にしているが，他端は折損・腐蝕などによって原形の失われたもの。
[7] 拙稿「企画展示室　木簡は語る——地下に眠る資料の宝庫」(『日本歴史館』小学館，1993)

ってよい。その違いは，物品そのものに属性を記載するか，別のものに属性を記載して物品に取り付けるかというただ一点にある。そして方法の差異が生じる要因は，概ねその物品に直接文字を記載できるか否かという点にある。

このように，機能に着目することによって，全く新しいタイプと思われた木簡が，実は従来知られていたものと類似しており，こうした視点を導入することで，より汎用性の高い木簡分類が可能になることが明らかになったのである。

それでは，付札以外の分類，すなわち文書，及び習書・落書は，機能という観点からみると，どのように理解することができようか。まず，文書木簡は，発信者（差し出し）が受信者（宛先）に対して何らかの情報や意思を伝える機能をもつ木簡，として括ることができる。一方，習書・落書木簡は，情報を伝達したり，属性を表示したりといった特定の目的をもたず，ただ墨書すること自体に目的がある使い方と理解することができる。

こうした観点から木簡の分類を捉え直した結果提示したのが下記である[8]。

　　情報伝達機能をもつ木簡（従来の文書木簡）　　⎫
　　属性表示機能をもつ木簡（従来の付札木簡）　　⎬（分類アとする）
　　墨書媒体機能をもつ木簡（従来の習書・落書木簡）⎭

この分類によって，長屋王家木簡や二条大路木簡の発見がもたらした，従来の分類では収まりきらなくなったさまざまなタイプの木簡をより広い範疇で捉え直すことが可能になった。

しかし，ここまでの段階においては，従来の枠組みからはみ出す存在と見られがちであった墨書木製品を，従来の分類の枠組みと一体として捉え直すことに主眼があったため，考察の主たる対象は，さまざまな墨書木製品の分類や分析にあった。そのため，属性表示機能以外の2つのタイプの木簡については，その機能を表す用語に充分な正確性を期した検討を行えなかった側面は否めない。墨書木製品の分析にとらわれるあまり，用語の吟味になお充分には熟さな

---

8) この分類は，拙稿「日本における文書木簡の成立と展開」（中国政法大学法律古籍整理研究所・奈良大学簡牘研究会・中国法律史学会古代法律文献専業委員会『東アジア簡牘と社会――東アジア簡牘学の検討』2012）で簡略に提示したもので，さらに拙稿「墨書のある木製品とその機能」（角谷常子編『東アジア木簡学のために』汲古書院，2014）においてより具体的に論じた。

い面が残ってしまうことになった。

　まず，従来の文書木簡に対応する，一つめの機能である情報伝達という表現については，情報，属性といった場合，属性も情報の一部なのではないかという疑問が残った。すなわち，属性と情報は同レヴェルの概念ではなく，情報は属性より上位のレヴェルの概念であり，異なる機能を表示するには不適当と言わざるを得ない。そもそも情報は，文字のもつ機能そのものであり，あらゆる機能の木簡を含み込んでしまいかねない。属性と対等のレヴェルの概念の言葉を用い，重複部分のない，より適切な用語に改める必要があろう。

　また，従来の習書・落書木簡に対応する，3つめの機能，すなわち墨書媒体という表現については，情報伝達を担う木簡も，属性表示を担う木簡も，墨書媒体であるのには違いがなく，墨書媒体に特化していることを，より端的に表現する用語はないか，やはり検討の余地があるという点も課題が残った。

　こうした問題意識に基づき，2016年にロンドンで行ったシンポジウム"Law and Writing Habits in the Ancient World"において，日本古代社会に石碑文化が浸透しなかった要因を考える前提として，木簡の機能分類を応用して文字媒体を比較検討した際に，文字の機能を広く「情報伝達」と捉え，報告タイトルを「日本における情報伝達媒体と石に刻む文化」とした。そして木簡を木を媒体とする情報伝達と捉え，次のように命名し直した[9]。

　　意思表示機能　⎫
　　属性表示機能　⎬（分類イとする）
　　墨書媒体機能　⎭

　ここでは，従前の情報伝達の代わりに，意思表示という概念で文書木簡の機能を捉え直した。前述のように，付札木簡の機能である属性表示には，広い意味では情報伝達に含み込み得る可能性があるからである。そこで，他者への積極的な働きかけという文書のもつ特質を表現できる言葉として，「意思」を導入した。そして「情報伝達」は，3種類の木簡の機能を総括する上位の概念として捉え直したのである。タイトルを「日本における情報伝達媒体と……」と

---

9) 拙稿注2前掲論文。

した所以である。

　ただ，ここでもまだ概念としては不充分な点が残っていたのは否めない。意図としては，文字文化の担い手として，木，紙，石，金属などさまざまな媒体を比較・検討し，それらの媒体を総体として捉えるために，「情報伝達媒体」という言葉を用いようとしたのだった。しかし，情報伝達は文字のもつ重要な機能の一つではあるが，それだけが文字の機能であるわけではない。課題設定の枠組みとしては，よりニュートラルに文字を記す媒体を表現する用語を用いるのが望ましかったと思われる。

　また，大枠を「情報伝達媒体」と捉えてしまうと，その3つの要素の1つである意思表示機能と重複してしまう恐れもある。意思表示機能を，当初は情報伝達機能と命名していたくらいであるから，その危険は大きいと言わなければならない。さらに，残る2つの要素のうちの属性表示機能はまだ情報の要素をもつから包含し得るけれども，墨書媒体に特化した機能は排除されてしまうことになりかねない。

　そうとすれば，大きな枠組みとして考え得るのは，「情報（伝達）」を削除し，文字を乗せる素材の意味を重視した「文字記録媒体」あるいは「文字記載媒体」などの用語であろう。そこに「記録」「記載」の語を挟んだのは，文字を「記す」という行為の表現を加味しようという意図による。しかし，単に「記す」と和語で表現するのとは違い，「記載」あるいは特に「記録」という熟語には，単に「言葉を文字に書き写す」という意味の他に，「記載して残す」というニュアンスが強く表現されているように思われる。また，日本史で「記録」といえば，中古の貴族の日記を指す特別な用法がある。

　また，「文字記録媒体」や「文字記載媒体」として大枠を捉えてしまうと，今度はその3つの要素のうち，文字を記載することに特化した機能，すなわち習書・落書などを含み込む機能と重複することになろう。その場合，前述の「情報伝達媒体」として大括りをする際とはちょうど逆に，情報に関する「意思伝達」と「属性表示」の2つの機能が排除されてしまう恐れが生じるわけである。要するに，これらも，3つの要素を括る大枠の概念としては，「情報伝達」と同様に概念に限定がついてしまいかねない危険があり，用語として適切

ではないのである。
　そのため，敢えて「記録」や「記載」の語を用いず，「文字」を記す「媒体」の意味で，単純に「文字媒体」と称するのが最も無難ではないかというのが，現在までのところの結論である。ここまで切り詰めた表現であるならば，3つの要素を括る概念としては，ニュートラルなものとなり得ると考える。
　そこで，以下，本稿では，文字を記すさまざまな素材のことを「文字媒体」と称し，文字媒体と文字文化の関わりという課題で，比較検討を進めていくことにしたい。本稿のタイトルを「文字媒体とその機能」とした所以である。
　さて，前述のように，ロンドンシンポの際に提示した分類イにおいては，「意思」という概念を導入することによって，情報―属性の重複関係は一応クリアできたと考えられる。しかし，意思表示・属性表示と併記した際の，「表示」という概念の重複感にはやや違和感が残っていた。この段階で「意思」についても「表示」という静的ともいえる表現を採用したのは，この検討を行った際の主目的が，日本における石碑文化の検討にあり，石という移動を前提としない媒体を対象とするものであった点に大きく左右されたからである。しかし，文字媒体には，木や紙に代表されるように，動くという点が重要な要素を占めている媒体が存在する。木や紙の場合には，文字媒体が情報の発信者から受信者へと移動することによって，情報は伝えられる。これに対し，金属や石の場合には，文字媒体自体は発信者が設置した場所から動くことは基本的になく，受信者がその場所を訪れてその情報に接するのが一般的である。「表示」という用語を使用したのは，そうした特に石の媒体としての特質に着目した結果であった。
　しかし，石に限らず，木や紙を含めてそれ以外の文字，墨書に限らず刻書も含めてあらゆる媒体の文字を総体として捉える視点に立つならば，「表示」でよいかどうかは再考を要するであろう。前述のように，「表示」には，固定した動かない状態の者から情報が自然に静的に流れるイメージがある。一方，「伝達」には，積極的，人為的に情報を流す動的なイメージがある。あくまで相対的なイメージの差異に過ぎないように思われるかも知れないけれども，その違いは無視できないものと思う。「意思」については，「表示」ではなく当初

用いていた「伝達」という用語に戻す方が相応しいと考えるに至った所以である。

　一方，ロンドンシンポの際に「情報」に代えて採用した「意思」という表現の妥当性について再度検討を加えるならば，「情報」にはヒトの「意思」だけでなく，モノの「属性」も包含するニュアンスがある。従って，「情報」の伝達，あるいは表示といってしまうと，付札木簡や墨書木製品の機能である属性表示を包含しかつそれと重複する，その上位概念と捉えられてしまう危惧が生じることになる。それよりは，むしろヒトが発信する情報に限定する方が，機能をより明確に表現できるのではないかと思う。そのように考えるならば，より広汎な概念を想起させる「情報」ではなく，ヒトの行為に限定できる「意思」がより相応しいことが，容易に理解できよう。

　本稿冒頭で述べた分類Aで，分類イの「意思表示」に代えて「意思伝達」という表現を用いているのはこうした経緯による。

　これに対し，属性表示機能，墨書媒体機能については，機能による分類を提唱した当初から用語自体に変更は加えていない。しかし，このうち「墨書媒体機能」についてはなお検討の余地が大きい。

　まず，木や紙の場合は墨書が大半であるが，紙は勿論のこと木にも朱書や白書はあり得るし，また刻書も木だけでなく，角筆を念頭に置けば，紙にも刻書は存在する。まして石や金属の場合には，むしろ墨書は稀であって，大半は刻み込まれたものということになろう。従って，文字媒体を総合的に捉えようとするならば，「墨書」という用語は明らかに不適当であるから，刻書のほかさまざまな文字の記し方を含み込み得る表現に変更する必要がある。

　また，習書・落書に代表されるこの機能の場合，意思伝達や属性表示の2つの機能とは異なり，他者にはたらきかけることがなく，自己完結する。見られることを前提としない文字なのである。そのあたりを，表現できる言葉を用いるのが望ましい。

　そこで，文字媒体の機能のうち，習書・落書に代表される，他者にはたらきかけることなく，文字を記すことに特化した自己完結的な機能を表現するに耐える言葉として，墨書媒体機能に代わり得る案をいくつか挙げてみる。

記録媒体機能。文字媒体の文字は墨書に限らないため，方法を特定しない用語に改めようとしたものである。しかし，前述したように，記録には既に歴史用語として定着した用法があり，記載と改めても文字として残すというニュアンスがどうしても残ってしまう点に違和感が残る。

媒体特化機能。他者にはたらきかけることなく自己完結することを意識した案である。媒体完結機能，媒体即応機能なども考えられるかも知れない。ただ，いずれにしても上記の「記録媒体」とともに，「文字媒体」の機能という大枠の中に，「媒体」という用語を含む概念を規定するのは，どうしても稚拙の謗りを免れないように思う。

このようにいずれも帯に短しの感を抱かざるを得ないのであるが，翻って再度基本的な機能を把握するならば，それは文字を表現する媒体としてのはたらきに特化した機能ということができる。他の2つの機能における対象である「意思」と「属性」に対応するのは，「文字」そのものであり，それへのはたらきかけ方である「伝達」と「表示」に対応するのは，「記す」ことである。

そこで，「記す」ことを機能とする木簡として，どのようなタイプの木簡がこの範疇に含み込まれ得るかを逆に考えてみると，習書・落書は勿論であるが，類例の多数ある木簡が存在することに気付く。それは柿経である。既に紙木併用で文字文化が伝わった日本の場合，典籍を木に記すことは基本的にはなかったが，柿経だけは例外で，供養して水に流すことを前提とするために，あえて紙ではなく木に経典を記すことが広く行われた。このように日本の木簡では例外的な存在に属するけれども，典籍を記すのは意思伝達でも属性表示でもなく，記載内容そのものに意味があり，書くことそれ自体が目的であった。その点で，3分類の中に収めるとすれば，3つめの分類が最も妥当と思われる。

このように3つめの分類の中に柿経を含めて考えるならば，従来墨書媒体機能と呼んできた機能は，将来に残すか一時的なメモで済ますかという点は，機能とは無関係な要素とみるべきであろう。こうした観点から，「文字を媒体の表面に形にして示すこと」を，それを保存して残すかどうかという観点を度外視して表現することができ，かつ「記録」や「記載」を用いずにニュートラルに表現できる言葉として最も穏当なものを求めるならば，「表記」あるいは

「表示」という語彙が思い浮かぶ。

「表記」と「表示」でどちらがより妥当かは微妙な語感の問題であるが，「記」には文字を書くこと自体に特化したニュアンスがあるのに対し，「示」には書き記すことによってそれを他者に示す，相手に見せるという意図が含み込まれているという印象が強い。それに何よりも，「表示」を用いると，「属性表示」との区別が曖昧になってしまう。そこで，ここでは3つめの機能を示すものとして，「表記」をより妥当な表現として採用することとしたい。

論点を明確にするために敢えて思考過程も記したが，以上を要するに，機能として「伝達」・「表示」に次ぐ3つめとしては「表記」を，機能の客体として「意思」・「属性」に次ぐ3つめとしては「文字」をそれぞれ位置付けることによって，3つめの機能分類として比較的穏当な命名が可能になると思われる。結論として，「意思伝達機能」・「属性表示機能」に次ぐ3つめの木簡の機能，すなわち従来の「墨書媒体機能」に代わるものとして，「文字表記機能」を最新の見解として提示しておくこととしたい。

　　意思伝達機能 ⎫
　　属性表示機能 ⎬（分類Bとする）
　　文字表記機能 ⎭

2　さまざまな文字媒体を普遍的に捉えるために

前節においては，日本におけるさまざまな文字媒体の特質を考えるために，木を媒体とする資料，すなわち木簡の機能分類について，これまでの考察の整理と反省を含め，再度概念的な面の整理を試みた。本節では，最新の分類Bを踏まえて他の文字媒体との比較を試みてみたい。

本稿の考察において，文字媒体としての木を捉える出発点となったのは，従来の文書，付札，習書・落書その他の3分類では捉えきれないタイプの木簡，すなわち墨書木製品として一括できる資料の存在であった。それは木には文字媒体としての機能だけでなく，木製品としての機能があり，木製品としての機能をもつものにも，文字媒体としての機能が付加され得る場合があることに注

意を喚起するものであった。

　文字媒体の素材を考える場合，それぞれの素材が文字媒体以外の機能をもつ素材であるという点を看過するならば，素材の特性を充分に把握することはできない。この点が看過されがちであったのは，木と並ぶ重要な文字媒体である紙が，文字媒体専用の素材であることと無関係ではなかろう。蔡倫によるいわゆる紙の発明が文字媒体としての紙の改良であったことは，冨谷至氏が看破されたところである[10]。包装紙用としての紙は近代以降むしろ復活した感があるけれども，歴史的に見るならば，紙の需要を支えたのは基本的に文字媒体としての機能であったといってよいであろう。すなわち，紙は，包装用という用途はあるものの，文字媒体に特化した製品であるということができる。製品としての紙の機能の大半が文字媒体としての機能によって占められており，文字媒体機能は製品機能の中にほぼ重なって収まる。

　これに対し，木の場合は，木簡は墨書するための木製品という側面を有しているが，木は木簡以外にもさまざまに加工され多種多様な木製品に姿を変える。その一部は墨書を施すことによって主として属性表示機能をもつ文字媒体に転化する場合はあるものの，それらは本来的に墨書を施すための製品というわけではないから，文字媒体機能を付加されずに製品機能のみを果たし続ける場合も多い。先程の紙との比較でいうならば，製品としての木の機能の一定部分を文字媒体としての機能が占めているのは確かであるけれども，その占める割合は紙の場合に比べてはるかに少ない。文字媒体機能が製品機能の中に収まるが，それ以外の機能の占める部分も大きいのである。

　紙や木以外の素材についてはどうであろうか。製品の素材としての機能という観点に着目して，各素材の文字媒体としての特色を整理してみたい。最初に気付くのは，他の文字媒体の場合には，文字媒体としての機能よりも，製品の素材としての機能が基本にあることである。

　まず，石については，石製品の素材であるのを基本とするといってよかろうと思う。製品機能の中に，文字媒体機能がごく僅かの位置を占めて収まるとい

---

10)　冨谷至『木簡・竹簡の語る中国古代——書記の文化史』(岩波書店，2003，増補新版 2014)

ってよい。文字を記すための石製品としては，石碑・墓誌などを挙げることができる。文字媒体としての機能を木簡に従って分類するならば，基本は属性表示とみることができるが，顕彰碑など一部の石碑は，広く不特定多数に向けた意思伝達機能をもつとみることもできよう。

次に金属については，石と同様に，金属製品の素材であるのを基本とするといってよかろう。製品機能の中に文字媒体機能が占める位置は，石よりもさらにごく僅かである。文字を記すための金属製品としては，墓誌などを挙げ得るに過ぎない。墓誌は墓の被葬者に関する情報を記すものであるから，機能の細分を行うとすれば，墓の属性表示と見做すことができよう[11]。

土器については，やはり器としての製品機能を基本とする。文字媒体機能を果たす場合は，石や金属に比べると頻度が高く，木よりは頻度が低い。機能を細分するならば，土器の所属や用途を示す属性表示機能のほかに，習書・落書や筆慣らしに用いられる場合が多数あり，文字表記機能も土器の重要な機能となる。また，他の媒体にない用途として，呪術的な機能が多く見られるのも土器の特徴であろう[12]。それらの機能を細分するならば，形代としての属性表示の役割を果たす場合もあろうし，祈願文としての意思伝達を担う場合も考えられる。詳細は別途考察が必要であろうが，類例の多い吉祥句・文字の表記の場合にも，字数は僅かであっても，何らかの祈願の意図を読み取ることができるから，意思伝達機能とみることが許されると思う。土器の場合は，木ほどではないけれども，墨書の機能のヴァリエーションはかなり豊かである。

これに比べると，土器と並ぶ出土遺物の代表格である瓦の場合には，もう少し機能は限定的である。屋根を葺く資材としての製品機能を基本としており，石や金属よりは文字媒体として用いられる頻度は高いが，土器に比べるとはるかに頻度は低い。文字媒体機能の細分としては，刻印瓦などに代表される属性表示機能と，習書・落書に代表される文字表記機能の両方が想定できよう。

以上，さまざまな文字媒体について，製品機能の中に占める文字媒体機能の

---

11) 拙稿注2前掲論文で述べたように，金属を文字媒体として用いた特殊な事例として，聖武天皇勅書銅版と法華寺金版がある。
12) 墨書土器に関する包括的な論著には，平川南『墨書土器の研究』（吉川弘文館，2000）と高島英之『古代出土文字資料の研究』（東京堂出版，2000）がある。

表1　日本における文字媒体・機能別の資料事例

文字媒体＼機能	意思伝達		属性表示		文字表記
	宛先特定	不特定多数宛	専用単体使用	製品記銘	
紙	文書		紙箋	―	習書・落書　典籍・聖教
木	文書・帳簿，呪符	告知札，看板，高札など	荷札・付札，棟札	墨書木製品（題籤軸，棒軸，文書箱，封緘，キーホルダー木簡，曲物ほか）	習書・落書，柿経
		牓示札・禁制など			
石	―	石碑（記念碑・供養碑）	（墓誌）	刻書石製品（石塔銘など）	
		石碑（墓碑）			
金属	―	―	墓誌（板状），聖武天皇勅書銅版　法華寺金版	刻書金属製品（造像銘，塔相輪・露盤銘，鐘銘，墓誌（蔵骨器銘）など）	
土器・瓦塼	―	―	（墓誌〈板状〉）	墨書（刻書）土器・瓦塼	習書・落書
繊維製品	―	―	―	調庸墨書銘	

位置付け，及び文字媒体機能の細分を木簡について本稿で再提示した3分類に従って簡略に整理を試みた。至極当然のことかも知れないが，媒体ごとの位置付けを明確にするには必要な視角であろうと考え，敢えて提示してみた。

　なお，文字媒体の分類には，伝来形態による出土品か伝来品かという視点が用いられることもある。例えば，木の場合，一般には出土品であることが木簡と認定する要件とされる。しかし，それにも例外があること[13]から知られるように，文字媒体としての検討においては，その品質の理解には結びつかず，文字媒体を総合的に捉えるためにはむしろかえって有害でさえあると思う。

　最後に，本節のまとめとして，文字媒体とその機能別に資料事例を整理した表を掲げておく。これは，ロンドンシンポにおいて提示した表を，本稿の成果を加味して加筆・修正したものである。

---

13) 正倉院宝物として伝世した遺品については，出土品ではないけれども例外的に木簡ととして取り扱われ，奈良文化財研究所の木簡データベース「木簡庫」や，木簡学会の会誌『木簡研究』においても取り上げられている。

3　日本における石碑文化の捉え方

　日本における石碑文化の継受とその特色を考えるにあたって，ともすれば石碑文化の欠如という視点で捉えがちである。しかし，日本古代においても石碑の事例は一定数存在する[14]。欠如というのは，朝鮮半島，特に新羅との比較が念頭にあると思われるが，新羅の石碑文化はむしろ特殊との指摘もある[15]。また，石を加工する技術は，古墳の石室を見るまでもなく高い水準にあったことは厳然とした事実であり，技術の欠如という視点もあまり説得的ではない。

　こうした点を勘案すると，欠如よりはむしろ継受の遅れという視点が有効であろう。石を加工する技術に根ざし，古代末から中世を通じて石造物への銘文の刻書は広く行われる[16]けれども，石碑の造立が日本で普及するようになるのは江戸時代になってからである（螭首と亀趺を伴う中国風のものも現れる）。

　古代において石碑文化を積極的には継受しなかった理由としては，前稿でも述べたように，文字によって永続的かつ不特定多数に向けて広汎に意思を伝達しようという意識が薄かったことに本質的な要因があると思われる。

　文字による意思伝達の定着が，属性表示や文字表記の機能よりも一段階遅れたことについては，木簡の機能分類の考察を行った際に明らかにした[17]。意思を永続的に文字として残そうという認識は，基本的に大宝令の制定・試行まで降ると言っても過言ではない。

　それでは不特定多数に向けた意思伝達という側面はどうであろうか。木簡として不特定多数への掲示を意図した最初のものは，やや異例の内容であるが，最古の小便禁止の看板と称される，平城宮跡第一次大極殿院南面の西楼の柱穴より出土した「此所不得小便」と書かれた木簡（『平城宮木簡7』11518号木簡。図1右）であろう。ただ，これは不特定多数宛といっても，西楼を含む第一次

---

14)　9世紀までで，現存するものに限っても13例，内容のみ伝わるものを含めるなら20例を数える（拙稿注2前掲論文）。
15)　橋本繁氏は新羅の石碑について，「ある国のある特定の時代においてのみ，石碑がつくられたということになる」と述べている（橋本繁「朝鮮半島古代の石碑文化」小倉慈司・三上喜孝編『古代日本と朝鮮の石碑文化』〈国立歴史民俗博物館研究叢書4〉朝倉書店，2018）。
16)　代表的な論著としては，山川均『石塔造立』（法蔵館，2015）がある。
17)　拙稿注8前掲「日本における文書木簡の成立と展開」。

大極殿院南面回廊解体現場の作業員向けという限定的なものであり，本来の意味での不特定多数向けの意思伝達とは言い難い一面もある。

その点で，本来の意味での不特定多数への意思伝達を目的とする最古の木簡は告知札の木簡である。年代のわかる最古のものは，平城京の四条部分の東堀河から出土した次の木簡である（図1左）。

往来諸人等　黒毛牛捉事　右牛今月以三日捉印左右下耳辟二果足白 ＝
□　□到多荒食損因是件牛捉宜知状主有者問所来故告令知
＝延暦六年十一月八日　　　　　　　　　　　　　　（645）・40・9　081

（『木簡研究』28，9頁1(1)）

（釈文は，奈良県立橿原考古学研究所『平城京左京四条四坊・四条五坊』2007）

「告知」の文言は残らないが，これは欠損によるもので，本来は平城京跡東三坊大路東側溝から出土した著名な天長年間の「告知　往還諸人等」で始まる告知札群（『木簡研究』16，190頁(24)・(25)・(26)，191頁(27)）と同様に，「告知」から書き出す木簡だったとみてよい。不特定多数への意思伝達機能をもつ木簡は，8世紀末に至りようやく実用に供されるようになったとみられる[18]。

こうした状況は9世紀にはさらに多様に展開し，例えば，鹿児島県京田遺跡の田境に立てられたとみられる四面墨書の杭状の牓示木簡（嘉祥3〈850〉年。『木簡研究』24，155頁(1)）や，石川県加茂遺跡のいわゆる加賀郡牓示札木簡（嘉祥2〈849〉年。『木簡研究』23，121頁2(1)）のように，境界杭や高札状のものも現われるようになる。

このほか，木簡ではないが，いわゆる大仏殿碑文[19]に注目しておく必要がある。福山敏男氏によれば9世紀前半頃の成立とみられ，時期的に上述の告知札や牓示札と同時期のものであるのは偶然ではなかろう。告知札とは違い，内

---

18) 「告知」の文言を含むという点は，平城宮若犬養門脇の二条大路北側溝から出土した大学寮官人宛の馬の捜索依頼の木簡（『木簡研究』4，14頁3(3)）も同様である。しかし，この木簡は，細長い形状や両面墨書であることからみて看板としての機能を想定するには不自然で，通常の文書木簡と考え，告知札の事例には含めなかった。

19) 大仏殿碑文については，福山敏男「大仏殿碑文に就いて」（『考古学雑誌』22-12, 1932）がある。

文字媒体とその機能（渡辺晃宏）

図1　平城京東堀河出土告知札木簡（左。奈良県立橿原考古学研究所提供）と，平城宮第一次大極殿院南面西楼柱抜取穴出土「此所不得小便」木簡（右。奈良文化財研究所提供）（いずれも赤外線画像）

容からすれば石を媒体としても不思議はなかったはずであるのに，それが木を媒体として製作され，しかも「碑文」と呼ばれていることには注意が必要である。

　現代の感覚では，碑といえば石製であるのが当然のように思われるが，古代人にとってはそうではなかったようである。そもそも「碑」という文字の残る史料は少なく，日本古代の人々にとって碑は身近な存在ではなかった。

　注目したいのは，『類聚名義抄』（観智院本）の「碑」の項に，「フムタ」の訓が付けられていることである。「フムタ（ダ）」は「フミタ」が変化したもので，文字などを記した木片または紙片をいい，「フダ」は「フミタ（ダ）」がさらに変化したものであるという（『時代別国語大辞典上代篇』1967 年，三省堂刊）。木か紙かの選択の余地は残されるが，いずれにせよ石以外の媒体として「碑」が認識されていたことは明らかであろう。

　少ない実例にあたると，例えば『日本霊異記』には「碑文」が 2 例知られる。一つは，上巻の捉雷縁第一で，小子部栖軽の墓に「碑文」の柱を立て，「取雷栖軽之墓」の文字を表示したという（書いたのか刻んだのかは明言がない）。この柱にはさらに落雷があって裂けた（原文は「析」）というから，この柱が木製であるのは明らかであろう。

　もう一つは中巻の己作寺用其寺物作牛役縁第九で，武蔵国多磨郡大領大伴赤麻呂は，自ら創建した寺の財物を濫用したため，その罪状を表示した「碑文」を負った牛に生まれ変わって使役されたという。ここでいう「碑文」は，黒斑の模様に読み取れるというから，刻まれているわけではない。むしろ文字が模様の中に浮かび上がる様子を示しており，木の板に墨書したイメージを想定しているものとみられる。それを「碑」の文字と称しているのであるから，この場合も「碑」は石製ではなく，木製であることが念頭に置かれているとみてよいであろう。

　もう一例挙げると，これはかつて拙稿[20]でも取り上げた史料であるが，南嶋の牌についても再度言及しておきたい。南嶋には船から遠望してわかりやす

20）　拙稿注 2 前掲論文。

いように，嶋ごとに嶋の名を記した牌が立てられていたが，天平7（735）年に立てられたものが天平勝宝6（754）年には腐朽していたという（『続日本紀』同年2月丙戌条）。この牌が木製であることは明らかである。石偏の「碑」ではなく，片偏の「牌」を用いているのは，『続日本紀』編者の見識を示していると見られ，「碑」が石製であるという認識の存在を示している可能性も一応は認めることができよう。ただ，いずれにしても，こうした用途の場合でも石を用いず木を媒体としている事実は厳然として存在している。

　面白いことに石碑自身がそれを碑文ではなく「石文」と呼んだ例がある（金井沢碑。神亀3年〈726〉）。石に刻まれていることをあえて特記した命名を行っているのであり，あえて素材が石であることを明記していることは，それが稀な事例であることが念頭にあったとみてよかろう。石に文字を刻むことが一般的で，碑が石製であることが共通認識になっているならば生じ得ない名称であろう。これが後世にまで石碑の別名として連綿と受け継がれ，「碑」の訓にも宛てられていくことになる（例えば，多賀城碑の「つぼのいしぶみ」）。

お わ り に

　中国の文化の摂取に熱心だった律令国家が，石碑に関する限りこれを積極的に導入しようとした形跡がない。それほどに根付いていた文化は根深く，そして文字による意思伝達，中でも特に不特定多数への意思伝達を行ってこなかった伝統は，俄には代え難いものがあったということなのだろうか。その辛うじての継受の片鱗が元明陵碑なのであり，それが限界だったということなのかも知れない。薬師寺仏足石歌碑は，都に存在した石碑として，地方に存在する多賀城碑とともに，その意味では画期的な意味をもつのではなかろうか。

　本稿で論じた内容は観念的に過ぎ，またこれまで論じてきたことを再トレースしながら論を進めた部分が多々あるため，屋上屋を架す誹りは免れ得ないかも知れない。費やした紙幅の割りには，得られた成果は乏しかったが，日本の石碑文化，ひいては文字文化の解明の一助となれば幸いである。今後のさらなる熟考を期してひとまず拙い稿を閉じたい。

後漢時代の刻石流行の背景

角谷　常子

はじめに

　中国では後漢時代に初めて碑を立てることが流行した。それはなぜだろうか。何が多くの人を立碑に駆り立てたのか。その背景にどのような社会的・人的関係があったのだろうか。筆者はこうした関心のもと，これまで多少の考察をし，およそ以下のことを述べた。

　戦国から前漢時代にかけての初期の刻石は，境界を示す印や取り決め事の証拠・表示など，石がもつ特性に即した使い方がされていた。それが後漢も中期以降になると墓碑や徳政碑など顕彰目的の碑が主流となってゆき，碑の形や文章も定まってくる。しかしそれらは単に儀礼的行為であるだけでなく，顕彰行為を通した自己主張としての意味をもつことがあった。一方，碑は下から上に向かって立つばかりではない。為政者による立碑がある。これもやはり後漢になって現れた新たな顕彰手段であり，立碑者は皇帝から地方官に至るまで，顕彰対象も廷臣から先賢・列女に至るまで幅広い。こうした行為の目的として人材発掘と権威の誇示が想定される[1]。

　以上の検討結果については大きな変更はない。しかしこれまでの考察からは未だ後漢の刻石流行を招いた核となる部分が提示できていない。石を立てるという儀礼的な行為には文章には表われない背景や意図があり，なかなか額面通りには解釈できないことがある。従って一つ一つの石を精査し，そこに込められた意図をあぶりだす努力が必要である。しかし，中国史上初めて起こった社会現象の意味を理解するには，多様な要素を含みつつもその大きな流れの核が

---

1) 拙稿「秦漢時代の石刻資料」(『古代文化』43-9, 1991),「碑の誕生以前」(藤田勝久・松原弘宣編『古代東アジアの情報伝達』汲古書院, 2008),「後漢時代における為政者による顕彰」(『奈良史学』第 26 号, 2009)。

何なのか，大局的な考察が必要である．本稿ではこれまでの考察を踏まえつつ，改めて刻石の基本事項を見直すことから始め，核の問題を考えてみたい．

1　秦漢時代刻石の概観と基本事項の確認

まず秦漢時代の石刻を概観するため，秦から後漢末までの石刻資料をまとめた「漢代石刻年表」を作成した（本稿末尾参照）．石刻というと，地上の石も地下の石も含めて扱うのが通例であるが，本稿では立石の社会的背景・人的結合を考えることを目的としているので，現世の人々に向けたのではない地下の石は扱っていない．資料は近年の出土物，著録や拓本の存するもの，文献史料にみえるものを集めた．著録は，『漢代石刻集成』（『集成』と略称．永田英正編，同朋舎，1994）・『隷釈』・『水経注碑録』（『碑録』と略称．施蟄存撰，天津古籍出版社，1987）から採録した．年代不明のもの，内容の不明なものは省略したが，年代が不明でも，漢碑であることが確実で，かつ内容がわかるものは年代不明として載せた．また年代は，立石年がわかるものは立石年を，不明な場合は，墓碑では卒年を記している．

まず，どのような内容の刻石がいつ現れるのか，時代を追って見ておこう．

秦から前漢時代には約束刻石（ある集団が取り決めた内容を刻した石を便宜上こう呼んでおく）と祭祀刻石（山川及び祠堂など，各種祭祀の場に立てられた刻石を便宜上こう呼んでおく）がある．祭祀刻石は，始皇帝の封禅及び山川祭祀の刻石が初見である．以後前漢武帝，後漢光武帝の封禅刻石，さらに安帝期の河北省元氏県の諸山，河南省嵩山などの山岳祭祀関係の諸石へと続く．石は早くから祭祀の場に現れ，継続的に見られる．

一方の約束刻石は，戦国中期以降の夷人との盟約が初見で，次は前漢元帝期の均水約束刻石の後，21年，77年，83年，さらに169年頃（集団結成に当たっての刻石で，これも約束刻石に含めてよいだろう）と，数は多くはないが，これも早くに出現し継続的に見られる．

後漢の明帝期になると紀功刻石が現れる．紀功とは土木事業や戦争による功績を記したものである．57年と66年の2例が最初期のもので，以後ほぼコン

スタントにみられる。

　紀功刻石にやや遅れて，為政者による顕彰刻石が現れる。為政者による顕彰そのものは前漢時代にも見られるが，後漢になると立石という手段が加わるのである。初見は 80 年である。これ以後，孝女・列女，循吏，党錮の被害者などを顕彰した刻石が霊帝期まで継続的に見られる。こうした為政者による顕彰刻石の出現とほぼ同じ頃，87 年に徳政碑が現れる。以後和帝期，順帝期，桓帝期，霊帝期と継続的に見られるが，墓碑と同様，桓・霊期に増える傾向がある。墓碑は徳政碑にやや遅れ，安帝 114 年が初見であるが，翌 115 年，さらに 121 年（馮煥残碑），128 年とほぼ同時代に 4 例見られる。地域的にもそれぞれ山東，河南（安陽），四川と，広い範囲にわたっており，同時多発的といえよう。その数は，出現から順帝末まで 6 例程度であったのが，桓・霊時代になると一気に増える。墓碑全体でいえば桓・霊時代で 9 割近くを，霊帝時代だけで約 65% を占めている。

　以上，刻石の種類と出現時期を概観した。表からも刻石の量が後漢中期を境に大きく変化していることがわかるが，内容にも違いがある。約束刻石，祭祀刻石，紀功刻石・為政者による顕彰刻石・徳政碑・墓碑とあらゆる種類の刻石が安帝期（107〜125）前半までにすべて出揃うが，そのうち顕彰の意図をもたない約束刻石と，紀功刻石の初見である記録風の 57 年・66 年を除外すると，顕彰を意図する刻石が 30 年弱の間に出揃ったことになる。つまり，後漢中期以降顕彰活動が全国的に広がりを見せ始め，桓・霊期に激増する，ということである。では，誰が誰を顕彰しているのかを確認しておこう。

墓碑を立てる人

　徳政碑，紀功碑，祭祀碑などの立碑対象者は，圧倒的に地方長官であるため，碑を立てるのは当地の長吏及び属吏たちである。しかし，墓碑は必ずしもそうではない。墓碑は門生・故吏が立てることがよく知られているが，家族・親族が立てることもある。ここでは墓碑の性格を知るために，身内が立てる場合についてみておきたい。

　墓碑が立てられるのは，地方では太守，都尉，刺史，国相，県令・長など長

官レベルの人及びその属吏，中央では太尉，司徒，司空，車騎将軍などの高級官僚から，宦官，郎中，謁者，中央官の属吏まで幅広い。この他少数ではあるが，在野の人物（174年娄寿・169年郭泰）や，12歳の子供までも見える（181年童子逢盛碑）。このように後漢時代においては誰に対しても墓碑を立てることができる。従って誰の墓碑を立てるかによって自らの意思を表す手段ともなるのである。礼という形をとった自己主張はこの時代の特徴であろう。

一方立てる方はどうかというと，確かに門生や故吏が師や故主のために立てることが多いのではあるが，少なからず身内が立てることがある。筆者が検討したところでは，門生や故吏あるいは地元の人など他人だけで立てたものと，子孫や親戚だけ，及び子孫と門生故吏などが共同で立てたものを加えた割合は，およそ7対3で，約3割は身内が関わっているのである。子孫や身内が立てたと思われるものには以下のものがある。

① 128年「王孝淵墓碑」…碑主は県功曹・郡掾で108年卒。子が立。

② 151年「武梁碑」…碑主は従事掾。151年卒。子が立。

③ 158年「鄭固碑」…碑主は郡吏をへて郎中。158年に卒。長男も7歳で夭折。弟が立。

④ 160年「中常侍樊安碑」…碑主は中常侍。158年卒。子が立。

⑤ 165年「鮮于璜碑」…碑主は太守。125年卒。3子は太尉掾，守令・州別駕，県令。複数の孫が立。

⑥ 168年頃「国三老袁良碑」…碑主は太守・国相・国三老。131年卒。3子は県令，尚書郎，謁者。孫の衛尉の滂が立。

⑦ 170年「淳于長夏承碑」…碑主は守令・従事の後，県長（最長1年9ヶ月）。170年卒。子孫が立。

⑧ 171年「慎令劉脩碑」…郎中の後慎令（1ヶ月）。弟と子が立。

⑨ ?年「費鳳別碑」…碑主は県令。舅家中孫が立。

⑩ 177以降「梁相費府君碑」…碑主は国相。2子は県令，太守。孫が立。理由不明。

⑪ 180年「趙寛碑」…碑主は護羌校尉假司馬の後，三老。152年に65歳で卒。長子は郡の行事，次子は護羌假司馬で早卒。県令の叔子が180年に立。

⑫ 190 年「小黄門譙君碑」…碑主は小黄門。190 年卒。親戚が立。

⑬ 曹魏頃「池陽令張君残碑」…碑主は県令。子は刺史。孫が立。理由不明。

以上 13 の墓碑のうち，④と⑪は宦官であることから，また①②③⑧は，その官歴などから，門生故吏がいない，あるいはその可能性が高いと思われる事例である。

このように，子孫や親戚が墓碑を立てるのは，門生故吏のいない場合が多い[2]。つまり，墓や祠堂は子孫が造営するのに対して，碑は基本的に他人が立てると考えられる。ならば，碑の数が多いほど，有名人が立碑者に名を連ねるほど名誉となる。碑は社会的評価，ステイタスを示すものでもあった。だからこそ，それまで高官を出したことのない家から高官が出た場合などは，その人物が先祖の碑を立てるのであろう。

例えば⑩は，碑文に「後生を教誨すること百有余人」とあるように，碑主には門生弟子がありそうだが，彼等による碑がなかったためか，卒後 28 年を経て，「乃祖を纘脩し，多才多芸」で二県の県令となった，いわば出世頭の叔子が碑を立てている。また⑥も似たような例であるが，碑主は太守・国相・国三老と比較的高い官職にあったから，故吏や門生が碑を立てても不思議ではないけれど，九卿に至った孫（碑文では衛尉。光和元年には司徒となる）が，祖父の死後約 40 年を経て墓碑を立てたものである。このように，数十年を経た後に子孫が碑を立てるのは，自身が栄達を遂げた時，先祖の墓もそれにふさわしいものとして整備すべきだと考えられたのであろう。太守に至った孫が，郡の掾史であった祖父のために祠堂碑を建て，自分が栄達を遂げることができたのは「積善之餘慶，陰徳之陽報」であるとして，祖父を顕彰し感謝を述べている（「郡掾史張玄祠堂碑」『蔡中郎集』）のも，同様の事情である。社会的な地位を得たならば先祖に感謝し，碑を立てるべしという風があったのであろう。

碑を立てられる人──陝北地域の碑

先述の通り，碑を立てられるのはほとんど地方長官である。このことを別の

---

[2] 碑は故人との関係によって立てられるので，複数立つ場合がある。従ってここにあげた事例の中には，他人が立てた碑が存在したものも含まれよう。

角度から見てみたい。

　地下の石も含めた刻石全体の分布地域は，山東省，江蘇省北部，四川省，陝西省，河南省を中心としており，画像石の中心地と重なることはよく知られている。つまり，画像墓の多いところは刻石も多いということになろう。画像墓と刻石は相関関係があっても不思議ではない。なぜなら，画像墓を造営できるのは有力者だと考えられるからである。しかし地上の刻石に限ってみると，そうともいいきれない。それは陝西省である。陝西省は確かに画像石の中心地ではあるが，それは陝西省北部，いわゆる陝北地域に偏っている。表に陝西省とあるものの中に陝北地方のものはない。つまり陝北については，画像石の多い地域は地上の刻石も多い，とはいえないことになる。その原因としてまずは石材の問題が考えられる。墓を造営する石と地上に立てる石の素材が異なっており，碑に適した石がないという可能性である。しかし石材の問題は日本はもとより中国でもあまり取り上げられておらず，今後の課題とせざるを得ない。ただ『中国文物地図集　陝西分冊』(国家文物局主編，1998 年)には，陝西省北部において北朝時代の造像碑や，宋代や元代の墓碑がいくつも紹介されているので，墓碑に適した石材がないとは言い難いように思う。では石材以外の問題だとすると，次に考えられるのは立碑者の問題である。刻石の多数を占める墓碑についていえば，碑主の多くは，刺史や郡県の長官クラスの人が中心である。従って陝北からはそうした人材があまり出ていないという可能性である。そこで，厳耕望氏の『両漢太守刺史表』から，20 名以上太守や刺史を出している郡を並べてみると（数字は人数），南陽 80，汝南 52，潁川 44，右扶風 36，河内 25，河南 23，会稽 22，京兆・陳留各 21，蜀 20，広漢 20 となり，以下巴・呉が 19，山陽 14，下邳国 13，漢中・沛国・魯国・左馮翊各 12 と続く。これに対して陝北地域（後漢時代は上郡と西河郡に相当）出身者は，上郡 2 名，西河郡 3 名の合計 5 名であり，南陽・汝南西部・陳留・潁川といった現在の河南省に当たる諸郡や，汝南東部・山陽・魯国などの山東省に当たる諸郡の数に比べると，かなり少ない。もちろん，『両漢太守刺史表』に載せられている太守や刺史の数は，実際の人数のごく一部であるし，現在知られる郡あたりの碑の数も，決して多くはないが，ごくおおまかな傾向を窺うことはできよう。

ただ，刺史や太守を輩出していないから碑が少ないという推測は，画像墓を造営できるのは地元の有力者だと述べたことと矛盾する。これについては，後漢時代の豪族が，中央政界に進出するレベル，郡府に出仕するレベル，県廷に出仕するレベルと，階層分化していたという東晋次氏の指摘を参考にしたい[3]。碑は他人が立てるもので，子孫が造営する墓とは違う。ならば，陝北地方に画像墓が多いのに碑が少ないのは，中小の豪族はいたかもしれないが，門生故吏を多くかかえる刺史や太守を出すレベルの豪族が少なかった，と考えられないだろうか。ちなみに上郡・西河郡出身者で『漢書』や『後漢書』に見えるのは，前漢時代では衛尉・伏波将軍となり列侯にも封ぜられた路博德，安定太守孫会宗，そして游俠の漕中叔が，後漢では明帝時代の司徒王敏，馬相に明るかったという子興と儀長孺がみえるのみである。もちろんこの地域はたびたび異民族との争いの舞台となったことから，碑が破壊された可能性はある。しかし，そうした状況は程度の差はあれ，多くの地域でみられることであろう。従って今のところ陝北に碑がない理由を大豪族の少なさに求めるとともに，そのことから墓碑は門生故吏などの他人が立てるものであったことが確認できる，と理解しておきたい。

刻石の分類

筆者はこれまで墓碑，徳政碑，紀功碑，祭祀刻石などという名称を用いて説明してきた。これらの名称は，墓のように石が立つ場や，地方官の善政，土木事業，祭祀など顕彰対象となった事柄をもって名付けられたもので，内容の見当がつきやすい。しかし本稿のように立石という行為の背景にある社会関係・人的関係を読み取り，刻石流行の核を見出さんとする場合，こうした分類はあまり有効でない。以前筆者は，全時代の刻石を網羅する従来の分類とは別に，漢代の刻石を理解するために目的別の分類を試みたことがある[4]。その際，徳政碑も紀功碑も墓碑も，そして祭祀碑も同じく顕彰という意思を表明したもの

---

[3] 東晋次「豪族社会の構造と選挙」(『後漢時代の政治と社会』名古屋大学出版会，1995) 第五章第三節。
[4] 拙稿前掲注1「秦漢時代の石刻資料」。

として同じ項目に分類した。しかし「祭祀」という分類項目の名称には問題がある。それは祭祀関連の刻石がみな顕彰目的とは限らないこと，形は祭祀であっても内容から見れば他の項目に入るものがあるからである。そもそも分類とは何のためのものか，その目的によって基準が違ってくるので，前稿においては目的が不明確であったと思う。そこで本稿で祭祀刻石と名付けたものの中にも，他の分類名称と共通する性質のものがあることを示し，分類項目に沿った分析が必ずしも有効でない場合があることを述べたい。

　祭祀刻石の最初に位置するのは始皇帝の封禪及び山川祭祀の刻石である[5]。筆者は以前，始皇帝刻石を，新たな支配者がその地にやって来たこと，祭祀を行ったことの証拠の印，マーキングであると理解した[6]。これによって新たな支配者となった正当性を誇示せんとしたのであろう。石には天下統一という大きな功績と恩恵を称賛する文章が韻文で刻されている。臣下からの顕彰文という形はとるが，始皇帝の意思であることは間違いない。刻石文の最後は，刻された内容を「表経」（琅邪台刻石）・「常式」（之罘刻石）・「儀矩」（碣石刻石）とせよと締めくくられる。極めて政治的メッセージ性の強いものなのである。天下統一という大事業を成し遂げた印を，新領地に刻したのであるから，紀功刻石と共通する性質をもつ。封禪刻石は武帝，光武帝と引き継がれるが，武帝期は呉楚七国の乱を平定して新たな漢的体制へと乗り出した時期であるし，光武帝は王莽から劉氏の政権を奪還したのであるから，これも紀功的性質をもつ。自らの功績と徳を誇り，新たな国家づくりを宣言する点では同じである。

　このように功績を挙げた地で祭祀を行い石を立てるのは戦勝時にも見られる。元狩四年，霍去病が匈奴遠征で勝利を収めた時，

　　票騎封於狼居胥山，禪姑衍，臨翰海而還。　　　　　　　（『漢書』匈奴伝上）

---

[5] 祭祀の場に石を立てるのがいつから始まったのかは定かでない。戦国の刻石として知られる石鼓も祭祀の場におかれたものと考えられているが，なぜ詩が刻されているのか，それを祭祀にどのように使ったのかなど詳しいことは不明で，始皇帝刻石との共通点はあるものの，両者の関係を論じることはできない。始皇帝刻石については稲葉一郎「秦始皇の巡守と刻石」（『書論』第3号，1989）を参照。

[6] 拙稿注1前掲「碑の誕生以前」。

と，封禅を行なっている。同じことを武帝紀には，

> 居斬獲首虜七萬餘級，封狼居胥山乃還。　　　　　（『漢書』武帝紀）

とあり，それについて顔師古は，

> 山に登りて天を祭り，土を築いて封を為り，石に刻して事を紀し，以て漢功を彰す。

と，山で天を祀り，顕彰のために刻石を立てたと注している。『漢書』は刻石には言及していないが，封禅刻石を思えば，霍去病も刻石を立てたことは十分考えられる[7]。

後漢初期の竇憲も同様の事例で，班固の手になる銘に「封山刊石，昭銘上徳」（『文選』巻56）というように，燕然山で祭祀を行なった際に刻石を立てている。さらに匈奴との戦いに勝利したことを記す裴岑紀功碑（137年）には「海祠を立てて以て万世に表わす」とあり，祠を建てたことがわかる。このように，将軍たちは戦地において軍功を神に報告する祭祀を行い，功を刻して石を立て，漢の威を輝かせたのである。

以上のように，始皇帝などの封禪・山川祭祀，さらに戦勝の刻石は，新占領地の神を祀り，そこで自らの功績を誇り正当性を誇示したものであった。

一方同じ皇帝による名山の祭祀でも，紀功の性質をもたない祭祀刻石もある。例えば165年西嶽華山碑である。そこには，

> 高祖初興，改秦淫祀。大宗承循，各詔有司，其山川在諸侯者，以時祠之。孝武皇帝修封禪之禮，思登假之道，巡省五岳，禋祀豊備……仲宗之世，重使使者持節祀焉，歳一禱而三祠。後不承前，至于亡新，寖用丘墟，今垣址營兆猶存。建武之元，事舉其中，禮從其省，但使二千石以歳時往祠，其有

[7)] 一般に封禪とは帝王が行なうものとされていることからすれば，なぜ霍去病が行なうのか理解しがたい。

風旱，禱請祈求，靡不報應，自是以來，百有餘年，有事西巡，輒過亨祭，然其所立碑石，刻紀時事，文字摩滅，莫能存識。

とある。この碑文によると祭祀は以下のように変遷したという。高祖時代は諸侯の領内にある山川は諸侯に祠らせていたが，武帝時代になると五岳を巡省した。その後宣帝時代には皇帝の使者が派遣されて祭祀が行われた。しかしそれは王莽に至って途絶え，光武帝の時代には，祭祀も倹約の方向に向かった。それ以来百有余年たち，西巡のたびに祀ってはいたが，時事を刻した碑石は摩滅して読めなくなっていたという。読めなくなった碑石がいつのものかはわからないが，光武帝及びそれ以降の皇帝の祭祀かと思われる。このように名山の祭祀においても，「時事」を記した刻石が立てられていたことがわかる。「時事」とは皇帝による，特別な祭祀が行われたことを記したものかと想像するが，それは始皇帝の封禪刻石のようにマーキングとか正当性の主張などとは違い，皇帝の権威の誇示に主眼がおかれていたと考えられる。

さて後漢中期以降になると，これら皇帝による祭祀刻石とも異なる性格の石が現れる。それは各地の山岳祭祀や先賢祭祀の刻石で，その内容は祭祀の復興や整備，国家の公認要求をはじめ祭祀関係のさまざまな請願に関連したものである。例えば法食の獲得などを求めた山岳祭祀公営化運動を示すものとして有名な元氏県の諸碑や，韓勅碑，史晨碑など数多い。こうした整備事業は地方長官が行っていることから，徳政碑であるといえよう。また前県令の神祠を守る義民の復除を刻した李孟初神祠碑は，県令の徳を慕って立てた碑ではあるが，善政を具体的に述べ称えた部分は本文13行中2行ほどで，大半は立碑に関わった現在の令と属僚の名である。おそらくは「有守祠義民，今聴復無（以下欠）」とあるように，復除を公示し伝えることに主眼があったと思われる。この点約束刻石と通じるものがある。

以上のように，祭祀刻石には紀功や徳政，さらに約束などいろいろな性格の石があることがわかる。祭祀の場に立つという，場による分類が有効な場合はもちろんある。次に述べるように石刻の意味を考える際に場の問題は重要である。しかし，立石の背景や意義を検討する際には，祭祀碑とか祠廟碑という括

りが必ずしも有効ではないこともまた認識しておきたい。

　さて場による分類の有効性の限界を述べたが，それはそもそも分類なるものが，あらゆる目的に対応するものではないことから，当然ではある。従って場が分類基準として限界をもつことを認識する一方，石が立つ意味を考える際に場との関係が重要であることを，封禅刻石について補足しておきたい。

　封禅刻石には強い政治的メッセージが刻まれていたと述べたが，そうだとすれば新たに支配下に入った地の民に広く見せてこそ宣伝効果があるはずである。しかるになぜ見に来る者もない山の上に立てられているのか，という素朴な疑問である。あるいは神に向けられたものだという想定もでてくるであろう。しかし刻石文は神に向けられた言葉ではない。そもそも神に捧げる祝詞は玉牒に書かれるのであって碑ではない。後世の例ながら，唐代の封禅の際の玉牒が，「有唐嗣天子臣某，敢昭告于昊天上帝」から始まっているように，皇帝から上帝に向けた文章になっている。光武帝や武帝の玉牒も，おそらくは同じような形式をとっていたのではないだろうか。始皇帝の封禅の記事の中には玉牒が見えないので不明だが，少なくとも碑が玉牒の役割を果たしていたわけではないだろう。

　石刻の性格を考える上で，石が立つ場所や向きは重要である。それはその石が誰を観衆として想定しているかを示すからである。しかしその前に，そもそも石と場（土地）には強い結びつきがあることを再認識したい。このことを，書写材料とそこに記される文字との関係から指摘したのが清水茂氏である[8]。清水氏の主張を筆者なりにまとめると以下のようである。

　甲骨や青銅器に記されたのは占いや青銅器の作成由来などであり，この場合，文字は甲骨や青銅器という特定の「もの」と結びつけられている。文字が「もの」から解放されるために必要な，ありふれた「もの」の第一が石だった。しかし石は「耐久性と固定している（重くて動けないことをいう…筆者）という性質から」「土地と結びつくという結果になり，普遍性に欠ける」のだ，と。つまり，石は公開性が特徴ではあるが，場から離れられないために，その公開性

---

8) 清水茂『中国目録学』（筑摩書房，1991）。

にはかなりの限定がつくこともある，ということである。見に来られないからといって，不自然だとか神に見せるのかなどと，考える必要はないのである。石には，何らかのモノが存在する，あるいは事柄がおこった現場にいることが第一に求められているのだから。

　石は不特定多数の人が見るわけではない，というのは他の刻石を考える際にも同様である。例えば中国の墓碑は，ギリシャ・ローマのように道路沿いに立てられることはない。居住区域から離れた墓のそばに立つため，誰もが目にするわけではない。そこに来るのは墓主の家族・親族あるいは門生故吏といった「関係者」である。従ってそうした「関係者」がその関係を確認し，それを後代に繋ぐことができればよいのであって，墓主のことを広く世間に知らしめることを目的としているわけではいないだろう。石は「普遍性」に欠ける。しかしそれを承知の上で，人々は普遍性よりも現場に居続けることを選択したのである。その事実を認識しておきたいと思う。

2　立碑の背景

　最後にこれまでの考察を踏まえて刻石流行の背景を考えてみたい。後漢中期の30年ほどの間にさまざまな種類の顕彰刻石が出現し，桓・霊帝期に大流行をみせるのはなぜか。これについて従来2つの意見がある。一つは宮崎市定氏のいう漢末の過礼現象である[9]。

　後漢時代の儒学は礼の学であったため，礼制を文字通り実行することが重んじられた。一方，儒学の素養をもって官吏に採用したため，学問の普及につれて誰もが礼制を実行するようになると，競争が激化し実行の度合いがエスカレートする。これが過礼である（3年の喪を10年にするなど）。宮崎氏は立碑の流行は取り上げていないが，永田英正氏が指摘するように，厚葬と同様に立碑も過礼と無縁ではないだろう[10]。

　もう一つは佐藤直人氏の，地方社会安定のための団結・協業の意思確認とい

---

[9]　宮崎市定「漢末風俗」（『宮崎市定全集』岩波書店，第7巻，1992，初出1942所収）。
[10]　永田英正「漢代の石刻」（同編『漢代石刻集成』本文篇，同朋舎出版，1994）。

うものである[11]。佐藤氏は徳政碑の分析から[12]，刻石行為を「地域社会がかつてない動揺にさらされているなかで」地方長官の事績を刻すことによって，それを「固着化し」，その「記憶」を「共有」し，「地域社会の安定のために団結・協業してゆくための意思確認行為」であるとし，こうした「「あるべき姿」の情報発信は国家へ向けても」地方統治の健全化を要求するシグナルとして作用するという。

　この2つは刻石流行という社会現象を引き起こした重要な要因を押さえていると思う。

　過礼説は，後漢刻石の大半を占める墓碑を念頭においたものと思われる。墓碑は当然ながら儀礼的側面が強い。墓碑の裏に名前が刻まれることがどれほど宣伝になり，選挙に有利に働くのかはわからない。しかし参加する実益よりも参加しない不利益の方が大きいことは，現在の儀礼的行為においても同じである。一旦墓碑を立てるという新たな礼が始まると，参加せずにはいられないだろう。第1節で，墓碑は同時多発的に現れると述べたが，この新たな礼はかなりのスピードで広まったようである。それは礼の実践を重視しなければならない人士が全国的に広がっており，同時に彼らの情報網も備わっていたことを意味しよう。

　一方の団結・協業の意思確認説は，地方長官の善政を顕彰した刻石を素材として考えられたものである。すでに確認したように，漢代刻石の大半を占める墓碑の多くは門生・故吏と師・故主との関係において立てられたものであるし，徳政碑はもちろん，土木事業なら紀功碑に，祭祀関係なら祠廟碑に，また学校関係なら学校碑に刻される業績はみな地方官による徳政である。従って属吏や地域社会の有力人士たちが立てるのである。つまり，刻石という新たな礼を生み出し，それを受容し，流行を支えたのはまさにこうした地方社会の知識人層，

---

11) 佐藤直人「後漢徳政碑の出現とその周辺──西狭頌摩崖を事例として」（名古屋大学大学院文学研究科『統合テクスト科学研究』vol. 3 No. 2, 2005）。

12) 佐藤氏は墓碑・祠廟碑・摩崖（具体的には紀功石。…筆者）などにも地方長官の善政を顕彰した文言がみられ，地方官への顕彰という意味で重なり合うものと考える。従って徳政碑をこうした場による区別なく「任地先において地方長官の善政を顕彰したもの」として用いている。分類に関係なく，後漢刻石の多くが「地方長官への顕彰」であることを明確に意識している。本稿も後述の通り，同様の考えに立つ。

有力人士と地方長官との関係性であった。

　では在地の人々にとって，地方長官の善政を刻す意味は何だろうか。例えば「楚相孫叔敖碑」（『隷釈』巻3）では，固始令の段光が廃れていた孫叔敖の祭祀を復興したところ，そのおかげで張掖太守に遷ったとあり（「明神報祚，即歳遷張掖太守」），また「稾長蔡湛頌」（『隷釈』巻5）には，熹平4（175）年に赴任した蔡湛の善政を述べた後，3年で高邑令に遷ったことをいう（「視事三年，遷高邑令」）。この碑は光和4（181）年7月に立てられているが，碑文の最後に，蔡湛が光和4年12月に并州刺史になったことも追記している。あたかも善政すれば出世すると言っているかのようである。学校，橋，道路，祠廟さらに役所など，管内の各種「現場」に刻された過去の長官の善政の印は，去り行く長官にとってはポイントとなり（考課においてどれほど実質的な効果があったかは検証できないが），新任の長官には当該地域からのメッセージとなったであろう。道路にせよ祭祀にせよ，碑が立つ場は，当該地域がかかえている課題の場でもある。成陽県には堯の祭祀の再興，整備に関する碑は3碑（「孟郁脩堯廟碑」「成陽霊台碑」「帝堯碑」いずれも『隷釈』巻1）伝わるし，武都郡管轄内の道路開通・整備にかかわる碑が4碑（「武都守李翕天井道碑」，「西狭頌」「郙閣頌」「耿勳摩崖」）あるように，堯の祭祀や道路整備が当該地域あるいは有力一族にとっては重要課題であり，太守とともに解決してきた問題だったことを示す。

　このような地域社会からのメッセージがある一方，為政者側からのメッセージもある。例えば，平陽侯相の延篤は，前漢宣帝時代の人で南平陽出身の「龔遂の墓を表し，銘を立てて祠を祭り，その後を畎畝の間より擢用」した。延篤は学者として著名であっただけでなく，外戚に阿らない気骨の人であった。一方の龔遂とは，飢饉と盗賊の横行で難治とされた渤海を，強権によらずみごとに治めた循吏である。延篤は着任するや，彼を表墓と立銘という手段で顕彰することによって，龔遂の統治方針を自らの方針とすることを表明したのである。また，「韓仁銘」（175年）は司隷校尉から河南尹，河南尹から京県に下された二通の公文書からなる碑で，内容は，聞喜県長として善政を認められ，槐里県令に遷るはずであったが，除書が到る前に亡くなった韓仁を悼んで，司隷校尉が墓地に顕彰の碑を立てるように命じたものである。循吏というのは司隷校尉

が与えた称であろう。『集成』が指摘するように，韓仁は韓勅碑にみえる魯相韓勅の一族の可能性が高い。司隷校尉自身が，韓仁の業績を認め昇任させた証として，そして自身も循吏的施政を支持することを，韓氏一族を含む地域社会に向けてアピールしたものと理解できる。公文書を刻むことによって権威の高い顕彰とすると同時に証拠能力をも高めたものといえよう。

このように，刻石は地域社会，為政者双方からメッセージを発する手段ともなっていた。もちろん，すべての徳政碑や紀功碑が何らかの実質的意図をもっていたわけではなく，むしろ形式的な儀礼にとどまるものは多かったであろう。しかし後漢中期以降の災害の頻発，羌族侵寇に加え，中央政治の腐敗，混乱，選挙の乱れなどが地方に深刻な影響を及ぼし，極めて不安定な状態にあったことは周知のことに属する。そのような中，地域のさまざまな問題についての，地方長官及び長吏らと，地域の有力人士たち相互のかかわりあいが，顕彰という礼的形にのって表現されていたのではないだろうか。

おわりに

後漢末になぜ刻石が流行したのか。そこに社会の混乱・不安定があったのは間違いない。しかし不安定な社会だから，だけではあるまい。不安定な社会は春秋戦国期の如く，それまでにもあった。そこでは不安定な社会を生きるために任侠的な強い人的結合が見られた。庶民が自説を説き著作をものするようにもなった。しかし刻石は登場しなかった。

刻石は単なる掲示板ではない。清水氏が言うよう，特定の場に立ち続け，その場に存在するものやそこで起こった出来事を証明し，文章によって説明し続ける。動くことができないため，その場に集う関係者にしか作用しない。従って公開性はかなり限定されることもある。人が来ないところでは，ひたすら証拠としてあり続けるのみである。しかし文章による明確で改変の恐れのない，かつ耐久性のある印，それが現場にあることにこそ価値があると考えられたのである。公開性を犠牲にしても立ち続けることを要求されたのは，天下統一のような明確な証拠を必要とする重大事であったからであり，泰山や戦勝の地な

どその場にこそ意味があったからであろう。一方，ある程度公開性があり関係者が集う場では，彼らはその共有する関係性を確認し，それを後世に伝えるであろう。さらにより公開性の高い場においては，広く社会にアピールする手段となりうる。ならば，刻石が流行するには，そうした「関係」と「関係者」が全国的に存在し，しかも彼らがその関係性において立碑に参加せざるをえないような状況がなければならない。

結局，刻石の流行とは，不安定な社会，全国に広がる知識人層と彼らが属する門生—師，故吏—故主，地域社会の有力者—地方長官，といったさまざまな「関係」，そして礼という器，これらが生み出したものだったのではないだろうか。

漢代石刻年表

年代	立石地	名称	種類	出典
荘襄王(前325～251)	四川省	「刻石盟要復夷人頃田不租」	約束	『後漢書』列伝76
秦 始皇帝	山東省他	泰山封禪など山川祭祀	祭祀	『史記』秦始皇本紀
前漢 文帝 前158	河北省	群臣上寿刻石	記録	『集成』1
武帝 前110	山東省	封禪刻石	祭祀	『史記』封禪書
宣帝 前68	四川省	揚量買山記	墓地購入記録	『集成』5
元帝期	安徽省	「作均水約束」刻石	約束	『漢書』89循吏
王莽 21	山東省	「發民年十八以上四萬人授以庫兵与刻石爲約」	約束	『漢書』69下王莽
後漢 光武 52	浙江省	三老諱字忌日記	記録？	『集成』15
54	山東省	光武帝封禪刻石	祭祀	『後漢書』祭祀志
明帝 57	四川省	蜀郡太守何君閣道碑	紀功	『隸釋』4
66	陝西省	開通襃斜道摩崖	紀功	『集成』16
明帝期	河北省	孝子王立碑	不明	『碑録』67
章帝 76	浙江省	大吉買山地記	墓地購入記録	『集成』17
77	河南省	侍廷里父老單用田約束石券	約束	『集成』18
80	山東省	「卒於官。詔書…刻石表閭。」	爲政者による顯彰	『後漢書』列伝29
83	安徽省	「太守…教用犂耕…銘石刻誓,令民知常禁」	約束	『後漢書』列伝66循吏
86	河北省	光武即位壇碑		『碑録』276
87	江蘇省(漢の廣陵郡)	「太守…賑貧贏…吏民刻石頌之」	德政	『後漢書』列伝14
和帝 89	モンゴル	「竇憲…登山…刻石勒功」	紀功	『後漢書』列伝13
93	新疆	任尚平戎碑	紀功	『集成』24
98	河南省	「通利水大道」刻石	紀功	『集成』28
105以前	河南省・安徽省(漢の汝南郡)	「太守…,吏人共刻石頌敞功德」	德政	『後漢書』列伝33
和帝期	湖南省・廣東省(漢の桂陽郡)	「卒於官…桂陽人爲立廟樹碑」	德政	『後漢書』列伝66循吏
殤帝 106	河南省	賈武仲妻馬姜墓誌	墓誌	『集成』34
安帝 112	四川省	青衣尉趙孟麟羊竇道摩崖	紀功	『隸釋』4
113以降	河南省	「學者爲酺立碑銘於學」	学校碑	『後漢書』列伝38

77

後漢時代の刻石流行の背景（角谷常子）

年代	立石地	名称	種類	出典
114	山東省	謁者景君墓表	墓碑	『隷釈』6
115	河南省	子游残碑	墓碑か	『集成』38
117頃	河南省	袁安碑	墓碑	『集成』39
117頃	河南省	袁敞碑	墓碑	『集成』40
117	河北省	祀三公山碑	祭祀	『集成』41
117	山東省	郯令景君闕銘	墓碑のような文章	『隷釈』6
118	河南省	嵩山太室石闕隷書銘	祭祀	『集成』42
118～145	河南省	許由廟碑	祭祀	『碑録』129
119（詔年）	不明	賜豫州刺史馮煥詔	不明	『隷釈』15
119以降	漢の益州	「從事卒，刺史…刻石勒銘，圖画其像」	為政者による顕彰	『後漢書』列伝76
121	四川省	馮煥残碑	墓碑	『隷釈』13
123	河南省	嵩山開母廟石闕銘	祭祀	『集成』45
123頃	河南省	嵩山少室石闕銘	祭祀	『集成』46
125	河南省	嵩山太室石闕篆書銘	祭祀	『集成』47
北郷侯 125	山東省	延光残碑	徳政か	『集成』48
125	雲南省	延光四年刻石	土地売買？	『集成』49
順帝 128	四川省	王孝淵墓碑	墓碑	『集成』50
131	河南省（漢の陳国）	国三老袁良碑	墓碑	『隷釈』6
132	河南省	太学頌	学校碑	『碑録』110
133	四川省	李君碑	墓碑	『成都文物』2011-2
133卒・136立か	山東	陽嘉残碑	墓碑	『集成』52
134	河南省	漢滎口石門銘	紀功	『碑録』47
135	河南省	洛陽建春門橋柱銘	紀功	『碑録』101
136～142	河南省（漢の陳国）	尚書令虞詡碑	墓碑か	『碑録』143
137	新疆省	裴岑紀功摩崖	紀功	『集成』54
137頃か	陝西省（漢の扶風）	「友人郭正稱之曰…乃共刊石頌之，號曰玄德先生。年八十九，中平五年，以壽終。」	友人による生前顕彰	『後漢書』列伝73逸民
140	新疆	沙南侯獲碑	徳政？	『集成』56

漢代石刻年表

年代	立石地	名称	種類	出典
143	山東省	北海相景君碑	墓碑	『集成』59
144	山東省	宋伯望刻石	不明	『集成』60
144	四川省	裴君碑	德政	『成都文物』2011-2
146	河北省	三公山神碑	祭祀	『八瓊室金石補正』4
順帝期	不明	酸棗令劉熊碑	德政	『集成』140・『隷釈』5
順帝期	不明	「貴人早卒，帝…詔史官樹碑頌德」	為政者による顕彰	『後漢書』列伝13
順帝期	四川省	「孝女…郡縣表言，爲雄立碑圖像其形焉」	為政者による顕彰	『後漢書』列伝74列女
順帝末	河北省（漢の涿郡）	「寔父卒，飄賣田宅，起冢塋，立碑頌。」	墓碑	『後漢書』列伝42
桓帝 147	山東省	武斑碑	墓碑	『集成』63
148	陝西省	司隷校尉楊孟文頌（石門頌）	紀功	『集成』65
148	四川省	広漢長王君治石路碑	紀功	『隷釈』4
149	河南省	孔子廟碑	祭祀	『碑録』147
149 以降	河北省	漳河神壇碑	祭祀	『碑録』57
150	河北省	張公神碑	祭祀	『隷釈』3
151	山東省	従事掾武君（武梁）碑	墓碑	『隷釈』6
151	四川省	広漢属国都尉丁魴碑	墓碑	『隷釈』17
151	浙江省（漢の会稽郡）	「縣長度尚改葬娥於江南道傍…爲立碑焉」	為政者による顕彰	『後漢書』列伝74列女
152 以降	湖南省（漢の零陵郡）	漢故平侯相蒋君之碑	墓碑	『隷釈』6
153	山東省	乙瑛碑（置百石卒史）	祭祀	『集成』70・『萃編』8
153	河南省	李母廟碑	祭祀	『碑録』148
154	河南省	李孟初神祠碑	德政	『集成』71
154 以前	陝西省	「遺令勅兒子曰…可立一員石於我墓前…，」	墓碑	『後漢書』列伝54
155	陝西省	右扶風丞李禹通閣道記	紀功	『集成』73
155	四川省か	益州太守無名碑	墓碑	『隷釈』17
155	山東省	孔君墓碣	墓碑	『集成』74

年代	立石地	名称	種類	出典
156	山東省	韓勅碑（礼器碑）	祭祀	『集成』75
156	河南省（南陽郡）	吉成侯州輔碑	墓碑	『隷釈』17
156以降	河南省（漢の穎川郡）	「以病卒官。同郡李膺…等爲立碑頌焉。」	墓碑	『後漢書』列伝52
157	山東省	韓勅脩孔廟後碑（韓勅碑陰）	徳政	『隷釈』1・『隷続』12
158	山東省	鄭固碑	墓碑	『集成』77
158	新疆	劉平国亀茲摩崖石刻	紀功	『集成』78
158〜166	河南省（漢の陳国）	温令許続碑	墓碑	『碑録』142
159	河南省	張景造土牛碑	記録	『集成』80
159	河南省	陳相王君造四県邸碑	徳政	『碑録』139
159	安徽省（漢の沛国）	議郎元賓碑	墓碑	『隷釈』6
160	安徽省（漢の沛国）	費亭侯曹騰碑	墓碑	『隷釈』15
160	河南省	楚相孫叔敖碑	為政者による顕彰	『隷釈』3・『碑録』234
160	河南省（南陽郡）	中常侍樊安碑	墓碑	『隷釈』6
161〜166	河南省（漢の梁国）	漢司徒盛允碑	墓碑	『碑録』164
162	陝西省	蒼頡廟碑	廟碑	『集成』81
162	山東省	冀州刺史王純碑	墓碑	『隷釈』7・『隷続』12・『碑録』33
162	湖北省	「奏緄…於江陵刻石紀功」	紀功	『後漢書』28
163	河南省	桐柏淮源廟碑	祭祀	『集成』82
163	山東省	為父通作封記	墓碑か	『集成』83
163	河南省	漢広野君（酈食其）廟碑	為政者による顕彰	『碑録』167
163以降？	山東省	孔謙碑	墓碑	『集成』86
164	河北省	封龍山頌碑	祭祀	『集成』84
164	山東省	孔宙碑	墓碑	『集成』85
164	四川省	蜀郡属国辛通達李仲会造橋碑	紀功	『隷釈』15

漢代石刻年表

年代	立石地	名称	種類	出典
164	山東省	山陽太守祝睦碑	墓碑	『隷釈』7
165	陝西省	西嶽華山廟碑	祭祀	『集成』87
165	河北省（漢の漁陽郡）	鮮于璜碑	墓碑	『集成』88
165	河南省	老子銘	祭祀	『隷釈』3・『碑録』145
165	河南省	仙人王子喬碑	祭祀	『碑録』162
166	山東省	山陽太守祝睦後碑	墓碑	『隷釈』7
166か	安徽省（漢の沛国）	漢故潁川太守曹君墓	墓碑	『碑録』151
167	山東省	孟郁脩堯廟碑	祭祀	『隷釈』1
167	山東省	漢故荊州刺史度侯之碑	墓碑	『隷釈』7
167	四川省	車騎将軍馮緄碑	墓碑	『隷釈』7
167頃	山東省	武栄碑	墓碑	『集成』89
桓帝期	山西省（漢の河東郡）	「到官，表龔遂之墓，立銘祭祠」	為政者による顕彰	『後漢書』列伝54
桓帝期	河南省（洛陽）	「父卒…立碑頌」	墓碑	『後漢書』列伝42
霊帝 168	山東省	張寿碑	墓碑	『集成』92
168	山東省	衡方碑	墓碑	『集成』93
168	河南省（漢の陳国）	故樂成陵令太尉掾許㷼碑	墓碑	『碑録』144
168（卒）	陝西省	沛相楊統碑	墓碑	『隷釈』7
168	漢の冀州	故冀州従事張君之碑	墓碑	『隷釈』8
168～171	河南省	漢桂陽太守趙越碑	墓碑	『碑録』43
168～171	河北省	「建寧中病卒。…大鴻臚袁隗樹碑頌徳」	墓碑	『後漢書』列伝42
168～173	陝西省（漢の弘農郡）	楊震碑	墓碑	『集成』96・『隷釈』12
168～173	陝西省（漢の弘農郡）	楊着碑	墓碑	『集成』95・『隷釈』11
桓帝末	河北省	李雲墓表・「冀州刺史賈琮，過祠雲墓，刻石表之」	為政者による顕彰	『碑録』51・『後漢書』列伝47
168年9月（竇武誅）以降	河北省	「刺史賈琮刊石立銘以記之」	為政者による顕彰	『後漢書』党錮

81

年代	立石地	名称	種類	出典
霊帝初期	河南省	国三老袁良碑	墓碑	『碑録』138・『隷釈』6
169	四川省か	柳敏碑	墓碑	『隷釈』8
169	山東省	郭泰碑	墓碑	『碑録』21・『集成』97
169	山西省	「同志者乃共刻石立碑」	墓碑	『後漢書』列伝58
169	山東省	史晨前碑（陽）	祭祀	『集成』98・『隷釈』1
169	山東省	史晨後碑（陰）	祭祀	『集成』98
169頃	山東省か	「刻石立埋，共爲部黨」	約束	『後漢書』57 党錮
169頃	甘粛省	「父爲同縣人所殺…後，刺殺之…州郡表其閭。」	為政者による顕彰	『後漢書』列女
169	山東省か	漢故金郷守長侯君之碑	墓碑	『隷釈』8
170	河北省（漢の趙国）	淳于長夏承碑	墓碑	『集成』100
170	安徽省	青陂碑	紀功	『碑録』128
170以降	山東省	漢故郎中馬君之碑	墓碑	『隷釈』8
171	甘粛省	西狹頌	紀功	『集成』101
171	山東省	兗州刺史楊叔恭残碑	徳政	『集成』103・『碑録』38
171	山東省か	孔彪碑	墓碑	『集成』104
171	河南省（漢の梁国）	慎令劉脩碑	墓碑	『隷釈』8
171	山西省（漢の河内郡）か	漢故北軍中侯郭君碑	墓碑か	『隷釈』9
172	陝西省	鄐閣頌	紀功	『集成』105
172	山東省	成陽霊台碑	祭祀	『隷釈』1
172	山東省	漢荊州刺史李剛碑	墓碑	『碑録』65
172	江蘇省	東海廟碑	祭祀	『集成』106・『隷釈』2
172	河南省（漢の穎川郡）	漢故民吳公碑	墓碑	『隷釈』9
172	甘粛省	武都大学李翕天井道碑	紀功	『隷続』11
173	河南省（漢の南陽郡）	漢司空宗公碑	墓碑？	『隷釈』18

漢代石刻年表

年代	立石地	名称	種類	出典
173	立碑地不明	広漢属国侯李翊碑	墓碑？	『隷釈』9
173	山東省	魯峻碑	墓碑	『集成』108・『碑録』41・『隷釈』9
173	四川省	漢巴郡胸忍県令景君碑	徳政碑	中国文物報 2005-3-23
173	陝西省	司隷校尉楊淮表記	紀功刻石に顕彰文を付刻	『集成』107
173	江蘇省（漢の彭城国）	「弟子陳留劉操追慕肱徳，共刊石頌之。」	墓碑	『後漢書』列伝43
174	湖北省（漢の南陽郡）	玄儒先生婁寿碑	墓碑	『集成』110・『隷釈』9
174	広東省	桂陽太守周憬功勲銘	紀功	『隷釈』4
174	甘粛省	耿勲碑	紀功	『集成』111
174	山東省	伯興妻墓残碑	墓碑	『集成』112・『文物』83-7
174	陝西省（漢の弘農郡）	繁陽令楊君碑	墓碑	『金石萃編』15
175	河南省	堂谿典請雨嵩高廟銘	祭祀	『集成』114
175	河南省	韓仁銘	為政者による顕彰	『集成』113
175	山東省	帝尭碑	祭祀	『隷釈』1
175	四川省	鄭子真宅舎残碑	記録・証拠	『隷釈』15
175	河南省	刻石立于太学門外（熹平石経）	石経	『後漢書』霊帝紀
176〜177	河南省	漢夷斉廟碑	祭祀	『碑録』12
176	山東省	梧墓里石社碑額	不明	『集成』116
176	四川省	広漢太守沈子琚綿竹江堰碑	紀功	『隷釈』15
176	河南省（漢の梁国）	太尉掾橋載碑	墓碑	『碑録』160
176	山東省	漢兗州刺史薛季像碑	徳政	『碑録』37
177	河南省（漢の潁川郡）	尹宙碑	墓碑	『集成』117・『金石萃編』17
177	浙江省	堂邑令費鳳碑	墓碑	『隷釈』9
177以降か	浙江省	費鳳別碑	墓碑	『隷釈』9
177	安徽省（漢の沛国）	長水校尉曹熾碑	墓碑	『碑録』152

83

年代	立石地	名称	種類	出典
177以降か	安徽省	漢故梁相費府君之碑	墓碑	『隷釈』11
178〜183	安徽省（漢の汝南郡）	文穆碑	墓碑	『碑録』158
178	陝西省	西嶽箪山亭碑	祭祀	『隷釈』2
178	四川省	金広延母徐氏紀産碑	記録？	『隷釈』15
178	山東省	「蔡邕等…共樹碑而頌焉。」	墓碑	『後漢書』列伝27
179	陝西省	樊毅復華下民租田口算碑	祭祀	『隷釈』2
179以降	陝西省	樊毅脩華嶽碑	祭祀	『隷釈』2
178〜183	河南省（漢の梁国）	楊彦碑・楊禅碑	墓碑か	『碑録』168
178〜183	河南省（漢の陳国）	陽翟令許叔台碑	墓碑	『碑録』144
178〜183	河北省（漢の中山国）	張平仲碑	墓碑	『碑録』66
179以降	江蘇省（漢の下邳国）	陳球碑	墓碑	『碑録』189・『隷釈』10
180	湖北省	舜子巷義井碑	紀功？	『隷釈』15
180	青海省（漢の金城郡）	趙寛碑	墓碑	『集成』118
181	江蘇省	潘乾碑（校官碑）	学校碑	『集成』121
181	山東省	童子逢盛碑	墓碑	『隷釈』10
181	河北省	無極山碑	祭祀	『隷釈』3
181	河北省	三公之碑	祭祀	『集成』120・『隷釈』3
181	陝西省	殽阮君神祠碑	祭祀	『隷釈』2・『碑録』121
181	不明	漢故涼州刺史魏君之碑	墓碑	『隷釈』10
181	山東省	安平相孫根碑	墓碑	『隷釈』10
181	河北省	棗長蔡湛頌	徳政	『隷釈』5
181	四川省	邛都安斯郷石表	？	『集成』119
182	河南省	梁相公耽神祠碑	徳政	『隷釈』5
183	山東省	漢故成陽令唐君頌	徳政	『隷釈』5
183	河北省	白石神君碑	祭祀	『集成』124
183	山東省	王舍人碑	墓碑	『集成』122

漢代石刻年表

年代	立石地	名称	種類	出典
184	河南省 (漢の梁国)	太尉橋玄碑	墓碑	『碑録』170
184	河南省	漢故司隷従事郭君碑	墓碑	『隷釈』10
184 以降	山東省	孔褒碑	墓碑	『集成』138
185	江蘇省 (漢の呉郡)	漢故外黄令高君碑	墓碑	『隷釈』10
185	河南省 (漢の梁国)	漢故幽州刺史朱君之碑	墓碑	『隷釈』10・『碑録』156
185	河南省	太尉劉寬碑	墓碑か	『隷釈』11
185	陝西省	曹全碑	徳政	『集成』126
185	河南省	劉寬後碑	墓碑か	『隷釈』11
185	河南省	都郷正衛弾碑	徳政	『隷釈』15
185	河南省	「會葬者二千餘人，刺史郡守各爲立碑表墓焉。」	墓碑	『後漢書』列伝71 独行
186 以降	湖北省	南陽太守秦頡碑	墓碑	『隷釈』17
186	山東省	尉氏令鄭季宣碑	墓碑	『集成』125・『隷続』19・『金石萃編』17
186	山東省	張遷碑	徳政	『集成』128・『金石萃編』18
186	山東省	故太邱長潁川許陳君壇碑	祠廟碑	『隷釈』18
187	河南省 (漢の潁川郡)	「海内赴者三万余人…共刊石立碑。」	墓碑	『後漢書』列伝52
187	山東省	趙相劉衡碑	墓碑	『隷釈』17・『碑録』35
188	四川省	巴郡太守張納碑	徳政	『隷釈』5
霊帝期	山東省	「除須昌長，…吏人生爲立碑」	徳政	『後漢書』66 循吏
190	漢の冀州	漢故小黄門譙君之碑	墓碑	『隷釈』11
190	河南省 (漢の南陽郡)	圉令趙君碑	墓碑	『集成』129
194	四川省	益州太守高眹脩周孔礼殿記	題記	『隷釈』1
205	四川省	樊敏碑	墓碑	『集成』132
209	四川省	漢故益州太守高君之碑	墓碑	『隷釈』11
216	湖南省 (漢の零陵郡)	綏民校尉熊君碑	墓碑	『隷釈』11

後漢時代の刻石流行の背景（角谷常子）

年代	立石地	名称	種類	出典
後漢中期以降	河南省	漢故郎中趙君之碑	墓碑	『集成』149・『文物』1964-5
後漢末〜曹魏初	河南省	池陽令張君残碑	墓碑	『集成』143
桓帝建和元147年以降	河南省	甘陵相□博残碑	墓碑か	『集成』141
後漢末	陝西省	仙人唐公房碑	為政者による顕彰	『集成』137・『隷釈』3
	山東省	竹葉碑	徳政か	『集成』163・『金石萃編』19
	河南省	酸棗令劉熊碑	徳政	『集成』140・『隷釈』5
	山東省	魯相謁孔廟残碑	祭祀	『集成』139・『隷釈』17
	四川省	王孝淵墓門残碑	記録？	『集成』144
	山東省か	伏生碑	墓碑か	『碑録』18
	山東省	劉曜残碑	墓碑	『集成』150・『隷釈』11
	河南省	弘農太守張伯雅碑	墓碑	『碑録』194
	山西省	漢宋子浚碑	墓碑か	『碑録』22
	山東省	魯相謁孔廟残碑	祭祀か	『隷釈』17
	山東省	平原東郡門生蘇衡等題名	墓碑か	『隷釈』17
	河南省（漢の陳国）	袁氏三碑（滂・騰・光）	墓碑	『碑録』140
	山東省	浚義令衡君碑	墓碑	『隷釈』12
	四川省	広漢属国侯（李翊）夫人碑	墓碑	『隷釈』12
	湖北省（漢の南陽郡）	漢故荊州従事范君之碑	墓碑か	『隷釈』12
	四川省	学師宋恩等題名	徳政（立学校）	『隷釈』14
	四川省か	県三老楊信碑	墓碑か	『隷釈』18
	安徽省（漢の沛国）	漢故富春丞張君碑	墓碑	『隷釈』17
年代不明	朝鮮平安道	秥蟬平山神祠碑	祭祀	『集成』136

* 　地上にある石のみを採用した。ただし，石闕や祠堂の題記，また性格の不明なものは採用しなかった。石の所在地は現在の省で示した。ただし参考のため漢代の行政区を付したものもある。
* 　書籍名の後の数字は，『集成』は刻石番号，『隷釈』は巻数，『碑録』は碑の番号を示す。

石刻による宣示
―― 漢代石刻と「場所」――

藤 田 高 夫

は じ め に

　石に刻むという行為は，世界各地において，古代から現代まで広く見られる行為である。文字を記す媒体はもちろん石に限られるわけではなく，中国では紙の使用が普遍化する以前には，簡牘・帛の他，甲骨・金文などさまざまな媒体が存在していた。古代中国で石刻が隆盛を見るのは，周知のように後漢，それも2世紀後半であるが，当時にあって書写媒体は，紙はさておくにしても，上記の媒体は全て存在していたのであり，「刻む」という手間の必要な石が書写媒体として選ばれるには，必然的な理由があったはずである。あまりにも原初的な問題であり，一見自明の問題であるためか，そもそもなぜ石に刻むのかという議論は，等閑視されてきた観が否めない。本稿では，文字を石に刻むという文化を考えるために，根本に立ち返ってこの問題を考えてみたい。

　書写材料としての石の特質を考える上で，以下の清水茂氏の叙述は極めて示唆的である[1]。清水氏は，書物の出現と書写媒体について述べる中で，甲骨文や金文の特性について次のように述べる。

　　周知のように，中国で現存する最古の文字は，殷王朝の遺址から発掘された亀甲獣骨に刻みつけられたいわゆる甲骨文である。これらの甲骨文は，亀甲や獣骨がうらないに使用され，その卜の結果を書きとめたものであって，亀甲や獣骨と結びつけられて，はじめてそのことばの意味は完全になるのである。このばあい，重要なのは，むしろ亀甲や獣骨の卜兆であって，文字はその説明にすぎない（中略）。

---

1) 清水茂『中国目録学』（筑摩書房，1991）5-8頁。

このことは，甲骨文につづく古い文字，周代の銅器に書きつけられたいわゆる金文でもいえることである。銅器に書きつけられたことばは，（中略）その器物と所有者との関係を記したものである。（中略）いわば，甲骨文や金文の時代には，それらの文字は，それが記載されているある特定のものと結びつけられて存在したので，一般に普遍性を持つ書物とはなり得なかった。

　このように，甲骨文・金文の記述が特定のものとの結びつきを本質的に有していることを指摘した上で，清水氏は，記述がものから解放されるためには，媒体が特殊なものからありふれたものへの転換が必要であるとして，その第一は石であったろう，と述べる。その石についてさらに以下のように指摘する。

　けれども，石には，大きな難点があった。それは重すぎることである。したがって，ある固定した場所において，記録するのには，その耐久性からいって，はなはだ便利であるが，それを広く流布することはできなかった。その耐久性と固定しているという性質から，ある土地についての説明を書きしるすのに便利であったので，碑文用に使用され，その用途は，今なおある。けれども，それは，特定の土地と結びつくという結果になり，普遍性に欠けることは，甲骨や銅器と共通である。いわば，記載される材料の石からは解放されているが，石の存在する土地に結びつけてしまったのである。

　清水氏の趣旨は，ものや場所との結びつきから解放され，記載された材料を無視し，文字が記載言語として独立し，書物となるためには，書写材料として竹帛を用いることが必然的であったことを示すにある。同時に，石が特定の場所と結びつくという指摘は，石刻資料の性格を考える上で，本質的な論点の一つを提示していると言えよう。清水氏は詳しくは論及していないが，媒体としての石には，素材の日常性，耐久性という特質に加えて，不可変性という要素もある。ここでいう不可変性とは，石を動かすことはできないという意味と，

石に刻まれた文字は変えられないという意味である。

　もちろん，石に刻まれた文字がすべてものから解放されているわけではない。画像石の主題を説明する題字，仏塔や石造仏の造像銘などは，ものとの結びつきを依然として有している。本稿では，ものから解放された石刻を対象として，上記の特性を意識しながら，場所との結びつきという観点を敷衍して，秦漢のいくつかの石刻を概観してみよう。

1　石刻と場所（1）

始皇帝巡行の刻石

　中国古代の刻石のうち最も有名なものの一つは，秦の始皇帝が始皇26（前221）年に全国を統一した後に，各地を巡行した折，立ち寄った地に立てた刻石であろう。「嶧山刻石」・「泰山刻石」・「琅邪台刻石」・「之罘刻石」・「之罘東観刻石」・「碣石刻石」・「会稽刻石」の7種である。原石はほとんど失われているから，石刻の本来の形状を知ることは出来ないが，現地で適当な石を調達したか，あるいは摩崖碑であったと考えられる。碑文の内容は，嶧山刻石以外，すべて『史記』始皇本紀に著録されており，統一事業を完成させた始皇帝に対する頌徳碑である。これらの刻石の目的が，始皇帝が実際にそこに足を運んだという事実を明示することであるのは明らかである。碑文と場所の結びつきが極めて典型的に現れる事例である。また，これらの碑には二世皇帝の詔が追刻されている。始皇帝の刻石には単に「皇帝」と称するのみであるため，後世それが始皇帝であることが分からなくなることを避けるために刻されたものである。このことは，一旦刻まれた文字の不可変性を示すものでもある。

墓碑

　後漢時代の石刻の隆盛は，墓碑の流行によるところが大きい。一般に墓碑は，墓主の経歴を記し，その業績をたたえる形式が大多数である。墓主の祖先，墓主自身の学歴や官吏としてのキャリアが修辞を凝らした文章でつづられる。後世の墓誌と異なるのは，墓の中ではなく，墓の外に立てられることである[2]。

こうした墓碑が墓そのものとは別個に存在することは考えられず，碑文と場所が必然的に結びつくのは当然のことである。

曲阜孔廟の碑

山東省の曲阜孔子廟には，漢代に孔子廟の維持や祭祀に必要な器物の整備に関わる碑文が集中的に残されている。「乙瑛碑（孔廟置守廟百石卒史碑）」「韓勅碑（礼器碑）」「史晨前碑」「史晨後碑」がそれである。特徴的なのは，孔子廟の維持・整備を要請し，それが国家によって承認されて実現したことを示す公文書を記したものが複数存在することである。公文書を碑文に刻むことの意味は，公権力によるオーソライズを誇示することがまず考えられる。さらに，それを実現させた官吏（地方長官）を顕彰する意味もあったろう。こうした碑は，孔子廟に立てられることによってはじめて十全の意味をもつことは贅言を要しない。

五岳祭祀関係の石刻

漢代には主として雨乞いを目的として，山岳に対する祭祀が行われた。このうち五岳（東岳泰山・西岳崋山・南岳衡山・北岳恒山・中岳嵩山）の祭祀は国家的レベルで行われたものである。中岳として尊崇された嵩山では，「嵩山太室石闕隷書銘」「嵩山開母廟石闕銘」「嵩山少室石闕銘」「嵩山太室石闕篆書銘」「堂谿典請雨嵩高廟銘」の石刻が知られている。いずれも彼方に嵩山を望見できる場所にあるが，すべて門闕に刻まれたものである。闕だけが単独で存在したのではなく，嵩山を祀る廟の闕であったと考えられる。

また陝西省の崋山も西岳として国家的祭祀の対象であり，関連する石刻として「西嶽崋山廟碑」「崋嶽廟残碑陰」が知られる。前者は延熹 8（165）年に完成した崋山廟補修事業を記念して立てられたものであり，崋山廟中に置かれて

---

2) 墓碑が墓室内に建てられることもあった。曹操による建安 10（205）年の立碑禁止令以前の事例として，建寧 2（169）年に卒した「肥致碑」の存在が知られている（「偃師県南蔡荘郷漢肥致墓発掘簡報」（『文物』1992-9））。しかし，墓碑は墓のそばに建てるのが通例であったことは，『後漢書』范冉伝の「爲立碑表墓焉」，趙岐伝の「乃爲遺令勅兒子曰，…可立一員石於吾墓前，刻之曰…」などの記述から明らかである。

いたものである。つまり，中岳・西岳ともに山岳祭祀のための廟に関連する石刻であった。

地方的山岳祭祀に関連する石刻

　五岳のような国家的レベルではなく，地方的レベルで祭祀の対象となった山岳に関連する石刻も存在する。代表的なものは，元氏県の山岳祭祀に関連する諸碑であろう。これらについては後述するが，元氏県の漢碑の嚆矢である「祀三公山碑」は，地方長官によって三公山の神格をまつる祠廟や墳壇が整備されたことを伝えており，山岳廟と結びついて立てられた碑であることがうかがえる。また「平山神祠碑」は，後漢王朝の辺境である楽浪郡に属する䛐蟬県の県長が，平山の神を祀るために立てたものであるが，碑文中に「□（平?）山神祠を立て石に刻す」とあり，祠廟の建設と立碑が結びついている。

　このように見てくると，山岳祭祀関連の石刻は，五岳であれ地方的山岳であれ，祭祀の対象である山そのもの，たとえば山頂などに立てたものではなく[3]，祭祀の場である祠廟の一施設として立てられたものであることが分かってくる。したがって，山岳祭祀に関連する石刻と場所との関連性は，山岳祭祀の行われる場所すなわち祭祀施設との関連のなかに見るべきものである。

祠廟の碑

　山岳祭祀以外の祠廟に関する石刻もいくつか存在する。「桐柏淮源廟碑」「蒼頡廟碑」「唐公房碑」などがそれである。もっとも，歴代の著録や『水経注碑録』には，今日には伝わらない祠廟の漢碑が多数存在している。これらの石刻とそれが立てられた場所との関連性は明白であろう。

---

3) 山岳が請雨の祭祀の対象となるのは，この種の石刻に常套句のように現れる「石に触れて出で，膚寸にして合し，朝を崇ねずして徧く天下に雨ふらせるは，ただ泰山のみ」（『公羊伝』僖公31年）に見られるように，岩石が雨雲を作り出すという認識による。したがって，いわゆる「ご神体」は山全体ではなく，露出した岩石なのだろう。

石刻による宣示（藤田高夫）

摩崖碑

　関中から漢中に抜ける道などは，古くから渓谷や断崖を縫って進む危険な難路であり，このような道の建設や維持には多大の労力を必要とした。橋を架け，トンネルを開削し，断崖に足場を築く工事が，繰り返し行われてきた。こうした工事が完成し，道が開通すると，それを記念し，工事を遂行した地方官を讃える石刻がいくつも現れる。「開通褒斜道摩崖」「石門頌摩崖」「李禹通閣道記摩崖」「析里橋郙閣頌摩崖」「楊淮表記摩崖」「西狭頌摩崖」などがそれである。これらは摩崖，つまり崖の岩肌に直接文字を刻む形で残されている点が共通する。碑文の内容は，建設者を称える顕彰碑であるが，その功績の具体的現れである道そのものに刻んで，道を通過する人々が必ず目にするようにしたものである。この場合も石刻と場所の結びつきは自明である。

紀功碑

　軍事的勝利を記念した紀功碑は，「裴岑紀功碑」「任尚平戎碑」「沙南侯獲碑」が知られる。このうち立碑の場所が碑文に示されているのは「裴岑紀功碑」のみである。碑文には，永和2（137）年敦煌太守裴岑が匈奴呼衍王との戦いに勝利し，「海祠を立て，以て万世に表す」と見え，海すなわち蒲類海（バルクル湖）のほとりに祠を立て，あわせてここに碑を立てたことがうかがえる。海祠と戦闘との関連は不明であるが，すくなくとも草原の中に碑（形状は碣）がぽつんと立っていたという状況ではないことがうかがえる。

　以上，とりあげたものは漢碑のごく一部ではあるが，瞥見したかぎり，石刻と場所との密接な関連性を指摘できるものがほとんどであった。前述の清水茂氏の指摘は，正鵠を射ていると言えよう。しかしながら，いくつかの問題がなお残っている。

2　石刻と場所（2）

　「はじめに」の最後に，石刻の不可変性として，「石は動かすことができな

い」と述べた。しかし，現実として石は動かすことができる。現在所在の知られる漢碑のうち，もともと立てられた場所から動いていないものは，摩崖を除けば（摩崖とて切り取られて移されることがあるわけだが）ほとんどない，と言ってよい。西安碑林にせよ，孔廟碑林にせよ，石刻が後世まとまって集積されたことで，今日まで残ったという利点はあるが，石刻が本来的に持っていた場所とのつながりは切断されてしまっている。したがって，石刻と場所との関連性を探る作業は，厳密に考えれば，石刻の文中に立碑の地をうかがわせる記述がある場合と，墓碑や祠廟の碑がそうであるように，高い蓋然性をもって推定できる場合とに限定されてしまうわけである。以下，対象を少し広げて検討してみよう。

　一例として，徳政碑と称される石刻をとりあげてみよう。具体的には「張遷碑」「劉熊碑」「曹全碑」などであるが，これらはいずれも善政をほどこした地方官を顕彰する碑である。張遷は東郡穀城県，劉熊は陳留郡酸棗県，曹全は左馮翊郃陽県の県令で，いずれも任地の部下あるいは吏民が任地において立てたものである。これらの碑は，具体的スポットとしてどこに立てられていたのであろうか。可能性として考えられるのは，県廷すなわち任地における官衙にあったか，あるいは神祠（この場合は存命中の祠であるから「生祠」となる）が建てられてそこに設置されたかであろう。そのいずれであるかによって，石刻の性格が変わってくるように思われるのだが，それを推定する手がかりはない。ただ，県の疆域の中であればどこでもよかったわけではなく，対象となる人物と関連する何らかの施設の存在を想定してよいのではなかろうか。

　また別の例として，「張景碑」のケースを考えてみよう。この石刻は，1958年に河南省南陽市で出土した。南陽市は漢代に宛県が置かれた地である。碑文は延熹2（159）年に発せられた少なくとも3通の公文書から構成されている。中国古代には，農業振興のために耕牛と鋤をもった人形を土で製作する習慣があった。この碑文は，毎年多額の費用を必要とする土牛製作を，張景という名の個人が，以後は自発的に請け負うかわりに，今後の公の雑務を免除してほしいと願い出て，それが許可されたことを記す河南郡太守府と宛県が発した公文書を刻んだものである。

石刻による宣示（藤田高夫）

　張景碑が建てられた場所は碑文には明示されていない。だが，張景の上言に「太守府の南門の外に勧農のために制作する土製の牛は，一般庶民より費用を徴収し，付属施設を併せて 6 〜 7 万銭もかかっています」とあることから，土牛などは太守府の南門外に毎年制作されるものであり，この碑文は，土牛とそれに関連する建築物に付属して設置されたと考えられよう。したがって，この場合もまた，石刻とそれが設置された場所との間には，必然的な結びつきがあったということになる。

　次に，「侍廷里父老僤約束石券」をとりあげてやや詳しく検討してみよう[4]。この石刻は，1973 年に中国河南省偃師県で出土した。内容は以下のとおり。

> 建初 2（77）年正月 15 日，侍廷里の父老僤の祭尊である于希，主疏である左巨ら 25 人が，共同で約束石券を里の治の中に作った。先の永平 15（72）年 6 月中に，僤を設立し，合わせて 6 万 1500 銭を集め，田 82 畝を買った。もし僤のメンバーで，資産に基づいて里の父老となる順番に当たる者が出てきたら，その田を借り，田からの収穫物を得て使うことができる。もし資産が減って父老となるのに該当しなくなったら，田を返還し，代わって父老となるべき者に与え，のちの子孫に伝えることとする。もしメンバーが死去した場合には，後継ぎとなる者一人に（資格を）伝えることができる。もし僤のメンバー全ての資産が減って父老となるのに該当しなくなれば，于季・左巨らは共同して田を貸与し，小作料を徴集する。以上，約束する。（以下，メンバー 25 名の姓名を列挙）。

内容を簡単にまとめると，里のリーダーである父老に任命された場合に備え，僤という相互扶助組織を作り，メンバーが拠金して共同で田地を購入し，父老となった場合に必要とされる支出をまかなうために，購入した田地の収穫物を充てる，というものである。この刻石は，通常の碑文と比較すると異色のものであり，みずから「石券」と称している。「券」は契約書を示す語であるが，

---

[4] 「侍廷里父老僤約束石券」については，籾山明氏に専論がある。籾山明「漢代結僤習俗考」（『秦漢出土文字史料の研究——形態・制度・社会』創文社，2015，初出 2013）第七章。

記されているのは土地の売買に関わる契約ではなく，25名が共同購入した田地の面積・価格・用途・収穫物の帰属・用益権の移動などについての取り決め，すなわち「約束」である。土地に関する契約では，土地の所在と四至（範囲）が必須のはずであるが，その記載はない。この点から考えると，この石券の目的は，土地の使用方法と使用権を明示することに加えて，僤のメンバーである25名の姓名を記録することであったと考えられる。設立メンバーの姓名を明記しておくのは，石券のなかにも言及されるように，世代交代が起こった際に，誰に土地使用の資格があるのかについての疑義が生じないようにするためであったろう。憶測に過ぎないが，土地の購入から石券の制作まで，5年の開きがあることは，世代交代による使用権の継承が問題になる可能性が実際に存在したからではなかろうか。

　それでは，石券がどこに設置されたのか，つまり石刻と場所という観点からこの石券を検討してみると，どのようなことが導かれるであろうか。石券に見える「里の治の中」は石刻が置かれた場所を示している。これが籾山明氏の述べるように「里の治（役所）の中庭」だとすると，父老僤のメンバーが集まる場所に設置されたことになる。石券が発見された当時，付近には漢代の瓦や煉瓦が散在していたと伝えられており，購入された田地の旁らに置かれたものではないことは明らかである。この石券を実際に見る人々として想定されているのは，里の住民とその子孫たちである。その点では石刻とその設置場所には，この場合も関連性が存在しているということができる。ただし，その関連性は，他の石刻に比べると希薄なものになっていることは否めない。

　この石券が持つメッセージのもっとも中心的な部分は，25名の人名，すなわち土地を使用する資格を持つ人間の特定ではなかろうか。そうすると，この石券のもつ特性は，設置された場所の属性を示すことではなく，石という素材の恒久性に依拠して，人名を永く遺すことにあるということになる。

　場所の属性から離れて石の恒久性・不可変性が前面に出る点からすると，熹平石経もこの類型に入ってこよう。周知のとおり熹平石経は，蔡邕らが経書の文字を正定することを上奏して許可され制作されたもので，熹平4（175）年から光和6（183）年にかけて，『周易』『尚書』『魯詩』『儀礼』『春秋』『公羊

伝』『論語』の標準テキストを刻したものである。『後漢書』蔡邕伝によれば，この熹平石経は64枚の石碑の両面に記され，洛陽の太学の門外に設置されたという。王朝公認の標準テキストが最高学府である太学に隣接して掲げられたのは，石刻の設置場所として適合的であると一応は納得できる。しかし熹平石経の場合，むしろ前面に出てくるのは石のもつ恒久性，そこに刻された文字の不可変性であろう。それと同時に，熹平石経には公開性という要素が不可変性以上の重みを持って含まれている。事実，熹平石経が公開されると，おびただしい人々がこれを書写するために集まったことを『後漢書』は伝えている。ここにいたって我々は，石刻の持つもう一つの特性に行き当たったことになる。

　以上の検討を振り返って，石刻の特質として挙げられることを整理してみると，以下のようにまとめられよう。

　①場所の不可変性

　　石刻がある場所に置かれるのは，その場所と何らかの連関性をもつからである。場所と全く無関係に，碑が立てられることはない。また石刻は，たとえ現実には物理的に動かすことが可能であっても，設置された場所に恒久的に存在することを前提としている。その結果，石刻は設置された場所の属性（それがどんな土地か，どんな施設か）を示すのに最も適合的な媒体となる。

　②内容の不可変性

　　石刻はまた，一旦刻まれた文字が改変されることを想定していない。つまり石刻は，変える必要のない情報，変えることのできない情報を記すための手段である。石刻の内容を変えるためには，石を再び研磨して消去・再刻するか，そうでなければ石そのものを破壊するしかない。つまり石刻は，「変わることのない情報が永くそこにある」という状況を前提にして制作されるものである。

　③情報の公開性

　　如上の検討では十分に論じ切れていないが，記述内容を公開するという要素も石刻は有している。変わらない文字情報を永続的に存在させる媒体として石刻が適合的であるならば，目前の限定された対象者以外に，特定の

短い期間を越えて情報を伝達する（すなわち公開する）ためには，石が極めて好都合な素材であることは疑いない。

多くの場合，石刻はこれら①②③の要素を兼ね備えていることはただちに了解されるであろう。同時に，個々の石刻において，これらの要素が等しなみに現れるわけではなく，いずれかに，あるいはいくつかに重きが置かれることになるのも容易に想定されよう。このグラデュエーションが漢代石刻の個性であるということもできようか。

ところで，「変わることのない情報が永くそこにある」状況を前提とする場合に，媒体として適合的なのは石だけではない。永続的に記録することを「金石に刊む」というように，金属器も媒体としてはあり得るわけである。もちろん金属器は石ほどありふれた日常的素材ではないし，銘文を鋳込むことは石に刻むよりはるかに手間のかかることではある。ではこれ以外に媒体としての石と金属器との違いはないのだろうか。節を改めて検討してみる。

3　『蔡中郎集』に見る碑文

後漢末期の学者であり官僚でもあった蔡邕は，数多くの碑文を著した人としても著名である。その碑文は，蔡邕の文集である『蔡中郎集』に多く収められている[5]。その内容は蔡邕自らが「郭泰碑（郭有道碑）」について「吾，碑銘を為ること多けれども，皆な徳に慚ずるあり。唯だ郭有道のみ愧色なし」と語っているように[6]，いたずらに美辞を重ねたものも多いとされる。また顧炎武は「潤筆を利とするにあらざれば，これを為すに至らず。史伝その名の重きを以て，隠して言わざるのみ」と[7]，顕貴に阿諛して利を求めたと批判している。今，考えてみたいのは，碑文と実像との違いではなく，『蔡中郎集』にいくつか見られる，同一人物に対する複数の碑銘の存在である。

蔡邕が一人の人物のために数篇の碑銘を著した例は，胡広に対する3碑1銘

---

5)　本稿では底本として四部叢刊本の『蔡中郎集』を用いる。
6)　『後漢書』郭太伝。
7)　顧炎武『日知録』巻19「作文潤筆」。

1頌，陳寔に対する3碑などいくつかあるが，ここでは橋玄（碑銘では喬玄）の例を取り上げてみよう。『蔡中郎集』巻1には，橋玄に関わる碑銘として以下の6件が収められている。

　1）「故太尉喬公廟碑」
　2）「東鼎銘」
　3）「中鼎銘」
　4）「西鼎銘」
　5）「黄鉞銘」
　6）「太尉喬公碑」

これらの碑銘は，光和7（184）年5月の橋玄の死後にほぼ同時に制作されたものと考えられるが，一人の人物の事績を記す限り内容の重複は避けられない。ではこの6つの碑銘には何らかの書き分けが見いだせるであろうか。

1）「故太尉喬公廟碑」には，冒頭に橋玄を讃える銘が記され，次いで「公，諱玄，字公祖，少辟孝廉，辟司徒・大将軍府，爲侍御史」以下，その経歴がごく簡単に述べられて，卒年と埋葬の日付が記される。そして「三孤・故臣・門人，相与述公言行，咨度礼則，文德銘于三鼎，武功勒於鉦鉞，官簿第次，事之實録，書于碑陰，俾爾昆裔，永有仰於碑陰」と記している。文德は3鼎すなわち2）「東鼎銘」3）「中鼎銘」4）「西鼎銘」に録し，武功は鉦鉞すなわち5）「黄鉞銘」に録し，「官簿の第次や事の実録」はこの碑の碑陰に記すとしている。

碑陰は1000字を超える長文で，内容は，祖先の系譜を述べた上で，橋玄の経歴を追っているが，記述はその人となりをうかがわせるエピソードが種々織り込まれて，人物像を伝えることに重点があるように思われる。「官簿の第次，事の実録」として昆裔に知らしめることとして碑陰に記載されている内容は，通常の墓碑の記述とは趣を異にしている。

「文德」を記す2）「東鼎銘」3）「中鼎銘」4）「西鼎銘」はそれぞれ司空・司徒・太尉を拝した際の叙任の場面を描写する。今，「東鼎銘」の前半部分を示す。

　　維建寧三年秋八月丁丑，延公于玉堂前廷，乃詔曰「其以大鴻臚喬玄爲司

空。」再拝稽首以讓。帝曰「兪，往哉。」三讓然後受命。公乃虔恭夙夜帝采，勤施八方，旁作穆穆，以対揚天子丕顕休命。（以下略）

　「中鼎銘」「西鼎銘」の記述も基本的にはこれと同様であり，三公への叙任の場面が3つの鼎に分けて記されているわけである。『尚書』の文言を織り込み，西周の策命金文を連想させるような銘である。もちろん西周金文とは異なって，器物としての鼎と銘文との間に必然的な結びつきはもう無くなっているが，こうした叙任を鼎に記すという伝統が意識されていることは認めてよかろう。
　「武功」を記す5）「黄鉞銘」は，桓帝の末年に起こった鮮卑・高句麗の反乱に際して，橋玄が度遼将軍を拝して平定した事績を述べている。279字の長文で，これが本当に鉞に鋳込まれていたのか，疑問がないわけではないが，軍事的事績が軍権を象徴する斧鉞に記されることは不自然ではない[8]。
　最後の6）「太尉喬公碑」は，「公諱玄，字公祖，梁国睢陽人也」で始まり，その経歴を述べる517字（うち112字は頌）の碑文である。内容は，他の多くの墓碑と変わるところはない。
　これら碑銘のうち，2）～5）の鼎・鉞は，橋玄の廟に収められていたと考えられる。1）はその廟に隣接して立てられていたのであろう。そうすると，1）～5）は橋玄の廟に付属する碑銘であり，残る6）が墓前あるいは墓道に立てられた墓碑であったと考えてよかろう。器物は廟内に，廟碑は廟の近辺に，墓碑は（廟との位置関係は不明であるが）墓の近辺に，それぞれ別の場所に位置していたわけである。
　こうした碑銘は誰に対して遣されたものであったのだろうか。祠廟に収められた器銘は，祠廟内に立ち入ることのできる者以外に目に触れることはない。廟の外に立てられたであろう廟碑も，誰もが自由に見られるものではなかったに違いない。事実，1）「故太尉喬公廟碑」には「俾爾昆裔，永有仰於碑陰」とあって，碑陰に刻された橋玄の事績（それは6）「太尉喬公碑」よりも長文で詳

8）『後漢書』橋玄伝には，橋玄が度遼将軍を拝した際に「黄鉞（黄金の鉞）を仮された」と伝える。「黄鉞銘」はこの鉞に記されていたと考えるのが自然であるが，鉞は軍事行動の終了とともに返還された可能性もある。

細である）を伝える対象として意識されているのは，橋玄の子孫・一族であり，それは廟に立ち入ることのできる範囲と一致している。そしてその範囲は決して広いものではない。そう考えると，墓碑であろうと推定した6）が1）とは別に立てられる必要性が理解できる。子孫・一族を越えたより広い範囲への公開性，もちろんそれは現地に足を運ばねばならないという点でなお限定的ではあるが，より広い公開性を持つ碑が別途必要であったということになる。

それではなぜ石刻という形が選択されるのか。最後に，墓とは違う状況のもとで考察してみよう。対象となるのは，山岳祭祀関連碑が一箇所に集中する漢代元氏県の事例である。

4　漢代元氏県の事例

現在の河北省石家庄市付近には，後漢時代に常山王国が置かれ，その首邑である元氏県の疆域内には6つの名山が存在した[9]。その6名山のうち，碑文から名称を確定できるのは，三公山・霊山・封龍山・無極山・白石山の5山である[10]。この元氏県の名山は祭祀の対象となり，関連する碑文が6件知られている。

この元氏県の山岳祭祀に関連する碑文については，すでに吉川忠夫氏が王朝の国家的祭祀である五岳祭祀と関わって論及しており[11]，筆者も地方官と地方的祭祀との関係を中心に論じたことがある[12]。その後杜香文氏が主に書道史的観点から元氏県漢碑をまとめて論じており，原石の消息など新たに得られた情報もある[13]。そこで本稿では，「碑文」という形式を選択した意味に重点を置いて，あらためて元氏県の山岳祭祀関連碑を考えてみたい。関連する石刻は次の6件である。

---

[9]　『白石神君碑』碑陽5行目に「縣界有六名山」と見える。
[10]　残りの1山は，御語山である可能性があるが，根拠となる碑文が摩滅して釈読困難であり比定できない。
[11]　吉川忠夫「五岳と祭祀」（『ゼロ・ビットの世界（現代哲学の冒険15）』岩波書店，1991）。
[12]　拙稿「漢代元氏県の山岳祭祀」（『関西大学文学論集』48-2，1998）。
[13]　杜香文『元氏封龍山漢碑群体研究』（文物出版社，2002）。

① 「祀三公山碑」　　元初 4（117）年　　　元氏県封龍山漢碑堂に現存
② 「三公山神碑」　　本初元（146）年　　　所在不明
③ 「封龍山頌」　　　延熹 7（164）年　　　文革中に破壊されたか
④ 「三公之碑」　　　光和 4（181）年 4 月　1958 年に破壊
⑤ 「無極山碑」　　　光和 4（181）年 10 月　宋代以降所在不明
⑥ 「白石神君碑」　　光和 6（183）年　　　元氏県封龍山漢碑堂に現存

以下，各碑の内容を簡単に紹介する。

① 「祀三公山碑」

　常山相として着任した馮君が，廃れていた三公山の祭祀のために，祠堂や祭壇・門闕を建設し，犠牲を薦め醴酒を納めたところ，神がこれに応えて甘雨をもたらしたことをしるす。碑文の末尾には，常山国と元氏県の官吏の名が列挙され，三公山の徳を称えると同時に，長官たる馮君の治績を顕彰する目的で立てられたものである。碑文 5～6 行目に「卜擇吉土治東，就衡山起堂立壇」とあり，碑は元氏県の東側に祭祀施設とともに立てられたのであろう。

② 「三公山神碑」

　全体が本初元年 2 月癸酉（17 日）に下された詔書を記した文書碑である。元氏県の男子劉仲自（おそらくシャーマンなのであろう）が元氏三公神の主簿の命を受けて中央の祭祀長官たる太常に上言したことが記される。三公山やその祭祀施設，それに対する求雨と応報など過去や直近の状況を述べてある。碑陰の「珪璧犠牲を薦め，四時の祠……万六千は，王家の経銭を以って直を給し，□□□を増設し，珪璧を給し」という部分が，中央に対する具体的要求内容である。この要求を太常では妥当なものと考え，許可されるように尚書令を通じて上奏し，2 月癸酉に制可されて，この詔書が尚書令→太常→常山国と下達されたのである。この碑からは，三公山への祭祀に「法食（国家的公認）」が与えられたことが分かるとともに，三公山神の「主簿」という在地の祭祀集団内の人物，その意を承けた劉仲自という一男子が関与していたことが見て取れる。

③ 「封龍山頌」

　この碑は，三公山・霊山と「徳を協じくし勲を斉しくする」封龍山に対して，延熹 7 年の正月にいたって常山国相と長史が「珪璧・七牲法食」を求めたとこ

ろ，戊寅の詔書で許可されたことを記している。さらにこの詔書をうけて「大吏」と「義民」が祀堂などを修築し，碑を立て，封龍山を祀ったことが述べられる。この碑によって，封龍山も三公山と同様に，この時点で王朝から「法食」を得たことが知られる。

④「三公之碑」

　この碑文は大きく3段に分かれ，第一段は三公山の徳を称える部分である。第二段は元氏県の左尉である樊瑋が主語となり，三公山の恩に感謝する頌が記される。第三段にはこの時の常山の国相である馮巡を称える文辞で，末尾に常山国長史と元氏県の令・丞の名が挙げられる。この碑文で注目されるのは額の部分で，そこには「三公之碑」と篆書で大書された左右に，隷書でそれぞれ「封龍君」「霊山君」と記されている。三公山・封龍山・霊山の3山の神格が同格の扱いを受けているのであり，③「封龍山頌」で，封龍山が「法食」を得たこと，および三公山・霊山と「徳を協じくし勳を斉しくする」と記されることから考えて，この3山がこの時点までにともに「法食」を得て，国家公認の祭祀対象となっていたことがわかる。

⑤「無極山碑」

　この碑は『隷釈』巻3にのみ著録され，拓本も伝わらない。前半は文書碑で，光和4年8月丁丑（18日）に下された詔書を記している。この年は④「三公之碑」と同年であり，一年のうちに2通の碑が立てられたことになる。またこの詔書によって，元氏県の民らの上言によって無極山も他の3山と同じく「法食」を得たことがわかり，新たに神廟が建てられ，祀宮が拡張されたことを記し，銘の後に，常山国相・長史，元氏県令・丞・尉，およびその属吏の名が記される。

⑥「白石神君碑」

　⑤「無極山碑」からわずか2年後の立碑で，碑陽末尾に列挙された常山国・元氏県の吏員名も一致するものが多い。碑陽では，まず白石山の徳が称えられ，三公山・封龍山・霊山・無極山がすでに法食を得たことを記し，次にこれらの山岳と徳を同じくする白石山にも同じ扱いが求められ，常山国と元氏県が中央の尚書に事情を説明したところ，無極山に倣ってすぐさま許可されたことが述

4 漢代元氏県の事例

べられる。それを承けて，白石山の神廟が拡張され，祀堂も建てられ，県からの費用支出によって犠牲を供え，珪璧を奉じ，酒食を供えての祭祀が行われたことを記し，銘の後に吏員の名が列挙される。この碑によって，白石山もまた法食を得たことが知られる。この碑は碑陰も興味深く，そこには，「務城神君」など人格化された神々の名と，そこからの醵金が上部に列挙され，下部には主簿・酒などの肩書をもつ人々の名が記される。これらは各々の神格に奉仕する祭祀集団の中での役目と考えられる。

　如上の6碑のうち①を除く5碑が「法食」に言及する。碑文から各山岳祭祀が法食を得た過程を整理しておくと次のようになる。

　　本初元（146）年2月癸酉　　三公山に法食
　　延熹7（164）年正月戊寅　　封龍山に法食
　　　　　？　　　　　　　　　霊山に法食
　　光和4（181）年8月丁丑　　無極山に法食
　　光和6（183）年　　　　　　白石山に法食

「法食」の具体的内容や制度的位置づけは判然としないため，まずは「国家的公認」と解釈しておくが，中央から祭祀に用いる珪璧が給され，祭祀の費用を常山王国から支出することが認められたことは確認できる。

　これらの碑文からうかがえるのは，（1）山岳祭祀とその法食獲得に常山王国・元氏県という「官」がふかく関わっていること，（2）元氏県の民や山岳の祭祀集団の働きかけが見て取れること，（3）山岳ごとに神廟・祀堂などの施設が整備されていること，などである[14]。同時に，時期の前後はあってもすべての神格が「法食」という等しなみの扱いを求めており，一つの山岳祭祀が突出することを回避しようとしていることも看取される。

　元氏県6碑のうち最も早い①「祀三公山碑」では，三公山が遠く離れているために，元氏県廷の東に祠堂や祭壇・門闕を建設したことが記されている。その後も三公山に対する祭祀はここで行われたのであろう。②④の碑もそこに立っていたのだろう。しかし，「法食」を得るたびに整備されていった他山の祭

---

[14] これらの問題については，注12前掲の拙稿ですでに論じたので，ここでは立ち入らない。

祀施設は，当該の山岳の近辺に設けられたと考えられる。そうすると，三公山以外の③⑤⑥の諸碑は，それぞれの祠廟に立てられたとするのが自然である。つまり，元氏県には山岳ごとに祠廟があり，同時にそこに石刻が立っていたという状況が見えてくる。

さらに推測すれば，それぞれの山岳祭祀が等しなみの扱いを求めるという基調に立って，「法食」という王朝公認の権威と正統性をそれぞれの山岳祭祀が記録し宣示しようとしたとき，すでに一つでも石刻の形でそれが為されていれば，宣示の手段として石刻が選択されることは必然であったろう。元氏県において比較的短期間に石刻が競い合うようにして生まれていったのは，こうした事情によるものではないだろうか。そう考えると，国家的祭祀と地方的祭祀のレベルの違いはあるが，中岳嵩山の石刻がすべて闕に刻されているのも，一つの宣示のスタイルが示された場合，その後の宣示はそのスタイルを踏襲するという意識が反映するものであったと了解できるのである。

小　結

本稿は，石に刻むという行為の意味を考えるために，清水茂氏の言葉に導かれて，漢代石刻の一部を取り上げて検討してきた。いや，彷徨ったといった方が正しいかも知れない。結論というべきほどのものに到達できてはいないのだが，あえて言えば，石刻は「変わらない言葉を永くその場に遺すための手段である」という常識的なところに帰着するだろう。

ただ，言葉を永く遺すことが可能であると信じていたからこそ，漢人は石に文字を刻み続けたのであろう。その信念あるいは希求は，千年を超える文字文化とそれが浸透した世界であったからこそ生まれてきたものである。その伝統の厚みの上に，漢代石刻の隆盛が現出する。「金石に刊む」にしても，より日常的な石が媒体となったことは，文字文化の浸透を前提にしてはじめて理解できることであろう。立てられた場所と不可避的に結びつけられた石刻は，「公開性」の範囲においては空間的な制約がある。にもかかわらず，石刻文化が絶えることなく継承されたのは，石による宣示が時間的な制約を超克するもので

あったからに他ならない。そこでは，現実に碑文を読める人間が眼前にどれくらい存在するのかは，重要な問題ではなかったのではなかろうか。

6世紀河北農村の慈善活動と石柱建立
―― 北斉標異郷義慈恵石柱再考 ――

佐 川 英 治

は じ め に

　中国には古くから石刻の文化があるが，5世紀後半に北魏の都平城近くの雲崗で開鑿された雲崗石窟は中国ではかつてない規模の壮麗な仏教彫刻であった。さらに494年に北魏が洛陽に遷都すると，洛陽でも龍門石窟の開鑿が始まった。これら二つの国家事業の影響を深く受けながら，北中国の社会では石や金銅による仏像の製作が広く流行するようになる[1]。これらの仏像にはしばしば仏に対する祈願文や寄進者の名前が刻まれた。こうした文字を刻んだ仏教彫刻を造像銘または造像碑と呼ぶ。その数は多く，いまだ記録してテキスト化されていないものも多い。倉本尚徳が自ら中国を踏査しながら精力的に集めた調査の結果によると，北朝（北魏，東魏，西魏，北斉，北周）時代の紀年を有するもので2,294件，隋も合わせると2,967件におよぶ[2]。

　これら造像銘の製作の主体となったのは，多くの場合，当時華北の村落に簇生し始めた「邑義」「義邑」「郷義」などと名のる多様な仏教信仰団体である。「邑」や「郷」は村，「義」は血縁や地縁を超えた結びつきを表す。彼らが競って仏像を製作したのは，信仰を紐帯とした団体の結束を生み出すか，もしくは強めるためであった。北中国の人々が競って仏像を建立していたころ，南朝の梁では慧皎（497-554）が現存する最古の僧侶の伝記集である『高僧伝』を著した。そのなかの「興福」という篇には，多くの困難を乗りこえてある場合には壮麗な，ある場合には数多くの仏像を建立した僧侶の伝記がある。当時の仏教信仰では仏像を造ること自体が重要な功徳とされていた。同じく『高僧伝』の唱導篇には，信者の集会において，人々が仏像を巡回しながらしだいに興奮を

---
1) 佐藤智水『北魏仏教史論考』（岡山大学文学部，1998）。
2) 倉本尚徳『北朝仏教造像銘研究』（法蔵館，2016）21頁。

はじめに

高めて宗教的なエクスタシーを得る様子が描かれている。

　以上のように，この時代の造像銘は，仏像を主体とし，そこに付随するかたちで祈願文や発願者の名前が刻まれたものであった。しかし，一部には仏教信仰と深いかかわりをもちながらも，造像銘とは全く異なるスタイルをもった碑が造られた。北京から南に約 100 キロ，河北省定興県の丘の上に立つ一体の石柱は，他に類例をみない独特のスタイルを備えた碑である（図1）。石柱の高さは 6 メートルを超え，良質の石が用いられており，彫刻は巧みである。北面は北風の影響により摩耗が激しいが，南面の文字は昨日彫ったばかりのように鮮やかである（図2）。柱身に刻まれた碑文の内容から，この石柱が造られたのは西暦 570 年の頃のことであることがわかる。当時この地域を含む北中国の東半分の地域を支配していたのは「大斉」といい一般には「北斉」と呼ばれる

図1（左）　標異郷義慈恵石柱　2002 年 12 月撮影。現在はコンクリート製の碑亭で覆われ保護されているが，行けば自由に見ることができる。
図2（右）　石柱刻文　石柱下部右面甲の刻字の一部。天保 3 年は西暦 552 年。「景烈皇帝」は文宣帝高洋を指す。高洋がこの謚で呼ばれたのは，565 年 12 月から 570 年 10 月までの間に限られ，石柱建立の時期を推測する手がかりになる。

王朝であった。

本稿ではこの中国でも特異な造形をもった石刻をとりあげ、6世紀の河北で展開された無名の人々による一郷義の活動を紹介するとともに、そうした郷義の活動がなぜ石柱に刻まれることになったのかを考えてみたい。

なお、本石柱のテキストには主に筆者がかつて校訂をおこなった「北斉標異慈恵石柱頌全文」（本稿末に付録）を用い[3]、顔娟英主編『北朝仏教石刻拓片百品』[4]と毛遠明『漢魏六朝碑刻校注』[5]の釈文を適宜参照する。

1　北斉標異郷義慈恵石柱

この碑は台座に覆蓮弁の碑座を置き、柱頭に仏龕を備えた石屋を頂いている。柱身は石柱の形をしており、正面に題額を備えている。そこには遠目にもわかるひときわ大きな文字で、「標異郷義慈恵石柱頌」と刻まれている（図3）。標異とは表彰する意味であり、郷義は在地の活動団体であること、慈恵は慈善事業を示す言葉である。すなわち「標異郷義慈恵石柱頌」とはこの石柱が当地の活動団体による慈善行為を表彰するものであることを表したものである。そしてその下にこの郷義の発起人であり、すでにこの時故人となっていたであろう王興国、恐らくは当時の郷義のリーダーであった路和仁の名前が刻まれている。加えて、これらの文字の向かって右側にはやや控えめな文字で、実際に表彰に赴いた范陽郡や范陽県の役人の官職と名前、下部には郷義の発足時の参加者10人と発足時の資金提供者4人が刻まれており、向かって左側には大寧2（562）年4月17日に朝廷から表彰の通達が届いたことが刻まれている。

柱身は上下二つの石からなっており、上部には主にこの郷義に様々なかたちで関与した人々の題名が刻まれている。その数は200名を超えている。もっともこの数自体は当時の造像銘にみられる在地の信仰団体の員数として特別に多い数ではない。注目すべきのことの一つは、右面に「明使君大行臺尚書令斛律

---

[3]　佐藤智水編『4-6世紀における華北石刻史料の調査・研究』（科学研究費補助金（基盤研究（B））研究成果報告、2005）144-153頁。
[4]　顔娟英主編『北朝仏教石刻拓片百品』（中央研究院歴史語言研究所、2008）184-199頁。
[5]　毛遠明編『漢魏六朝碑刻校注』（第9冊、2008）96-109頁。

1　北斉標異郷義慈恵石柱

図3
石柱題額石柱上部正面上段の題額部分。

荊山王」と刻まれていることである。これは武平元 (570) 年に荊山郡王に封じられた斛律羨を意味している。斛律羨は当時北方の突厥に対する防衛を担っていたトルコ系部族である高車部族出身の将軍であった。郷義の成員のなかにも高車部族の出身者であることを示す鮮于という姓をもった人物が少なくとも15人は含まれている。また題額の下には郷義に土地を寄進した「施主」厳氏一族の名前と彼らがいつ，どのような用途の土地を施入したかという事実が詳しく記されている。

石柱の下部には郷義の発足からこの石柱を建てるに至るまでの詳細な歴史が柱身を埋め尽くしてびっしりと刻まれており，最後にこれらの業績を頌える4字句の韻文が刻まれている。柱身は8面からなり，広い4面にはそれぞれ縦書きで10行，四隅の狭い4面には5行～4行で，一行は満行59字である。文字数にしておよそ3,400字が刻まれている。この時代の一邑義の歴史を記したも

のとしてはこれに勝るものはないであろう。以下ではこの部分の碑文を頌文と呼ぶことにする。

石柱に関する最も古い記載は『太平寰宇記』巻67易州・易県条にある。

> 石柱，県の東南三十里に在り，易水に臨む。『州郡志』に云ふ「易州の義石柱，後魏の末，杜・葛の乱あり，殺人の骸骨，狼藉して乱麻の如し。斉神武，兵を起こし，凶醜を掃除するに至り，骸骨を拾遺し，此に葬り，石柱を立て，以て之れを誌す」と。

ここにいう『州郡志』が何であるかは定かでないが，その言うところは石柱の下部に刻まれた頌文の内容を要約したものである。

このように石柱の存在は古くから知られていたが，石柱の文は清末以前には金石書にも著録されることがなかった。光緒16（1890）年『定興県志』金石志に初めて頌文が収録されるが[6]，それに付された沈曾植の跋文ならびに葉昌熾の『語石』巻2によれば，石柱に神の加護があると信じる村人の抵抗もあり，拓本が取られて流布するようになったのはようやく光緒年間（1875-1908）に入ってからのことであった。

本石柱の碑文の内容については，すでに沈曾植が跋文において『北斉書』『北史』など諸史の内容と照らし合わせて考証をおこなっており，石柱に記された多くの事件や人物が歴史書の記載と合致することを明らかにしている。また劉敦楨は主に建築史の側面から石柱を分析してその意義を考察し，石柱を図面に起こすなどしている[7]。あるいは石柱上部に刻まれた厳氏一族の土地の寄進の記事に注目して均田制を考察したものに唐長孺の研究があり[8]，これに続くものとして筆者や張金龍の研究がある[9]。仏教の福田思想とのかかわりで本

---

6) 『中国方志叢書・華北地方・第200号・河北省定興県志』（成文出版社，1969）894-907頁。

7) 劉敦楨「定興県北斉石柱」（『劉敦楨文集（二）』中国建築工業出版社，1984）。この他，曽布川寛，岡田健責任編集『世界美術大全集 東洋編 第3巻 三国・南北朝』（小学館，2000）354頁，446頁や Steinhardt, Nancy Shatzman. *Chinese Architecture in an Age of Turmoil, 200-600*. University of Hawaii Press, 2014, pp. 237-238. にも建築史学的な意義が論じられている。

8) 唐長孺「北斉『標異郷義慈恵石柱頌』所見的課田与荘田」（『唐長孺文集 山居存稿』中華書局，2011）。

石柱に現れた郷義の活動を分析した劉淑芬の研究は，現時点でも本石柱に関する最も重要な研究といってよい[10]。近年では書道の面からも注目されている[11]。

　以上のごとく，本石柱に関してはすでに多方面からの分析がおこなわれているが，本稿で改めて考えてみたいのはこの石柱がなぜ立てられたのかである。劉淑芬は本石柱に見られる郷義の活動の背景に仏教の福田思想があることを指摘しており，実際本石柱の頌文は仏教思想に彩られて書かれている。しかし，この石柱は他の造像碑に見られない特異な形をしている。石柱の下には覆蓮弁の台座があり，上には仏龕を備えた石屋が載ってはいるが，劉敦楨が指摘するように全体のバランスは悪く，特に柱身と石屋の関係には一体性が欠けている[12]。純粋に仏教思想の実践として郷義の活動を顕彰したものとは見えないのである。

　本石柱は河清2（563）年に范陽太守の郭智が立てた木柱を前身としている。その後，郷義の200人は河清3（564）年に免役の特権を受けた。このため劉淑芬は石柱建立の主な目的は郷義の成員の義行を顕彰することにあるとしつつも，郷義の200人が免役の特権を受けたことの証明もまた石柱建立の目的であったとしている[13]。確かに郷義の200人が免役の特権を受けたことは特筆すべき事件として詳しく書かれている。頌文の中で免役を受けた人物として具体的に名前を挙げられているのは32人だけであるが，石柱の上部右面には郷義の人155人の名前が刻まれており，これを合わせると187人となり，200人に近くなる。これらの人々は免役の特権を受けた人々であったのかも知れない。石柱の建立が免役特権の獲得を重要な契機としていることはまちがいないであ

9）　拙稿「北斉標異郷義慈恵石柱所見的郷義与国家的関係」（牟発松主編『社会与国家関係視野下的漢唐歴史変遷』華東師範大学出版社，2006）。張金龍「北魏均田制実施考論」（『首都師範大学学報（社会科学版）』2017年1期）。
10）　劉淑芬「北斉標異郷義慈恵石柱――中古仏教社会救済的個案研究」（『新史学』5巻4期，1994）。また同「慈悲喜舎――中古時期仏教徒的社会福利事業」（『中古的佛教与社会』上海古籍出版社，2008）でも本石柱に言及している。
11）　張虎編著『北斉義慈恵石柱』（中国書店，2014）。
12）　劉敦楨注7前掲論文，58頁。
13）　劉淑芬注10前掲書，45-46頁。

ろう。

　ただし，石柱への立て替えを命じたのは斛律羨であり，それは天統 3（567）年のことであった。頌文には，

> 木柱の朽ち易く，芳徽の固まらざるを慮り，天統三年十月八日，教を郡県に下し，石を以て焉に代へしむ。

とあり，この石柱の建立には郷義の記憶を永遠に伝えようとする斛律羨の意図が働いていた。郷義が国家の手厚い庇護を受けてさらに発展しようとするとき，斛律羨は一体何を慮って石柱の建立を命じたのであろうか。彼が石柱によって伝えたかった記憶とはいかなるものであったのだろうか。以下ではこの点に留意しながら，石柱が伝える郷義の歴史を見ていこう。

2　石柱に刻まれた郷義の歴史

　頌文によれば，活動のきっかけをつくったのは王興国ら 7 人の義士であった。当時北中国を支配していたのは北魏であったが，523 年に北魏が陰山の北の草原地帯に建設していた諸都市いわゆる「六鎮」に配備されていた兵士たちが反乱を起こし，この地域一帯は北魏軍と反乱軍との間の激戦地となった。反乱の余波はやがて全国に普及し，北魏は 534 年に東魏と西魏に分裂する（表 1）。王興国らの村は，中国内地と北方の辺境を結ぶ幹線道路の近くに位置していた。ゆえにこの混乱のなかで，村の近くで行き倒れとなる人々も多かった。そこで王興国らは自発的に戦場の遺体を埋葬し，僧侶を招いて供養する活動を始める。彼らはこれを「義葬」と呼んだ。さらに家族とともに私財を持ち寄りながら墓地の近くに「義堂」を建て当地を行きかう餓えた人々に食事を振る舞う活動を始めた。彼らはこれを「義食」と呼んだ。

　武定 2（544）年には義堂に曇遵が招かれた。曇遵は東魏北斉仏教界最高の「国統」の地位に就いた慧光の弟子で，自らものちに「国都」「国統」の地位に就く高僧である。慧光と曇遵はそれぞれ『続高僧伝』の明律篇上と義解篇 4 に

2 石柱に刻まれた郷義の歴史

表1 石柱関連記事年表 （東魏北斉の主な出来事は『北斉書』の各本紀により，一部，『北斉書』巻17斛律羨伝と同墓誌によった。）

	石柱に記された主な出来事	東魏北斉の主な出来事
天平1(534)年	この頃，王興国らが義堂を建て，義食の活動を始める。	10月，高歓が孝静帝を擁立して東魏を建国。
興和3(541)年		5月，高歓が北境を巡り，柔然と和を結ぶ。
武定2(544)年	曇遵が郷義に来て，盧文翼が摩訶檀越となり，馮昆・路和仁らが清館を建てる。	
武定3(545)年		10月，幽，安，定3州の北の要害に城戍を築き，高歓が自ら巡検す。
武定4(546)年	神武皇帝（高歓）が北巡し，勅により官道が付け替えられ，旧堂が寂れる。厳僧安らの一族が土地を施入し，新たに官道沿いに義堂を建てる。	
武定5(547)年		1月，高歓が死に，高澄が継ぐ。
武定6(548)年		6月，高澄が北辺の城戍を巡る。
武定7(549)年		4月，高澄が死に，弟の高洋が継ぐ。
天保1(550)年	この頃，曇遵が郷義を離れる。	5月，高洋が即位し（文宣帝），北斉を建国。
天保3(552)年	景烈皇帝（高洋）が離宮に向かう際の御座所となる。この頃，路和仁が義堂を拡張し，大伽藍のごとき様相を備えるようになる。	2月，柔然可汗の阿那瓌が突厥に破れ自殺す。
天保4(553)年		9月，文宣帝は冀，定，幽，安の4州を巡り，契丹と戦う。
天保5(554)年		12月，長城を築く。
天保6(555)年	この頃，北境での戦争や長城建設のために行き交う人々が増え，病人に薬を与えたり，死者を埋葬したりする活動をおこなう。	この年，のべ180万人を動員し，幽州の北の夏口から恒州まで900余里の長城を築く。
天保7(556)年		この年，3000余里に及ぶ長城を築く。
天保8(557)年	馮昆が死に，義堂の近くに葬られる。	この年，長城の内に400余里の重城を築く。
天保10(559)年	幽州刺史の独孤某が，王興国，路和仁ら79人の義行を奏上する。	10月，高殷（廃帝）が即位。11月，斛律金を左丞相とする。
皇建1(560)年		8月，高演（孝昭帝）が即位。11月，孝昭帝が自ら長城を出て庫莫奚を討つ。
大寧1(579)年		11月，高湛（武成帝）が即位。
大寧2(562)年	4月，尚書省より范陽郡に王興国らを表彰する符が下る。	4月，「河清」に改元する。
河清2(563)年	范陽郡守の郭智が郡功曹の盧宣寿らを使わし，仮の木柱を立てさせる。	

113

河清3(564)年	新令により県ごとに邑義200人の力役免除が定められる。郷義の張市寧ら200人が奏上され、みな認められる。	3月、律令を頒布する(河清律令)。9月、突厥が幽州を侵す。閏9月、再び突厥が幽州を侵す。この年、斛律羨を都督幽・安・平・南・北営・東燕六州諸軍事、幽州刺史とし、斛律羨は突厥軍10万の侵入を防ぐ(斛律羨伝)。11月、斛律光を太尉とする。
天統1(565)年		4月、孝昭帝が皇太子の高緯(後主)に譲位し、斛律氏を皇后とする。斛律光を大将軍とする。12月、文宣帝の諡を「景烈皇帝」に改める。
天統3(567)年	幽州刺史の斛律羨が范陽郡と范陽県に教を下し、木柱を石柱に代えさせるよう命ずる。	閏6月、斛律金が死ぬ。8月、斛律光を太保とする。
天統4(568)年		斛律羨を幽州道行台尚書令とする(斛律羨伝、墓誌)。
武平1(570)年	この年の秋、石柱が立てられる。	2月、斛律光を右丞相とする。秋、斛律羨を荊山郡王とする(斛律羨伝)。10月、文宣帝の諡を「文宣皇帝」に戻す。
武平2(571)年		11月、斛律光を左丞相とする。
武平3(572)年		7月、斛律光と斛律羨を誅殺する。8月、皇后斛律氏を廃して庶人とする。
武平6(575)年		8月、北周が洛陽を攻める。
武平7(576)年		10月、北周が晋陽を攻める。12月、晋陽が陥落する。
承光1(576)年		1月、後主が高恒(幼主)に譲位する。北斉が滅ぶ。

伝が立てられている。慧光は定州盧奴県の人で[14]、曇遵もまた河北の人であった[15]。

　曇遵を招いたのは盧文翼である。盧文翼は盧玄の孫の尚之の子である[16]。盧氏は盧尚之の兄の淵と昶がそれぞれ北魏の孝文帝と宣武帝の時代に活躍したことで一族から多くの高位高官を排出する名族となった。盧文翼に続いて子の士朗、さらに孫の釈寿と三代にわたって義堂の檀越となり支援を続ける。

　もっとも、『魏書』巻47盧玄伝の史臣曰で魏収が盧氏に与えた評価はひどく低く、「其の文武の功烈、殆ど紀すに足る無し」とされている。わずかに盧淵

---

14) 『続高僧伝』巻22・明律篇上・斉鄴下大覚寺釈慧光伝には「釋慧光，姓楊氏，定州盧人也」とあるが、中華書局標点本2014年版825頁の校勘記にしたがい盧奴とする。
15) 『続高僧伝』巻8・義解篇4・斉鄴中釈曇遵伝に「釋曇遵，姓程氏，河北人」とある。
16) 『魏書』巻47盧玄伝および『新唐書』巻73上宰相世系表3上。

と盧昶については「淵の兄弟亦二方の風流有り」と評価するものの，その他の盧氏については「雅道の家声，諸子逮ばず」とにべもない。実際のところ盧文翼については「永安中（528-530），都督と為り，范陽の三城を守り，賊帥韓婁を拒むに功有り，爵范陽子を賜る。永熙中（532-534），右将軍，太中大夫に除さる。桑井に栖遅して卒す。年六十」とあり，北魏時代には活躍したものの，東魏時代においては郷里に隠退し何の官職にも就いていない。これは一族で宣武帝，孝明帝の時代に活躍した盧同の家族のなかに，永熙3（534）年に宇文泰の下に走り西魏の国制の制定に大きく貢献した盧辨や天平4（537）年に河間の人邢摩納とともに反乱を起こした盧仲礼，武定元（543）年に高仲密とともに文武二千余人を率いて西魏に投降した盧誕など[17]，しばしば東魏に反旗を翻す人物が現れたことが関係しているかもしれない。

　曇遵はこの地に5，6年滞在したが，勅命によって鄴に呼び戻される。その間に馮昆や路和仁ら道俗の弟子五十余人が「清館」を建てていた。ところが，2年後の武定4（546）年には王朝による幹線道路の付け替えがおこなわれ，義堂は道路から遠く離れてしまった。このために旧堂は寂れたとある。本来なら王興国らの活動はここで終わっていたかもしれない。しかし，この時，新たに沿道に義堂を造るための土地を寄付したのが厳僧安を初めとする厳氏の一族であった。路和仁はここで積極的に義堂を拡張し，天保3（552）年には皇帝の北巡の際の御座所となった。なお，550年には東魏から北斉へと王朝が変わったが，この郷義には何も影響をもたらしていない。

　天保6（555）年，北斉の文宣帝は柔然の侵攻を防ぐために大規模な長城の建設を始める。『北斉書』巻4文宣帝紀によれば，この年動員された人は180万人にも上った。このために道路には長城の建設のための労役に徴発された多くの人々が行きかうようになった。そこで義堂は人々に薬を提供したり，行き倒れた人々の遺骸を埋葬したりするなどの活動をおこなった。

　こうした活動によって天保10（559）年には幽州刺史の独孤某によって義堂の活動が美挙として朝廷に報告された。このとき奏聞されたのは，□□（元

17）『北史』巻30盧同伝。

義?）首王興国，義主路和仁，義夫田鸞磔ら79人であり，

　　具に状して奏聞し，時に優旨を蒙り，式に依りて標□す。

とある。題額に「大斉大寧二年四月十七日省符下標」とあることから，尚書省から符が下されたのはやや遅れて大寧2（562）年のことであったことがわかる。銘文に「苻もて標柱を賜る」とあることからすれば，この符とは尚書省が范陽郡に対して標柱の建立を命じたものであったのだろう[18]。

標柱はすぐには立てられず，翌年の河清2（563）年に范陽太守の郭智が郡功曹の盧宣儒らを遣わして木柱を建てさせた。頌文に，

　　□□（大寧）二年，尋いで符の下る有るも，時の草創なるに於いて，未だ旌建に及ばず。河清二年，故の范陽太守郭府君智，此の至誠，天旨を感降せしむるを見，早挙を喜び，明発も忘れず，遂に海懿（？）の郷重の郡功曹盧宣儒，□□典従を遣わし，来たりて義堂に至り，権に木柱を立て，以て遠聞を広めしむも，爾自り今に於いて，未だ曽て頌を刊せず。

とある。図3の題額の向かって右側に「標義門使范陽郡功曹盧宣儒，典西曹掾解宝憐，范陽県使丞李承叔，典西曹掾龍仲裕」とあり，これらの者が標を立てるために郷義に遣わされたものである。

さらに郷義にとっては慶事が続く。続いて頌文には次のようにある。

　　新令は普く班し，旧文は改添され，諸もろの邑義を為すもの，例もて県ごとに二百余人，一身の免役を聴し，以て厥の美を彰らかにせしむ。仍復た年ごとに常に考列し，其の進退を定めしむ。

この令にもとづき范陽県からも義士の免役が申請され，みな申請どおりに認

18）尚書省から州郡へ下される文書を「符」といった。中村圭爾「晋南北朝における符」（『人文研究（大阪市立大学文学部紀要）』第49巻第6分冊，1997）。

2 石柱に刻まれた郷義の歴史

められた。

> 便ち令公の拠状判申を蒙り，台は依りて□（州？）に下し，具に明案の如くす。是に於いて信心の邑義の維那張市寧，牛阿邕（他，30名列挙）……合二百人等，皆貢表の如くす。

　河清3（564）年3月，北斉では新しい律令が発布された。いわゆる河清律令である[19]。上記にいう「新令」とはこの河清令をいうにちがいない。この新令では，県ごとに申告があった邑義200人の労役を免ずることが定められた。北斉の河清令は今日まとまった形では伝わっておらず，のちの文献のなかに散見されるだけである。邑義200人の免役を定めたこの令も本碑文以外にはいかなる史料にも残っておらず，本碑は貴重な事実を伝えている。因みに，当地は幽州—范陽郡—范陽県に属した。幽州は范陽郡を含む3郡からなり，『魏書』巻106上地形志によれば，幽州の人口は140,536人，范陽郡は范陽県を含む7県からなり人口は88,707人である。県の統計はないが，平均すれば一県あたり12,672人となる。このうち成人男子は4，5千人と想像されるから，そのうちの200人というのは決して少ない数ではない。

　義堂がいつから斛律羨の賛助を受けるようになったのかは頌文には明確ではない。『北斉書』巻17斛律金伝附羨伝によれば，斛律羨は河清3（564）年に使持節，都督幽・安・平・南・北営・東燕六州諸軍事，幽州刺史となっており，劉淑芬はこれ以来郷義との関係をもつようになったと推測している[20]。この推測は正しいであろう。近年紹介された北周建徳6（577）年の「斛律豊洛」墓誌は，まさに斛律羨（豊洛は字）の墓誌であり，すでに張慶捷による考証もなされている[21]。この墓誌は北周が北斉を滅ぼした建徳6（577）年の6月に北周の朝廷が斛律羨に大将軍，兗・予・信・海四州刺史，浮陽郡開国公を追贈

---

19) 程樹徳『九朝律考』（中華書局，1963）。内田吟風「北斉律令考」（『北アジア史研究　鮮卑柔然突厥篇』同朋舎出版，1975）。
20) 劉淑芬注10前掲論文，30頁。
21) 大同北朝芸術研究院編著『北朝芸術研究院蔵品図録　墓誌』（文物出版社，2016）188-191頁，張慶捷「斛律羨墓誌考」（同書）226-237頁。

したのを受けて作られたものである。斛律羨の伝は『北斉書』巻17と『北史』巻54にある。斛律羨の官歴については『北斉書』のほうがやや詳しく、高澄に抜擢されて開府参軍事となり、征虜将軍、中散大夫に遷り、さらに安西将軍を加えられ、大夏県子に封ぜられ、通州刺史になったとある。そして北斉の建国の際に、征西将軍に進み、顕親県伯に封ぜられ、河清3（564）年に使持節、都督幽・安・平・南北営・東燕六州諸軍事、幽州刺史となったとしている。一方、墓誌には正史と異なり高歓の中外府参軍事に起家したとあり、また「幽・安・平・南北営・燕六州牧、幽州諸軍事、幽州刺史」とあるなど細かな違いもあるが、大きな違いとしては、墓誌には通州刺史となったことは書かれておらず、かえって幽州刺史となる以前に、華州刺史、領左右大将軍、并省度支尚書、斉州刺史、都官尚書、中領軍、晋州刺史、行台尚書、領軍大将軍などの内外の官を歴任したことが書かれていることがある。目下のところ、東魏北斉時代の通州の所在を知り得ていないが、いずれにしても長期には在任していなかったはずで、斛律羨が郷義と深いかかわりをもつようになったのは、劉氏のいうとおり河清3（564）年に幽州刺史となって以降のことと見てまちがいない。

　斛律羨は開国の功臣である斛律金の子である。斛律金は北魏六鎮の一つ懐朔鎮の出身で、代々部落の酋長をしていた家族に生まれた。自らも匈奴の戦法を身につけていたとされる[22]。はじめ破六韓抜陵の蜂起に参加していわゆる六鎮の乱に身を投じたが、のちに爾朱栄のもとに身を投じた。やがて高歓と結んで爾朱氏の勢力から離脱し、高歓による東魏の建国を助けていく。東魏建国後は西魏との戦争で活躍することになる。天保元（550）年に高歓の子の高洋が即位して北斉が建国した際には咸陽郡王に封じられている。斛律金の子の光の長女は孝昭帝の皇太子に嫁ぎ、次女は武成帝の皇太子に嫁ぎ、後者は皇太子が即位するに及んで皇后となった。しかし、斛律金は一族の繁栄の度が過ぎることに深い危惧を抱いていた。

　斛律金は天統3（567）年6月に亡くなった。斛律金が亡くなると子の斛律光はその年の秋に咸陽郡王となり、斛律羨も天統4（568）年には幽州道行台

---

22) 『北斉書』巻17斛律金伝。

尚書令となり、武平元（570）年には驃騎大将軍の位に進んだ。斛律羨は幽州にあって馬2,000匹，部曲3,000人を擁し，突厥からは南面可汗と呼ばれて畏敬されていたが，斛律羨もまた一門の将来に不安を感じ，自ら解職を願い出たが許されず，かえってその年の秋には荊山郡公から荊山郡王へと進められた[23]。斛律羨が木柱から石柱への建て替えを命じたのは天統3（567）年8月のことであり，斛律金の死が何かのきっかけとなっているかもしれない。

　斛律羨は都の鄴との往来の際にしばしばこの義に立ち寄っており，多くの贈り物をしただけではなく，仏像も収めている。頌文に，

> 駟馬の観に入るや，屢しば此を過ぐ。寺に向かうに帰するが若して，父の他還（？）の如し。百里浪を停めて，義に届りて方に食す。慰めること慈母に同じく，賚は僧俗を殊にす。驂を脱し駕を解き，尊像を敬造す。珍物を抽捨し，共に義浪を造す。

とある。また斛律羨とその子世達と世遷については石柱上部左面にも次のような銘文がある。ただし，この銘文には意味の取りにくいところもあるので原文で示しておく。

　　明使君斛律〇令〇公長息安東將軍使持節
　　岐州諸軍事岐州刺史儀同三司内備身正都
　　督臨邑縣開國子世達，奉〇勑覲省，假滿還都，
　　過義致敬〇王〇像，納供忻喜，因見標柱，刊載
　　大〇父名德，遂降意手書官爵，遣銘行由冀紹
　　徽緒，〇公第九息儀同三司駙馬都慰世遷，貴
　　乗〇天資，孝心淳至，娉娶公主，過義禮拜，因見
　　俳徊並有大〇祖咸陽〇王〇像，令公仌朱郡

---

23) 『北斉書』巻17斛律金伝附羨伝。墓誌には「後轉封為王，行臺錄尚書」とあるが，行台録尚書となったことは『北斉書』『北史』の本伝にもなく，また石柱上部右面の題記には「明使君大行臺尚書令斛律荊山王」とのみある。行台録尚書となったのは石柱の建立からさらに後のことかも知れない。

君二菩薩立侍像側，致敬无量，○公輿銘名爲
　　　俳徊主，方許財力，營搆義福
　　　※○は空格

　これによれば斛律羨の子の世達は皇帝の勅を得て幽州の薊城に父を訪ね，休暇が終わって都の鄴に帰る途中で義堂に立ち寄り，父が奉納した仏像を礼拝し，標柱に父の名徳が刻まれているのを見ている。先に述べたように，斛律羨が郷義とかかわるようになったのは河清3（564）年に幽州刺史となって以降のことと考えられるから，ここでいう標柱は明らかに斛律羨自身が命じて造らせたところの本石柱である。また第九子の世遷も郷義を訪れて礼拝した際に咸陽王斛律金とその妻爾朱郡君の二人が菩薩の姿をとって仏像に脇侍しているのを見ている。ゆえに，この部分の銘文は石柱が立てられた後か，完成の間近に急遽加えられたものに違いないが，刻字に均整がとれており他の銘文の文字と比較しても遜色ないことからすれば，後者の可能性が高いと思う。
　劉淑芬はこの石柱の題記・銘文には僧侶が現れないことをもって，郷義の建築は寺院にならっていたけれども寺院ではなく，ただ義坊の中に仏像が安置されていただけであろうとする[24]。確かに頌文中には路和仁が義坊の建築を壮麗にしたことを述べて，

　　　乃ち門堂を脩造し，牆院を改創す。宝塔は連雲として，共に照を落として以て輝きを争い，甍宇は漢に接して，将に峰を危うくして以て鬱迴たり。義坊と雖も，茄藍に異なる無し。

といっており，伽藍のようであるとは言っていても伽藍とは言っていない。頌文の後ろの韻文の部分にもまた「坊は伽藍に類す」と述べている。しかし，斛律羨のことを述べる下りでは，「寺に向かうは帰するが若し」とか「賓は僧俗を殊にす」などとあって，僧侶を置いた寺があったようである。石柱上部左面

---

24)　劉淑芬注10前掲論文，31頁。

上段の題名にも「都寺主」や「寺主」の職務が見える。おそらくすでにこの時には義坊には僧侶が常駐するようになっていたのであり，斛律羨はもっぱらこの義坊を寺院として崇敬していたのであろう。

　天統3（567）年，斛律羨はそれまでの木柱に代えて石柱を建てるように命じた。頌文はこれに続いて范陽郡太守の劉仙，盧文翼の孫である郡功曹の盧釈寿，范陽県令の劉徹らが私財を投じて石柱の建設を助けたことを述べている。最後に以上の内容を振り返る長文の韻を踏んだ銘文でもって石柱下部の碑文は終わる。

　石柱上部右面に「明使君大行臺尚書令斛律荊山王」の銘文があり，斛律羨が荊山郡王に進んだのは武平元（570）年秋である[25]。また石柱下部の頌文に文宣帝が「景烈皇帝」と呼ばれている。文宣帝がこの諡で呼ばれたのは天統元（565）年12月から武平元（570）年10月までのことである[26]。これらのことから石柱の竣工は武平元（570）年の秋から冬の間のこと考えられる[27]。しかし，武平3（572）年の夏に斛律光は後主から謀反の疑いをかけられ，兄弟一族ともども殺されてしまう。墓誌によれば享年55であった。斛律羨が石柱の建設を命じるのがもう少し遅かったら，石柱が完成することはなかったであろう。

3　郷義の人々

　このように石柱下部の頌文は，この石柱が立てられるまでの経緯を述べ，その建立を頌えたものである。この頌文が木柱になかったことは木柱の建立を述べたなかに「尒自り今に於いて，未だ曾て頌を刊せず」とあることから明らかである。また斛律羨の子の世達は郷義を訪ね，父が奉納した仏像に拝礼し，さらに標柱に父の名徳が刻まれているのを見ている。先に見たように，斛律羨が郷義と関係をもつようになったのは河清3（564）年のことと考えられ，木柱が立てられたその前年のことであるから，木柱に斛律羨の名徳が記されていた

---

25)　『北斉書』巻17斛律金伝附羨伝。
26)　『北斉書』巻8後主紀・天統元年十二月条に「庚午，有司奏改高祖文宣皇帝爲威宗景烈皇帝」とあり，同武平元年冬十月条に「己丑，復改威宗景烈皇帝諡號爲顯祖文宣皇帝」とある。
27)　注6前掲書，沈曾植跋文，893頁。

はずはなく，斛律世達が見た標柱とは石柱のことに違いない。すなわち，石柱の建立には斛律羨の名徳を記す目的もあったのである。

　木柱から石柱に立て替えられた際に，新たに功績が刻まれた人物としてはほかにも馮昆がいた。馮昆は曇遵の在俗の弟子で，瀛州高陽の人，路和仁とともに清館を建てた一人であり，天保8（557）年に亡くなり「義左」に葬られた。しかし，天保10（559）年に幽州刺史の独孤某が郷義を上奏した際の「（元義？）首王興國，義主路和仁，義夫田鸞礴」等79人の中には名がなく，石柱の題額にも名がない。これは馮昆がすでに亡くなっているせいであるとも考えられるが，石柱上部左面上段の題名には「大居士馮昆」としてその名が刻まれている。石柱の題額に刻まれた創設期の参加者である「元造義王興國」や「元郷葬」10名，「元貢義」4名が全て存命であるがゆえに名を刻まれたとは限らないであろう。

　頌文には馮昆，路和仁ら曇遵の道俗の弟子50余人が清館を建てた際のことを述べて「別に清館を立つ」とある。すなわち，当初の清館は郷義の義坊とは別の組織であった。石柱上部左面上段には「老上坐張季邑」と「上坐李雙貴」以下20名，「都寺主田鸞峰」と「寺主呉貴賓」以下15名，「大居士馮昆」と「居士姚神龍」以下9名の名があり，ここに見える56名の人はみなもとの清館系統の組織の人々であろう。馮昆は頌文でも「居士馮叔平，居士路和仁等，道俗弟子五十餘人」「馮居士昆者，字叔平，瀛州高陽人」とあり，一度も「義」の人とはされていない。これは一方で路和仁が「義主」として現れてくるのとは明らかに異なっている。馮昆はあくまで清館の人であって，郷義の人ではなかったのである。

　以上のように，本来在地の郷里の人々で構成された郷義と曇遵とともに外からやってきた清館の人々とは全く別の組織であった。ただし，路和仁はやがて「居士」から「義主」へと肩書きを代える。すなわち，外部の人々が主導権を握るようになるのである。おそらくその時期は官道が付け替えられ，厳氏一族の土地寄進によって新たな場所に義坊が建設された天保元（550）年の頃であろう。路和仁は厳氏から寄進された土地を利用して大々的に義坊を復興し，そのありさまは「義坊と曰ふと雖も，茄藍に異なる無し」と表現されていること

はすでに見た。最初に土地を施入した厳氏は名を「僧安」といい，「篤信弟子」とか「起義檀越」などと称されている。厳侍伯と阿継の兄弟は父母の冥福を祈って土地を寄進している。ここにいたって義坊は清館系統の路和仁の指導の下に入って仏教的色彩を濃くしていったと考えられる。一方，大寧2（562）年に表彰を受けた「義夫田鸞磃」は石柱上部左面上段の「都寺主田鸞峰」と同一人物の可能性が高い。おそらくは郷義から清館系統の組織に入る人も現れたのであろう。

そこで改めて天保10（559）年に幽州刺史の独孤某が朝廷に推薦し，大寧2（562）年に表彰された人々を見ると，「……（元義？）首王興國，義主路和仁，義夫田鸞磃，………」「元造義王興國，義主路和仁」「元郷葬」「元貢義」とあり，みな「郷義」組織の人々であった。馮昆のような純粋の清館系統の人々は表彰の対象とはされなかったのである。では，天保元（550）年頃には郷義はもとの清館系統の路和仁の指導下に入っていたと考えられるのに，馮昆のような清館の人が表彰されなかったのはなぜであろうか。

石柱の頌文は相当に仏教に造形の深い人物によって書かれたと見られ，全体が仏教信仰と関連づけられて書かれている。王興国らの「義葬」「義食」もまたそうであり，「大慈の心を起こし」とか「往人の業報を念じ」などと書かれている。しかし，このような行き倒れた人の屍を埋葬したり，飢えた流民に食事を提供したりすることは，中国では必ずしも仏教の福田思想に由来が限られるわけではない。例えば，『漢書』巻1上・高帝4年条に「漢王，令を下し，軍士の不幸に死する者，吏をして衣衾棺斂を為り，その家に転送せしむ。四方，心を焉(これ)に帰す」とあり，あるいは『三国志』巻2文帝紀延康元年冬10月癸卯条に「令に曰く，諸将の征伐し，士卒死亡の者或ひは未だ収斂せず，吾甚だ之れを哀れむ。その郡国に告げ，櫬櫝を給し殯斂し，送りてその家に致し，官は祭を設くるを為せ，と」とあるように，戦争で亡くなった兵士の屍を官が収容して手厚く葬ることは古くからおこなわれていた。このような事例は魏晋南北朝時代にも枚挙にいとまない[28]。このような場合，実際には官は在地の人々

---

28) 侯旭東「東漢洛陽南郊刑徒墓的性質与法律依拠―従『明鈔本天聖令・獄官令』所附一則唐令説起」（『中央研究院歴史語言研究所集刊』第82本第1分，2011）。

に命じてそれをおこなわせていたであろう。

　また『続漢書』百官志5県郷に「凡そ孝子順孫，貞女義婦，譲財救患，及び学士にして民の法式と為る者は，皆その門を扁表し，以て善行を興す」とあり，私財を投じて罹災者を救うことは，すでに後漢時代から孝子や貞女とならぶ善行の一つとされていた。『魏書』巻110食貨志によれば，北魏が立てた三長制においては，三長に命じて飢民の救済をおこなわせることもあった。

　以上は決して王興国らの「義葬」や「義食」が仏教信仰とは無縁のものであったということが言いたいのではない。当時，少なからぬ邑義が仏教信仰にもとづいて建寺，造像，植樹，掘井，架橋等の活動を始めていたことは事実であろう[29]。ただ「義葬」や「義食」に類する災害時の救済は実際に仏教とは無関係にそれまでにも官が時に強制あるいは奨励していたことであった。題額に「標異郷義慈恵」という場合の「慈恵」も，仏典でよく使われる言葉ではあるが，例えば『左伝』昭公6年の叔向の言葉に「聖哲の上」「明察の官」「忠信の長」と並んで「慈恵の師」を挙げているように中国の古典の言葉でもあり，必ずしも仏教に由来する言葉とは限らないのである。

　ある意味では本来官が強制ないしは奨励してやるべきところを王興国らは自発的にやったのであり，しかも，もともとは六鎮の乱で生じた地域の混乱を収拾するために始まった王興国らの活動は，仏教教団と結びついて事業化し，さらに長城建設という国家の事業とも結びついて，これを下支えするものとなっていった。朝廷が表彰したのは，このような国家の事業を下支えする民衆の活動としての郷義である。彼らを表彰する目的は，彼らに続いて官がやるべきことを肩代わりしてくれる在地の民衆の力量を引き出すことにあった。

　一方，大居士と呼ばれた馮昆は，頌文に，

　　本は法師と同味相親にして，造次も捨てられず，因りて請はれて此に至る。

---

[29] 顔尚文「法華思想与仏教社区共同体——以東魏〈李氏合邑造像碑〉為例」（『中華佛学学報』第10期，1997）。張総「義橋・義井・邑義——造像碑銘中所見到的建義橋，掘義井之仏事善挙」（『世界宗教文化』1997，4期）。荾萍「中古北朝仏教与社会救済」（『中央民族大学学報（哲学社会科学版）』2012，1期）。

とあるように，とくに曇遵の信頼が厚かった人物である。頌文には曇遵が去ったのち，路和仁は「独り義徒を主る」とある。曇遵が郷義を去ったのは天保元(550)年の頃と考えられるから，馮昆の死までにまだ8年ほどもある。おそらくこれ以後は路和仁が郷義を掌り，馮昆が清館を掌る体制ができたのであろう。馮昆が義士として表彰されなかったのは，馮昆が清館に残って郷義の精神的な指導者にとどまり，自ら義徒を率いて官が望むところの事業に奉仕することがなかったからに違いない。

4　木柱から石柱へ

　以上のように，河清2(563)年に范陽太守郭智によって立てられた木柱は，従来の郡県制の枠組みでもって官が民衆に強制したり奨励したりしたことを王興国らが自発的に取り組み，さらに事業化して発展した郷義が長城建設の国家事業を下支えしたことに対する表彰であった。それゆえに表彰したのも幽州刺史の独孤某であれば，木柱を立てさせたのも范陽太守の郭智であった。先に引いた頌文に「此の至誠，天旨を感降せしむるを見」，「権に木柱を立て，以て遠聞を広めしむ」とあったとおり，郭智が木柱の建設を思い立った理由は，郷義の人々の「至誠」が「天旨」すなわち皇帝の歓心を呼んだことにあって，木柱建立の目的も「以て遠聞を広む」すなわちこれを模範として同様の行いを人々に広く勧めることにあった。また「尓り今に於いて，未だ曽て頌を刊せず」とあるとおり，この時の木柱には頌文はなかったのであり，おそらくは木柱に今日の石柱の題額の部分が打ち付けられただけのものであったろう。もっとも，「標異郷義慈恵石柱頌」とあるうちの「石柱頌」は明らかに木柱には存在しなかった文言である。

　古代の中国では表彰することを「標」といった。「標」の本来の意味は板を取り付けた木柱である。また「表」とも書く。建物の上や橋の上に立てられて標識としても用いられた。「標」はのちに高度に装飾化されて「華表」となる[30]（図4）。

　『史記』巻118淮南衡山王伝によれば，漢の時代，謀反を企んだ淮南王の長

は，それに関与した部下の開章なる人物を匿うために，彼の死亡を装おうとした。そこで偽の墓をつくって表を立て「開章死す，此の下に埋む」と記した。これに対して顔師古は「表は，木を豎て之れを為る，柱の若き形なり」としている。あるいは『水経注』巻23 陰溝水によれば，渦水の南に譙定王司馬士会の冢があり，冢の前には碑があり，晋の永嘉3（309）年に立てられたものであった。碑の南200歩ばかりのところには二つの「石柱」があり，高さは1丈余りで，下半分は束竹交文をなし，「石榜」には「晉故使持節，散騎常侍，都督揚州江州諸軍事，安東大將軍，譙定王，河內溫司馬公墓之神道」と記されてあった。この「石榜」とはこれまで本稿で述べてきたところの石柱の題額に相当するものであろう。ここでは碑と石柱がセットになっているように，本来頌文や銘文を記すのは碑であり，石柱は一種の標識であって，ごく簡潔な文言が記されていただけであった。『後漢書』列伝第33 中山簡王焉伝の李賢注にもまた「墓前に道を開き，石柱を建て以て標と為す，之を神道と謂ふ」とあり，いわゆる神道碑もまた標柱であったことがわかる。こうした墓に立てられた表（標）の実物としては南京の梁呉平忠侯蕭景墓石柱や梁安成康王蕭秀墓石柱などで知られる南朝の石柱がある（図5）。

　一方，石柱の題額に「標義門使范陽郡功曹盧宣儒」とあるように，本石柱は義門を表するための石柱であった。孝義や貞節ある人々を表する場合に，その門閭に表することは中国では古くからおこなわれており，この時代にもしばしば見られる。『史記』巻55 留侯世家の索隠が引く北魏の崔浩の言葉に「表は，其の里門を標榜するなり」とあるが，実際には「門閭」を表する場合も多い。この場合の門閭とは，家の門と里の閭門を指す。例えば，『魏書』巻90 逸士伝によれば，終生仕官しなかった在野の儒学者李謐は，四門小学の博士ら学官45人によって「師儒の義」を頌える上書がおこなわれた。これに対して詔によって貞静処士の諡が与えられ，併せてその「門閭」が表され，高節を旌せられることになった。そこで謁者が派遣され，その門を表して「文徳」といい，その里を「孝義」といったとある。この種の標榜の具体的な文言のわかる事例

30）　関野雄「華表考」（『中国考古学論攷』同成社，2005）。

4　木柱から石柱へ

図4（左）　華表　北京の天安門の前に立つ華表。
図5（右）　梁蕭景墓神道石柱　南京市栖霞区甘家巷にある。全高 6.5 m。本来は東西一対であったものの西側の石柱。題額には向かって右から「梁故侍中／中撫将軍／開府儀同／三司呉平／忠侯蕭公／之神道」と鏡文字で刻まれている。

としては，南朝の例ではあるが，『宋書』巻91孝義伝に，会稽山陰の人厳世期は天性において施しを好む人であって，宗親郷里の貧しい人が餓死すれば棺を買って殯し，遺児を育てた。そこで山陽令の何曼之が上奏したところ，元嘉4（427）年，門には「義行厳氏之閭」と牓され，一身の徭役と租税10年が免除されたとある。

　『漢書』巻72龔勝伝には「勝は彭城廉里に居す。後世，石に刻み其の里門を表す」とあり，漢代には石刻によって里門を表した例がある。頌文にも「権に木柱を立つ」とあることからすれば，本来は石柱によって立てられるべきものであったのかもしれない。北魏の普泰元（531）年に廃帝は節婦魯氏の表について「貞夫節婦，古今同じく尚ぶ。本司をして式に依り標牓せしめよ」とあるから，北朝ではその形式は式により定めがあったと考えられる。

　以上のように門閭を表する場合の標の設置は，上から下への官僚制の命令系

127

統を通じておこなわれる一方的なものであった。本郷義の場合の木柱もまさにそうである。そこには表される側の自発的な関与は一切ない。

　これに対して，郷義に係わる人々の主体的な関与は石柱の建立においてはじめて現れる。すでに述べたように，木柱から石柱への立て替えを促したきっかけに河清3年令にもとづく郷義200人の徭役免除があったことはまちがいないであろう。天統3（567）年，斛律羨は教を郡県に下して石柱に代えさせるのであるが，つづいて頌文には，

> 義士等感敬して愚誠を竭くし，財力を憚らず，遠く名山を訪ね，異谷を窮め尋ね，遂に石柱一枚，長さ一丈九尺を得。既に瑠璃に類し，還紺色の如し。其の鐫美の無窮にして，流芳の永扇なるを庶ふ。

とある。義士らは私財をもって良質の石材を探し求め，一丈九尺の石材を手に入れ，これによって郷義の美徳が永遠に伝えられんことを願ったのであった。

　ただし，石柱はただ義士らの私財だけでもって立てられたのではなかった。このあとに范陽郡太守の劉仙，郡功曹の盧釈寿，范陽県令の劉徹ら一人一人の人徳と事績が頌えられたのち，

> 石柱高偉にして，起功の立ち難しを以て，遂に家資を捨て，共に相扶佐し，力を一にして既に斉り，衆情咸奮ひ，叫声□□して，長碣峻起す。宝幢初めて建ち，梵音は原野に布し，法鼓新たに撃ち，歌嚫は村邑に遍かるに異る無し。

とある。もっとも，石柱上部右面の最も高い場所に，

　　明使君大行臺尚書
　　令斛律荊山○王

とひときわ大きな字で刻まれている斛律羨こそこの石柱に最も多くの資金を提

4　木柱から石柱へ

供した人であろう。

　以上のように，石柱は木柱を石によって立て替えたものであったが，実はその性格は全く異なるものになっていた。

　第一に，木柱は尚書省が下した符により官が立てたものであり，そこには表される側の関与が一切ない。しかし，石柱は幽州刺史の斛律羨が下した教を受けて，郷義の義士や郷義を支援する有志が私財を供出して立てたものである。

　第二に，木柱で表彰されているのは郷義の指導者となった路和仁を除けば，基本的に在地の郷義の人々のみであった。しかし，石柱においては「上坐」「寺主」「居士」などと称される清館系の人々，そして「篤信弟子」と称され義堂に土地を寄進した厳氏一族を始めとする「施主」の人々が主に石柱上部に名を刻まれることになった。

　また下部の頌文を見ると，全体としては郷義の歴史と石柱建立の経緯を述べたものであるが，その間に郷里の外からやってきて郷義に貢献した人々が，

　　国統光師弟子沙門三蔵法師曇遵有り，……
　　摩訶檀越大都督盧文翼，范陽涿の人なり，……
　　馮居士昆なる者は，字は叔平，瀛州高陽の人なり，……
　　路和仁なる者有り，字は思穆，陽平清淵の人なり，……
　　明使君大行台尚書令斛律公，名は羨，字は豊落，朔州部落の人なり，……
　　車騎大将軍范陽太守劉府君，名は仙，字は士逸，定州中山の人なり，……
　　郡功曹釈寿なる者は，都督盧文翼の孝孫，義旧檀越士朗の元子，……
　　建忠将軍范陽県令劉明府，名は轍，字は康買，恒州高柳の人なり，……

とあるように，列伝形式で挿入され，事績が刻まれている。これらの人々も本来木柱には名が記されていなかった人々である。頌文は木柱にはなく，石柱で初めて作られたことは先に見たとおりであるが，石柱の建立の目的にはこれらの人々の功績を伝えることもあったのである。とくに馮昆については頌文に，

　　天保八年，義左に葬る。此の刊勒に因り，清音を永くするを冀ふ。

とある。斛律羨のような顕官の人々や盧氏のような郷望はこの石柱によらずとも後世に名を残す人々である。少なくとも当時はそう考えられていたであろう。また王興国や路和仁らはこの郷義が続く限りそのなかで記憶は伝えられていく。しかも河清3年令によって郷義は国家の庇護を受けるようになった。しかし，馮昆や厳氏ら施主の記憶は，仏教とかかわる郷義の歴史の中でしか後世には伝わらない。また顕官の人々や盧氏や曇遵と郷義とのかかわりも仏教とかかわる郷義の歴史の中でしか残らない。事実，斛律羨の仏教信仰や郷義とのかかわりは墓誌や正史には全く伝えられていないのである。郷義の起こりや発展を仏教の信仰と強く結びつけて作られた本石柱の建立には，これらの記憶を郷義の歴史の中に残すという目的もあったのである。

　第三に，木柱の目的は義門を標することにあったが，それは儒教的な徳目としての義の実践を表彰するものであった。一方，石柱はこれとは全く異なり，仏教信仰に基づく善行としての義を顕彰するためのものである。先に引いた頌文が，木柱の建立ではなく，石柱の建立を頌えて「宝幢初めて建ち，梵音は原野に布し，法鼓新たに撃たれ，歌囋は村邑に遍かるに異る無し」としているのは，まさしくこのことを示している。同じ善行を顕彰するにしても，その意義づけは木柱と石柱では全く異なっていたのである。覆蓮弁の台座や仏龕を備えた石屋も本来の木柱にはなかったはずで，石柱を建立するときに加えられたと見てまちがいない。

　すなわち，石柱は木柱をそのまま受け継いで耐久性を高めただけのものではなく，むしろ官による木柱の建立に対する郷義の側のカウンターとして建てられたものであった。石柱の柱身を覆蓮弁の台座と仏龕を備えた石屋が上下から挟んでいる造形は，まさにこのことをよく表している[31]。

　大寧2（562）年の下符，河清2（563）年の木柱建立，河清3（564）年令にもとづく郷義200人の免役は，確かに郷義にとっては記念すべき慶事であり成

---

31) 劉淑芬注10前掲論文では，仏龕のある石屋をともなった本石柱を福田思想にもとづく邑義を表彰するために生まれた新形式の標柱とみなし，木柱の様式をそのまま踏襲したものと見なしている。しかし，上述のとおり，仏教的な性格は石柱にいたって初めて付け加えられたもので，もともと木柱にはなかったと見るべきである。石柱と石屋は本来別々のものと見る劉敦楨の分析が正しい。

果であったに違いない。しかし，この免役とても純粋な報償として与えられたものではない。先に引いた令の規定によれば，「年ごとに常に考列し，其の進退を定む」とあり，考列とは『後漢書』皇后紀上に「故に行跡を考列し，以て皇后本紀と為す」とあるように，行跡を査定し列挙していくことであろう。

しかもあらかじめ200人という枠があり，それによって進退を定められるのであるから，そこには一種の競争原理が盛り込まれているといえる。そのなかで人々に一層の善行が促されたとすれば，しだいにそれらの善行には免役という報酬を得んがための利己的な目的が勝っていくであろう。そのときには郷義はすでに変質し，官のための下請け組織に陥り，信仰にもとづく人々のつながりは解体し，過去のつながりも忘れられていくであろう。こうして見れば，実はこのとき郷義の記憶は危機に瀕していたのである。

すでに見たように，斛律羨が石柱建立を命じた頌文の下りには，「木柱の朽ち易く，芳徽の固まらざるを慮り」とあった。この部分は斛律羨の真意を正確に伝えたものとは限らず，頌文の作者の解釈である可能性もある。とはいえ，上記に述べたように，木柱と石柱が全く異なる主体と意図の下に立てられたものであったことを考えれば，その含意は誠に深いものがあるというべきであろう。

おわりに

石柱が建立されてから7年後，北斉は北周に滅ぼされ滅亡する。北周は仏教を禁止していたので廃仏の波はこの地にも及んだであろう。石柱の建立以後，この郷義がどうなっていったのかは全くわからない。しかし，少なくともこの石柱には一切迫害が及ぶことはなかったようである。

本稿は北斉標異郷義慈恵石柱という特異な碑を取り上げ，この碑がどのようにして建立されたのかを考察した。その結果，従来から指摘されているとおり，朝廷から標柱を下されたこと，河清3年令によって200人の義士が免役されたことが直接のきっかけになっていることは正しいが，それだけではなく，木柱に象徴される国家による上からの掌握に対して，郷義の関係者による仏教を通

じた横のつながりを確認しようとする願いが石柱建立の動機となっていることを明らかにした。ここには他の立碑にも通じるものがあるように思う。

一つには，立碑の背景には新しい人間関係のつながりがあるということである。この石柱の場合は，従来の郷里のなかで生まれた郷義という新しい人間関係に加えて，仏教を通じた外の人々との広範囲にわたるつながりがあった。立碑は多くの場合は共同作業であり，その共同作業をつうじて新たに生まれた人間関係を記念し固めるという役割があった。このことは多くの立碑に共通することであろう。

二つめには，そのような共同作業が成り立つ背景には，共同体の解体や記憶の喪失の危機があるということである。本石柱でいえば，郷義に対する国家による上からの掌握が強まったことが石柱を作る必要をもたらした。とくにこの郷義の場合は，国家による掌握がきわめて急進的であからさまにおこなわれたことの反応として，こうした巨碑でもって自らの歴史を残そうとする動きが起こったのである。もちろん，それはあからさまな反発心とか対抗心とかによるのではなく，喜びを分かち合いともに祝福するという心理によっておこなわれたのである。とはいえ，立碑の本質はあくまで郷義にかかわる人々が失われかけた「自らの歴史」を後世に伝えることにあったのである。

よって，本石柱を通じて6世紀中国の河北社会を見通すとするならば，郷里社会と外の世界を結びつける仏教を媒介とした新しい人間関係が，不安定ながらも活発化しつつあった時代，といえるであろう。

北斉標異郷義慈恵石柱全録文凡例

　本稿は「北斉標異郷義慈恵石柱」の全録文であり、佐藤智水先生主催の六朝刻文史料研究会での輪読と調査の成果に基づいている。輪読会は 2002 年 4 月から 9 月にかけてほぼ月 1 回のペースでおこなわれ、輪読を担当してくださったのは、坂元晶（題名一、二）・佐久間英恵（題名五）・藤丸智雄（頌一）・大知聖子（頌二）・三好美砂子（頌三）・松本誠司（頌四）の各氏である。また 2002 年 12 月には、佐川と本元寛久氏が北京師範大学留学生の永田拓治氏と西北大学留学生の小野敦子氏の協力を得て河北省定興県の現地を訪れ、石柱の写真を撮影するなどの調査をおこなった。さらに 2004 年 12 月には佐川が北京の国家図書館善本部で本石柱の拓本を実見する機会を得た。本稿は以上の成果をもとに、佐川が本元氏の協力を得て作成したものである。
　本稿の基本的な編集方針は以下の通りである。
（一）頌については光緒十六年『定興県金石志』を基本としつつ、各種テキストを参照し、文字に異同ある場合、欠字を補える場合は、拓本と写真を参照し、もっとも近いと思われるものを本文に採用し、『定興金石志』の釈文は（　）で本文に添え、それ以外のテキストについては、定「　」などの略号で示した。略号は下記のとおり。また必要に応じて注を付している。
　　劉：劉敦楨「定興県北斉石柱目録」（『中國營造學社彙刊』五巻二期、北平、一九三四年）
　　河：『河北石徴』第一集（河北省政府河北月刊社、天津、一九三五年）
　　魯：北京魯迅博物館・上海魯迅記念館編『魯迅輯校石刻手稿』（上海書画出版社、一九八七年、上海、第一函第六冊、一〇五一―一〇八八頁）
　　定：定興県地方志編纂委員会編『定興県志』（方志出版社、北京、一九九七年）
　　唐：唐長孺「北斉標異郷義慈恵石柱頌所見của課田与佐田」（原載、『武漢大学学報』第四期、一九八〇年。同著『山居存稿』、中華書局、一九八九年、北京、一一九一―一二八頁、所収）
（二）頌の字体も光緒十六年『定興県金石志』を基本とするが、正字を用いた方が石柱の字体に近いと思われた場合は正字を用いている。それ以外で大きく字体に隔たりがあると思われた場合は、石柱の字体を本文で用い、『定興県金石志』の字体は（　）で添えている。
（三）頌以外の部分については、『魯迅輯校石刻手稿』を参照しながら、文字研究会編『今昔文字鏡単漢字 10 万字版』（紀伊国屋書店、二〇〇一年、東京）を用いて刻文に近い字を選んで移録した。適当な字のない場合は正字を用いた。また特に重要と思われる若干の字体については新たに字をつくって埋めた。
（四）その他、読者の便宜をはかるため、幾つかの異体字には小字で正字を付してある。
（五）石柱の行数と録文の行数は揃え、判読不能の文字は□で表し、空格の箇所は〇で示した。
（六）本稿では便宜上まず柱身を上部と下部に分けている。下部は頌の刻まれた部分である。上部は正面に頌額のある上半分を上段とし、下半分を下段とした。上部下段と下部は四角柱の四隅を面取りした八面からなり、前後左右の四辺を甲、四隅の辺を乙とする。そして正面から時計回りに、正面甲、正面乙、右面甲、右面乙、背面甲、背面乙、左面甲、左面乙と名付けた。上部上段は頌額の面が面取りをしていないため、正面、右面甲、右面乙、背面甲、背面乙、左面とした。

　　　　　　　　　　　　　　　　　　　　　　　　　　　　　（佐川英治）

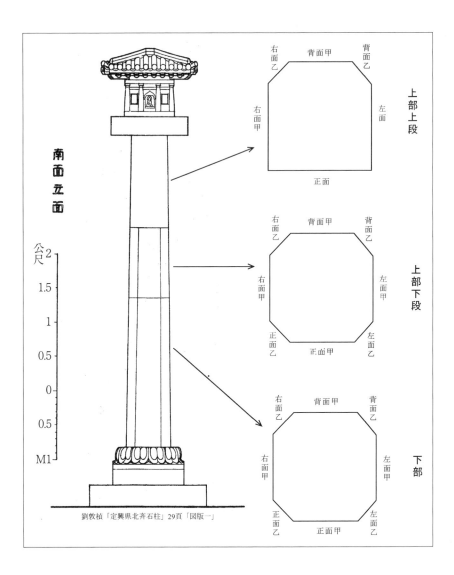

標異鄉義慈惠石柱題名一（石柱上部正面上段）

標義門使范陽郡功曹盧宣儒○典西曹掾解寶憐○范陽縣使丞李承祧○典西曹掾龍仲裕

標異鄉
義慈惠
石柱頌

元造義
王興國
義主路
和仁

元鄉墅十人等如左

滑榮祖
田市貴
梁令奴
田寶護
陳顯仁
鮮于法珍
鄭暎世
田勑順
史靈貴
元貢義○四人如左
田鸑礫○鄭貴和
陳靈奴○賈魗珍

大齊大寧二年四月十七日省符下標

標異郷義慈恵石柱題名二（石柱上部正面下段甲①〜⑫、乙⑬〜⑯）

① 施主嚴僧安
② 施主嚴阿承
③ 施主嚴光璨
④ 施主嚴市顯
⑤ 施主嚴道業
⑥ 施主嚴恵仙
⑦ 施主嚴市念
⑧ 施主嚴天保
――――――――
⑨ 施主嚴弟
⑩ 施主李小買
⑪ 施主李令弟
⑫ 施主嚴僧芝
⑫ 施主陳獨憐

① 初施義園宅地主薦信〇弟子嚴僧安、故人嚴法胤、嚴僧芝、嚴道業、嚴恵仙、嚴平仁等、並解苦空、仰慕祇陀之恵、設供招納、捨地置坊。僧安手自穿井、乞基立宅、實是起義檀越。今義坊園地、西至舊官道中、東盡明武城壖、枲是嚴氏世撲課
② 田、皆為種善来資、忻捨無悔。〇施主僧安、夙植芝因、遭災無難、荒後寳育男女、
③ 並各端慧。長子懷秀、次息奉悅、第三息懷達、第四要欣、性並恭孝、敬从父命、立
④ 義十載有餘、重施義南課田八十畝、東至城門、西屆舊官道中、平坦良〇、立文
⑤ 永施、任義園食、衆領蒔菜、普天共味、隨時禮念、願資檀主。因茲感悟、宗房相學、廣
⑥ 施如左、〇施主嚴承長息侍伯、伯弟阿繼、為父母重施義東城壖、城南
⑦ 兩段廿畝地、任義拓園種殖供實、冥資施主、冀若把土、来招輪報。〇施主嚴光璨、
⑧ 弟市顯、兄弟同華禮、風儀並著、兒孫端賢、郷閻敬尚、施心弥隆、念福重義、有甚家
⑨ 人。璨弟市顯、顯息息〔魯、弟市顯息〕、顯息士林、璨息恵房、第三芝興、璨孫洪略、共施武郭姓田四頃、施心堅
⑩ 固、衆雖癈垤、任衆廻便賣買垤田收利、福用見悕薄拘之因、来受著提无盡之果。
⑪ 人。
⑫ 璨弟市顯、顯息息〔魯、弟市顯息〕

⑫ 施主嚴道業、業長息桃寶、父子重義輕財、為福捨地、現招十利、當獲提伽忿寶。〇施主
⑬ 嚴恵仙、仙長子阿懷、第二蘭懷、天保等、信義精誠、弗悕世報、各施地卅畝、任衆造園、種牧
⑭ 濟義、心度如海、捨著為念。〇施主嚴市念、念大兒□□、長弟阿礼、阿灰兄弟、□順仰慕
⑮ 亡考、撿地卅畝、□嚴奉地、輿義作園、利供一切、願資亡者、既能存亡博恵、離車淨毘孔迴

（注）劉・唐「食」、魯「艮」。拓本・写真ともにひとまず「食」に近くみえる。
（注）魯「□」、劉・唐「信」に近い。拓本からみて「信」に近い。
（注）魯「忿」、唐「浄」。「心」（したごころ）に近いものが写真にみえるためひとまず「忿」をとる。
（注）劉・唐「牧」、魯「収」。
（注）劉・唐「非」、魯「孔」
坴魯迅・劉敦楨ともに「□」とするが、現存字の痕跡は見出しがたい。

標異郷義慈恵石柱題名四（石柱上部背面　甲①～⑨、乙面無字）

① 李孝瑞、田子承、張士譲、趙士彦、田獨憐、郭買奴、李元暉、靳阿陁、劉阿晨、齊伯□、賈阿農、楊紹業、呂遵貴、□阿柱、孔起達、趙阿柳、孔市遷、梁阿邕、

② 郟阿根、李僧優、殷道弁、王未好、陳阿季、邵元虎、張曇實、牛景貴、任女□、楊子経、胡阿總、曹胡仁、王買苟、張榮進、董龍虎、解韓休、董紝陁、董陁羅、牛季紹、

③ 石洪達、陳僧伽、孫阿略、牛阿朏、賈阿沖、鮮于勒叉、沈繢長、張愛仁、宋狱□、牛子道、陳子休、張殺鬼、賈方思、沉子逺、周廣勝、任仲業、王思量、史伽、陳士逺、

④ 成同稱、董長雲、鮮于沙門、王子才、李子遊、賈昌略、鮮于文禮、李阿頁、任清愛、田阿道、孫道振、田士才、孫阿悅、田阿長、張持祖、田士譲、

⑤ 鮮于暉紹、成子休、鮮于阿侯、丁思和、張阿□、張子紹、楊元學、趙榮海、□伯達、田山伯、王長賢、田虎子、董元軌、劉阿ろう、沉恃遵、齊仲暉、鮮行文達、

⑥ 鮮于士榮、梵阿伏、張阿堆、梁阿沙、姚紹業、梁元肅、史阿冬、田胡仁、梁士林、杜子賢、齊乾順、成元□、張阿難、李阿青、齊阿肆、范兄太、董子逺、賈行、解榮宗、

⑦ 狢阿業、李醜漢、鮮于榮顯、趙市興、梁阿義、胡仲軌、王阿□、龐侑禮、鮮于士宗、韓万年、成市遵、范外宗、鮮于仲昌、牛阿仁、田士勘、孫伯悅、子子暉、李醜奴、沉社林、

⑧ 祖侑羅、史阿禮、史江海、張士晏、周継蘷、路榮貴、王子□、王怨魔、田達摩、子子才、史士獻、封阿□、田延望、史元和、衛道幽、

⑨ 田孝譲、鮮于孟禮、郟神敬、張市進、

　（注）魯迅にはなく、拓本から補う。

趙乾育、優婆塞趙孟擧

標異郷義慈恵石柱題名三（石柱上部右面）

① 明使君大行臺尚書
② 令斛律荊山○王

① 施主厳阿頭
② 施主厳智厳
③ 施主厳樂平
④ 施主厳智岳
⑤ 施主厳遠郡
⑥ 施主厳紹建
⑦ 施主厳松林
⑧ 施主厳道嵩
⑨ 施主厳智順
⑩ 施主厳阿武
⑪ 施主厳海濱

（注）魯迅は旁に「頁」のみ記すが、写真・拓本からみて「頭」は疑いない。

標異鄉義慈惠石柱題名五（石柱上部左面上段）

① 老上聖張季邑老上聖田天愛都寺主田鷥峰　寺主石顯周　大居士馮昆
② 上聖李雙貴　上聖張買奴　寺主吳景寶　寺主姚神龍
③ 上聖任敬和　上聖梁孝慈　寺主陳洪業　寺主劉阿禮　居士梁令奴
④ 上聖田僧壽　上聖張明範　寺主李思寶　寺主趙僧首　居士陳伯仁（注）
⑤ 上聖趙榮族　上聖梁景智　寺主狢元穆（格？）寺主趙僧定　居士張順和
⑥ 上聖龍難憎　上聖孟阿和　寺主史長係　居士田遠達
⑦ 上聖齊貴宗　上聖趙珎舉　寺主王元仲　居士張世遷
⑧ 上聖成顯伯　上聖陳令舉　寺主荀承伯　居士尹武洛
⑨ 上聖任明軌　上聖牛顯榮（寧）寺主牛暉預　居士甲元紹
⑩ 上聖陳景洛　上聖寄石墨　寺主史同珎　寺主陳顯達　居士邢子邦

（注）魯迅にはく、拓本から補う。

① 義衆壹切經
② 生姜子察
③ 彗臨邑縣開國子世達、奉○勑觀省、假滿還都、岐州諸軍事岐州刺史儀同三司內侯身正都明使君斛律○令○公長息安東將軍使持節
④ 過義致敬○王○像、納供忻喜、因見標柱、刊載
⑤ 大○父名德、逐降意手書官爵、遣銘行由寞紹
⑥ 徽緒、○公第九息儀同三司駙馬都慰世遷、貴
⑦ 乘○天資、孝心淳至、娥娶公主、過義禮拜、因見
⑧ 施主李卅賢　俳徊並有大○祖咸陽○王○像、令公尒朱郡君二菩薩立侍側、致敬无量、○公輿銘名爲
⑨ 施主李伯悅
⑩ 施主李胤寶　俳徊主、方許財力、營搆義福
⑪ 施主李阿楷　寶息長寶宄州軍士呂貴觀、爲亡父母、施地人義

標異郷義慈恵石柱頌一（石柱下部正面甲①〜⑩、乙⑪〜⑮）

①夫至宗幽微、非軽重可已把其源、大道沖礦、何香臭所能究其始。自非舛檀在束、暫似牛頭、飛水騰盧、瞥如釵股。壹月常圓、十火恒備、焉足致六師於河中、以

②集法軍於不退地者也。是已斧利雖盈、不可濟其終身。鞭柩責罪、寧復救其時困。廓求度世之資、而罰涅牛之厄。穀賊不易可除、摩屍何由能待。當須清浄
〔悩〕
③六塵、洗結煩悩、行六波羅蜜、具三不退轉。成熟秋米、即此誰興、柔濡子草、於玆何立。無蒔善牙之子、而貴寶池八流、不入毗足之菀、欲悉律提之圍。斯蓋孤
〔劉〕〔密〕
④寒之守斫杖、絶羽之向清天。自可断瞽於長眠之地、槃錯於溟溟之水。安能變三有而受樂、出過壹切苦而已者矣。値魏孝昌之季、塵驚塞表、杜葛猖狂、乗
〔乾〕
⑤風開發、蟻集蜂聚、毒掠中原。菜乱爲廣馬之池、燕趙成乱兵之地。士不芸鋤、女無機杼。行路阻絶、音信虚懸。殘害村薄、鄰伍哀不相及、屠戮城社、所在皆如
丘
⑥麻乱。形骸曝露、相看聚作壮山。流血如河、遠近纜爲丹地。仍有韓婁貎勃、鳥集驚危、趣走荊城、瑪視藏戸、遂復○王道重艱、原野再絶、由玆圮坎、○皇化未
⑦均、矚我大○齊○神武○皇帝應期受命、威靈自天、掃除兇醜、廓清宇宙。無待梧止之許、自起大慈之心。非關驛庭之喚、共發哀憐之念、乃磬心相率、於斯獲頼。時有故人王興國七人等、住帶口城、皆
⑧宿乗美業、渡三灾而弗壞、經八難而不朽。設供集僧、情同親里。於是乎、人倫哀酸、禽鳥悲咽、言念其業報、遂興誓願、闢給万有。各勸妻孥、抽割衣食、負
〔拯〕.....〔劉冉〕
⑨能辯其男女、誰復究其姓名。乃合作壹墳、稱爲郷墓。仍有興國市貴、去来墓傷、休歇塚側、嗟同葬之因縁、念往人之業報、遂興誓願、闢給万有。各勸妻孥、抽割衣食、負
〔旨〕〔劉其〕
⑩公路逸通、私塗尚阻。百里絶烟、投厝靡託。仍有興國市貴、去来墓傷、休歇塚側、嗟同葬之因縁、念往人之業報、遂興誓願、闢給万有。各勸妻孥、抽割衣食、負
〔劉冉〕
⑪金提壺、就玆墓左、共設義食、已撚饑虚。於俊佳萬因構義堂。武定二季、有國統○光師弟子沙門三藏法師曇遵、秉資大徳、歴承冲百、體具五通、心懷十力、
〔盛〕〔軻〕
⑫常已智恵、救済煩悩。名咸南州、邀致無因。有摩訶檀越大都昔廬文翼、范陽凑人也。望重實中、親交○帝室、沖素起於弱季、風槩弘於壮歳、洞解十号之方、
〔叔〕
⑬深達具足之海。既承芳實、朝夕敬慕、久而通請、方致神座、仍及居士馮壯平、居士路和仁等、道俗弟子五十餘人、別立清館、四事供養、敷揚秘教、流通大乗、
〔直〕
⑭五冬六夏、首尾相繼、緇素服其徳音、貴賤往来、於是不戚。便使此義、深助功徳。時有○勅請法師、始復乖阻。都昔息士朗者、蓋是鳳室之雛、
〔難〕〔劉〕〔雛〕
⑮龍家龍子、氣岸天逸、風光遠逸、優游物外、無已世務在懷、昂藏自得、寧將榮禄革意、鱗羽咸其徳了、貴賤往来、於是不戚。直置逍遙正道、聖卧清虚、仍憂此義、便爲檀越、與善無徴、摧芳咸歳、人

注　本字については金石志は欠字とし、魯迅は「囗」（くにがまえ）を読み取るが、はっきりつながっていないようにみえるし、上部は「宀」（うかんむり）にも近いようであるが、それ以上は不明である。むしろ写真をみるかぎり「囗」の第三画は

標異郷義慈恵石柱頌二（石柱下部右面甲①～⑩、乙⑪～⑮）

① 百弗及、四徒何仰。馮居士昆者、字籵平、瀛州高陽人、本與法師同味相親、造次不捨、因請至此。其人愛善若流、不忘朝夕、重信如山、行之必覆、雅素清逸、率
② 有國士之風、器度閑閒、義當吐納之遠。諸子既爲世宗、五經足稱軌物、舉必由規、動則成矩。眞言秘典、幽途玄趣、隨情立敎、方便開張。如彼鳴鐘、應不能已、
③ 如似懸流、寫不知竭。常於此義、專心扶奬、壹懷既迴、衆情頓慕、功業久存、良實是歸、但餘慶難霽、白駒易驗、哲人其頽、誰不悲仰、天保八季葬於義左、因此
④ 刊勒、奠永清音。武定四季、○神武北狩、○勅道西移、舊堂寥廓、行人稍閴。乃復依隨官路、改卜今營、爰其經始、厥堵糜立。便有篤信弟子嚴僧安、合宗夙耤
⑤ 道因、早通幽㫖。握鏡猶珠、金聲玉振、見善猶如不及、聞惡恨非千里。重三寶其如天、輕七珍同垢礒、若父若子、同識乃親、或前或後、非貧非富、正向十方、壹
⑥ 心大道。気與壹切合衣生、願共恒河聰口命、各捨課田、同營此業、方圓多少、皆如別題、俱若布金、誓無退易。長陸於茲爲洗浴之池、平原由此成福業之海。
⑦ 今生未生、百億千億、有身無身、至功大業、皆由此誠。万世不朽、寔鐘斯德地。其形勢也、左跨明武、右帶長達、邱負清洌、面臨龍臺。花菓綺洌、懸同
⑧ 鹿野之菀。棟宇参差、綷跡祇桓之舍。軒駕馳彩、類嘟雲之五色。士女開雜、狀丹素之紛披。天保三季○景烈○皇帝駕拍湯谷離宮、義所時薦壹湌、深冢優
⑨ 噗。有路和仁者、字思穆、陽平清淵人也。與馮生綢繆、往日依隨法師、聰翻積歳、昔遊青斉之地、時号貞儒。曾過淄潁之開、世稱千里、識洞百家氏族、宛若困
⑩ 定。綜該六典經史、併同掌物、乃厭此囂塵、仍懷至業。伏六賊於心中、拔四虵於胃内、吐納清虛、優遊正道。窮智惠於德義場、追散花於慈悲室、卽於此義、專
⑪ □□。而法師向并、仁從衣屩、篆預内齋。時經壹歳、毋曰此義、慇勤告請、賴有○勅許、始得言歸。於是獨主義徒、晨夜吐握、寤寐驚怖、巨細不違、季過知命、
⑫ □□□婚娶。首垂白髮、薦意弥厚良實、行伏郷閒、德兼邑外。乃脩造問堂、改創墻院、寶塔連雲、共落照己爭輝、壹字接漢、猶與純陁
⑬ 藍、□□□園、何殊奈苑、炷矣麗矣、難得而稱。天保亀蟲之歳、長園作起之春、公私往還、南北滿路、若軍若漢、或文或武、旦發者千葷、暮来者万隊、猶若純陁
⑭ 之□、□□□窮、舍利香積、曾何云媿、魚復病者給藥、死者薄埋、齋送追悼、皆如親戚。仍已河清遭澇、人多飢鼓、父子分張、不相存救、於此義食、終不蹔捨、貴
⑮ □□□城市、□□此之□□、孰可具而論之。天保十季、獨孤使君、寛仁愛厚、慈流廣被、不限微細、有效必申、便遣州衾別駕曹皇甫遵

標異郷義慈恵石柱頌三（石柱下部背面甲①〜⑩、乙⑪〜⑮）

① □□□□首王興國、義主路和仁、義夫田曇礋、劉子賢、尹武樂、孔明遠、張宗悅、賈陁仁、孟阿鳳、王世標、鮮于洪寧、鄭阿仲、趙元伯、鄭伯遠、趙士文、

② □□□□□子路、梁臺尚、賈孟良、張思邑、龐猛雀、張妝遵、鮮于脩羅、王元方、宋子彥、董大邑、鄭阿林、楊邪仁、七十九人等、具狀○奏聞、時蒙優○旨、依式標

③ □□□□□二年、尋有苻下、于時草創、未及旌建、河清二年、故范陽太守郭府君智、見比至誠、感齊○天○旨、喜於早舉、明發不忘、遂遣海懿郷重郡功曹盧宣

④ 儒□□典從、来至義堂、令權立木柱、呂廣遠聞、自忝於今、未曾刊頌。新令普班、舊文改削、諸為邑義、例聽縣置二百餘人、壹身免役、已彰厥美、仍復季常考

⑤ 列、定其進退、便蒙○令公擗判申、臺依下□、具如明案。於是信心邑義維邨張市寧、牛阿邑、李恒元、呂季秀、楊景寳、范崇禮、龍妝民、陳妹希、王僧彰、李遠

⑥ 魯「稱」定州「劉據」定州「令擗」定「例」、「臺依下□」、（珎）朔州部落人也。○公罴葉重輝、其来自遠、親踵梁鄧、勳邁伊姜、存意六鞱、留心三略、既偏脱立式、架谷爲城

⑦ 子漢、鮮于孟昌、田子長、合二百人等、皆如貢表、悉如賢良、可謂荊山之側、白玉應生、麗水之濱、黄金自出、翻翻有泗上之風、離離秉槐下之蔭、軽財重義、衆

⑧ 意恊和、羽蓋莫不雲依、飛軒靡不盡集、此義書契已来、未之有也、我○皇聖既無名、神不可測、或瞻雲歸附、望氣来賓、從復文景成康、豈得同季而語哉○

⑨ 明使君大行臺尚書令斛律○公、名羙、字豊落、朔州部落人也。○公罴葉重輝、其来自遠、親踵梁鄧、勳邁伊姜、存意六鞱、留心三略、既偏脱立式、架谷爲城

⑩ 民安棐井之盧、威振六蕃、思加百姓、馴馬入觀、屢過於此、向寺若歸、如父他還、百里停湌、屆義方食、慰同慈母、賚殊僧俗、脱驂解駕、敬造○

⑪ 尊像、捨拾珎物、共選義澹、逹摩好施於前、○公復踵福於後、曲照纖微、毎扵斯義、恒存經紀、廬木柱之易朽、芳徽之不固、天統三秊十月八

⑫ 教下郡縣、曰石代焉、義士等感敬竭愚誠、不憚財力、遠訪名山、窮尋異谷、遂得石柱壹枚、長壹丈九尺、既類瑠璃、還如紺色、劉遮、庶其鑱美無窮、流芳永厎、

⑬ 車騎大將軍范陽太守劉府君、名仙、字士逸、定州中山人也。公流馨積代、軒冕相仍、稟性温恭、懷仁操義、幼思紫庭、爵倫華伍、毗讚青岳、德聞○天聽、○○

⑭ 勅授鄃郡、慈風預被、未□下車、路由此所、□義徒、深加信敬、將屬妻子、滅徹行資、中外忻悅、共撫飢饉、棄下之土、翻同晉世、馮翼進粥、於茲更新、莅政未

⑮ 幾、弘澤沾濡、境内滂洽、枯榮佩潤、寛鏤徹獸、曰銘惠化、郡功曹釋壽者、都叚盧文覺之孝孫、義舊檀越士朗之元子、體度□□、舒卷従時、敦崇禮義、少慕父

注一 魯迅と拓本から補う。 注二 判読不能。 注三 上部上段正面の題名から「大寧」が入るべきものと考えられる。 注四 判読不能。 注五 拓本に見るに「感」に近い。 注六 魯「未及」、定「来□」。 注七 判読不能。

標異郷義慈恵石柱頌四（石柱下部左面甲①～⑩、乙⑪～⑭）

① 風、毎言先人析薪、豈不負荷者哉、還爲義檀越、志存世業、財力匡究、有建忠將軍范陽縣令劉明府、名徹、字康買、恒州高柳人也、其人世籍餘芳、家傳冠盖、(蓋)

② 曉悟機變、抱前歸誠、入毗王室、出宰百里、察姦超於西川、慈政隆於浮虎、寔日明君、仍好至理、深慕清淨、愛燕頭眼、惜非妻子、已石柱高偉、起功(塁)

③ 難立、遂捨家資、共相扶佐、壹功既齊、[劉][濟]注一、長碣峻起、無異寶幢初建、梵音布於原野、法鼓新撃、歌噴遍於村邑、但山挺万尋、尚有成螢之期、

④ 海深千刃、猶致桑田之會、未如金石壹鐫、共未有而不常存、乃爲頌曰、

⑤ 玄哉大業、遐矣眞人、難逢難値、誰識誰親、尋之靡際、欲住無因、空瞻池水、虚想金身、飛河既易、騰火不難、所嗟斧利、弗救饑寒、法軍雖□、終謝香檀、來如□(旰)

⑥ 上、空中試看、夏言不探、迢中取厄、生亡環堵、死無塚宅、譬彼黄塵、隨風阡陌、不識皮毛、誰辯骸骼、屬茲大○聖、虎據龍驤、剪除羣醜、再立天綱、千家如壹、万定[厚]注二

⑦ 里歸郷、云誰之力、頼我○神皇、有茲善信、仁沾枯朽、義等妻孥、恩同父母、拾掇骷骸、共成壹有、既與天長、還從地久、宇宙壹清、塵消万里、城邑猶聞、村薄未(囑)(魯)(邱)注四

⑧ 幾、去来女婦、往還公子、麐所厥止、仍茲四輩、心懷十力、念此浮魂、嗟於遊息、近減家資、遠憑此識、於此塚伽、遂爲義食、義存於此、良實有季、惟公[劉][茲](方寸)

⑨ 惟○帝、或惠或賢、深相優噴、雅助留連、因茲爽塏、仍成福田、壹弘堅固、万行傾迴、既如頌擣、復似風雷、三途可滅、八難終摧、云何濟彼、唯善斯媒、靈圖既作、注三

⑩ 降○勑仍隆、標建堂宇、用表始終、高山可覆、海水易窮、其如金石、永樹天中、○法界圓□、體空如如、妄想紛搆、三有星居、求知悟理、佛法僧徒、梵音付傳、説

⑪ 論經書、進脩始終、賢聖凡夫、行囙獲果、善惡不亡、勿守癡愚、□定[忻]羨(因)(隆)(吽)定[忘]

⑫ 嚴氏知地、安承創與、隨業差殊、[昭][魯][炬]、照世明炬、興國元首、和仁爲主、賢哉卓異、皎皎獨堅、公主垂眄、守令識觀、毗讃傾席、百僚揖語、德伏郷(□)

⑬ 邦、歸同雲雨、樂捨財力、弗辭貧苦、營造供寶、無避寒暑、慇育路人、如母[劉][慈]父、恩沾灰氐、病瘦得愈、美開朝野、州貢○天府、○御注依式、省判通許、覆聚事實、

⑭ 符賜標柱、衆情共立、遣建義所、旌題首領、衆免役苦、梵廣後學、言行稽古、彫刊美跡、流芳齊禹、盤石彰名、退劫不腐、

注一　「遠」とはしがたく、写真からは「甄」と読める。　注二　「厂」は確認できず、「厚」に近い。　注三　「辶」に近いが、確定しがたい。　注四　判別不能。　注五　「家」に近い。　注六　「守」と確認できる。

コラム

宇治橋断碑について

竹内　亮

　宇治橋断碑は，京都府宇治市の宇治川右岸に位置する橋寺放生院境内に所在する[1]。断碑の名は，寛政年間に上部約 36 cm（全体の約三分の一）のみが残存した状態で見つかったことに由来する。発見後，失われた下部を補石し，『帝王編年記』に伝わる碑文の全文を復元した状態で立碑された。全文を以下に示す（冒頭丸数字は行番号，改行・空格は碑文に従い，原碑部分をゴシック体で表示）。

①**浼浼横流　其疾如箭　侅侅征人　停騎成市　欲赴重深　人馬忘命　従古至今　莫知航竿**

②**世有釋子　名曰道登　出自山尻　恵滿之家　大化二年　丙午之歳　構立此橋**　濟度人畜

③即因微善　爰發大願　結因此橋　成果彼岸　法界衆生　普同此願　夢裏空中　導其昔縁

　原碑部分は碑面を平滑に研磨した上で文字を刻んでいる（図1）。全文が空格で区切られた四字句で構成されており，一行につき八句を三行にわたって記している。碑文全体は界線によって画され，行間に縦界を引く。三行分の界幅は，外径で 14.7 cm を測る。
　碑文の校訂と読みについては，上代文献を読む会編『古京遺文注釈』（桜楓社，1989）所載の廣岡義隆氏によるものが最も妥当と考えられるので，基本的にはこれに従って一部私案を加えた。以下，訓読案と現代語訳案を示す。

---

1)　以下，碑の現状，発見経緯，法量などについては，国立歴史民俗博物館編『古代の碑──石に刻まれたメッセージ』（同博物館，1997），仁藤敦史「宇治橋断碑の研究と復元」（小倉滋司・三上喜孝編『古代日本と朝鮮の石碑文化』朝倉書店，2018）など参照。

コラム　宇治橋断碑について（竹内亮）

図1　宇治橋断碑（宇治市歴史資料館複製，原碑部分）

①浇浇たる横流，其の疾きこと箭の如く，攸攸たる征人，騎を停めて市を成す，重深に赴かむと欲すれば，人馬命を忘ひ，古より今に至るまで，航竿を知ること莫し。②世に釈子有り，名を道登と曰ひ，出自は山尻恵満の家なり，大化二年丙午の歳，此の橋を構へ立て，人畜を済度す。③即ち微善に因り，爰に大願を発し，因を此の橋に結び，果を彼の岸に成さむ，法界の衆生，普く此の願を同にし，夢裏空中に，其の昔縁を導かむ。

①（宇治川の流れは）溢れるほどの激流で，その速いことは矢のようで，ゆったりと道行く人は，（流れを前にして）馬を停めて多く立ち止まった。川の深みを渡ろうとしても，人馬ともに命を亡くし，昔から今に至るまで，舟で棹さすこともできなかった。②世に仏弟子があり，名を道登といった。出自は山背恵麻呂の家で，大化二年丙午の歳に，この橋を構築して，人や家畜を渡した。③即ち（架橋という）ささやかな善行によって，今ここに（渡彼岸という）大願を発し，この橋に結縁して，悟りの彼岸に渡りたいと思う。法界のあらゆる生ける者たちは，全てこの願をともにして，夢のようにはかないこの世の中で，（道登の）昔ばなしを語り継いでほしい。

　一行目は宇治川の渡河困難な様子，二行目は道登による宇治橋架橋の事績，三行目は本碑による発願の内容をそれぞれ記す。
　道登は飛鳥寺の僧で，碑文に見える大化2（646）年の前年に全国の僧侶を教導する僧職である十師の一員に任ぜられた（『日本書紀』大化元年八月癸卯条）。「山尻」表記については，7世紀代の古い表記を残すとみられる『上宮記』が山背大兄王を「山尻大王」と記していることから，本碑文が7世紀当時の用字を踏まえていると判断する根拠の一つとされる。「濟度」は仏教用語で，衆生を救済して悟りの彼岸に渡すことを言う。仏教では架橋によって川を渡すことが済度の善行と考えられており，僧侶が主導する架橋事業がしばしば確認される。本碑は日本におけるその最古の事例を示すものである。なお，大化2年に初めて宇治橋が架けられた背景として，同年の旧俗改正令により宇治の渡子がいなくなったことが吉川真司氏によって指摘されている[2]。

三行目では道登による宇治橋架橋の善行に因って、悟りの彼岸へ渡るという大願を果たしたいと述べる。「昔縁」は昔のいわれ、はなしの意で、『日本霊異記』の第○縁（○番目のはなし）と同様の用法である。碑文の撰者からみて道登の架橋は過去の事績であり、「昔縁」とは「道登の昔ばなし」の意に解される。

以上、本碑はかつて大化2年に道登が宇治橋を架けた事績を顕彰し、その架橋に込められた済度衆生の大願をあらためて発したもの、ということになる。そうすると、碑文の撰者、ないしは願文の発願者は誰なのであろうか。参考になるのが、次の記事である。

『続日本紀』文武天皇四年（700）三月己未条（道照伝、部分）
「於後周遊天下、路傍穿井、諸津済処、儲船造橋。乃山背国宇治橋、和尚之所創造者也。和尚周遊凡十有余載、有勅請還止住禅院。」

道昭（道照）は飛鳥寺の僧で、白雉4（653）年に入唐して玄奘三蔵に師事し、斉明天皇7（661）年に帰国した。上掲の伝によると、帰国後天下を周遊しながら穿井や架橋などの社会事業を各地で実施したといい、そうした事業の一つとして「山背国宇治橋」の造営があったという。

既往の研究では宇治橋架橋をめぐる道登と道昭の関係について様々に論じているが[3]、碑文はかつての道登の架橋事績を仏教の善行として顕彰し、さらに碑文撰者自身もそれに結縁して大願を発しているのであるから、撰者も道登と同じく仏教者とみるのが妥当であろう。道登と同じ飛鳥寺僧で、宇治橋造営の事績が正史に伝わる道昭こそ、本碑文の撰者にふさわしいと考える。

では道昭による宇治橋造営の時期はいつ頃であろうか。同伝によると、帰国後の天下周遊は十数年間におよび、その後に勅によって飛鳥寺東南禅院に止住したという。禅院近隣の飛鳥池遺跡から出土した木簡の年紀などからみて、道昭は遅くとも天武天皇5（676）年頃には禅院で活動していたと推定され、私見では定住開始の時期は天武天皇2（673）年の飛鳥寺への寺封施入以降であ

---

2) 吉川真司『飛鳥の都』（岩波書店、2011）。
3) 研究史の整理については仁藤敦史注1前掲論文参照。

るとみている[4]。すなわち，道昭が天下を周遊しながら宇治橋を造営した時期は，661年の帰国から673年頃の禅院還住までの間と考えられる。

　道昭の天下周遊期間は，おおむね天智天皇の治世と重なっている。この間，天智天皇6（667）年には近江遷都があり，都は飛鳥後岡本宮から近江大津宮に遷った。宇治橋は飛鳥と大津を最短で結ぶ陸路上に位置していることから，国家により守橋者が置かれた。『日本書紀』天武天皇元（672）年五月是月条には「或有人奏曰，自近江京至于倭京，処処置候，亦命菟道守橋者，遮皇大弟宮舎人運私糧事」とあり，壬申の乱が勃発する直前，大海人皇子宮の舎人が私糧を運ぶのを遮るよう菟道の守橋者に命令が下された。ここでは宇治橋の守橋者は近江朝廷側の命に服しており，またこのとき近江京から倭京に至る処々に臨時に置かれた候（偵察者）に対して，守橋者は常設の管理者であったことがうかがえる。よって宇治橋の守橋者は乱に臨んで急遽置かれたものではなく，官道の交通管理や施設維持のために近江朝廷が早くから設置していたと考えられる。その設置時期は，近江遷都の時と考えるのが妥当であろう。したがって道昭による宇治橋造営は，同橋が官道の施設として管理されていた時期と重なる可能性が高い。

　この時期，道昭は飛鳥と大津を結ぶルート上を中心として活動していたと考えられる。網伸也氏の研究によると[5]，同一の原型に由来するとみられる自立型火頭形三尊塼仏が大倭・河内・山背・近江にかけての一帯にまとまって分布しており（図2），この塼仏の分布域の中心となる山背の山崎廃寺（京都府大山崎町）からは飛鳥寺東南禅院と同笵の瓦も出土している。『行基菩薩伝』によると，淀川に山崎橋を架橋したのは「船大徳」すなわち船氏を出自とする道昭とされ，山崎橋の北詰に位置する山崎廃寺も道昭の創建にかかる可能性が高い。これらのことから，火頭形塼仏の分布域は天下周遊期における道昭の足跡を示している，と網氏は述べる。山崎橋を介して北河内〜山背〜近江大津宮を結ぶ経路上に，塼仏に関わる道昭の活動痕跡が濃密に残っているのである。近江京の造都に伴って建て替えられた穴太廃寺（滋賀県大津市）の再建講堂須弥壇上

---

4) 竹内亮『日本古代の寺院と社会』（塙書房，2016）。
5) 網伸也「八坂寺の伽藍と塼仏」（『技術と交流の考古学』同成社，2013）。

コラム　宇治橋断碑について（竹内亮）

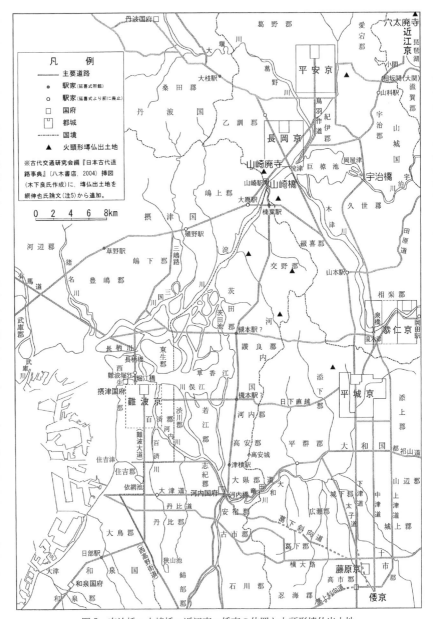

図2　宇治橋・山崎橋・近江京・倭京の位置と火頭形塼仏出土地

で火頭形塼仏が見つかっていることなどからすると，その活動時期は近江遷都後と考えられる。

　以上のことから，道昭の天下周遊は，667年の近江遷都によって飛鳥と大津の間に大規模な流動が生じたことに対応していると考えられる。宇治橋や山崎橋の造営は，道昭による淀川水系南北両岸を結ぶルート整備と評価できる。

　近江遷都の時点で，宇治橋は道登の架橋から20年以上が経過しており，木造橋であるから大規模な修繕の必要が生じていた可能性が高く，老朽化の程度によっては架け替えを要したかもしれない。よって『続日本紀』道照伝が記す宇治橋造営とは，実際には道昭による大規模補修を意味していると考えられる。上述のように，近江遷都に伴って宇治橋は飛鳥と大津を結ぶ官道の施設として国家の管理下に置かれたとみられるので，後世の行基による泉橋架橋と同様[6]，道昭による宇治橋補修は国家事業の分担という性格を帯びていたことになる。宇治橋は飛鳥寺僧である道登が架けた橋であり，その架橋が衆生を彼岸へ渡すための作善であったという記憶は人々の間に共有されていたはずである。よって，国家が強制的に役夫を動員して橋を補修するよりも，この地域で活動していた飛鳥寺僧である道昭がかつての道登の作善である架橋に結縁して再び大願を発し，その願を共にしようとする人々を結集するほうが，宇治橋にはよりふさわしいと考えられたのではないだろうか。本碑文は，その記念碑として道昭が撰したとみたい。

　以上の私見について，傍証をいくつか示しておきたい。まず，国立歴史民俗博物館による界線の計測などによって本碑の用尺が一尺290〜292 mmの範囲に収まることが判明し，前期難波宮の造営尺に近い値を示していることが挙げられる[7]。これは，天智朝期の立碑を想定する私見とも矛盾しない。

　また，碑文が四字句を連ねた碑銘の体裁をとることにも留意しておきたい。こうした中国風を意識した形式を採用し，書風が六朝風の堅勁な名筆である点

---

6) 行基の事績については吉川真司『聖武天皇と仏都平城京』（講談社，2011）参照。行基は，天平12（740）年に恭仁遷都に伴って恭仁京右京の中軸道路となる泉橋を木津川に架け，翌年には同京左京の架橋工事に多数の行基弟子や信者が従事するなど，国家事業である造都の一部として架橋を実施している。

7) 本碑の実物調査所見については，国立歴史民俗博物館編注1前掲書参照。

などに，入唐学問僧である道昭の関与を読み取ることも不可能ではなかろう。

ただし中国の碑では，界線が縦横格子状に引かれて一マスごとに一字を配するものが多く，本碑のように横界を引かず縦界のみという例は少ない。碑銘に四字ごとの空格を置く形式も中国の碑ではあまり例がない。また，国立歴史民俗博物館の実碑調査によれば，本碑はもともと四行取りで文字を配置するつもりで界線を彫りながら途中で三行取りに変更した痕跡が見られ，四字句ごとに上下に位置がずれたり片方に傾いたりしているので，四字ごとに切断した紙片を貼り付けて刻字した可能性があるという。これらの点からすると，中国碑に関するある程度の知見を持つ撰者が碑文のみを紙に書き，そうした知見に乏しい刻者が現場で様々に工夫しながら刻字を行うという状況が想定できよう。かかる状況も，入唐経験者の少ない7世紀頃の実情を示しているように思われる。

最後に，本碑に関して問題とされることが多い「大化」年号について，蛇足ではあるが付記しておく。縷々述べてきたように，本碑は様々な点からみて7世紀の近江遷都後に立碑された可能性が高い。碑文の全文を録する『帝王編年記』の成立は14世紀頃と遅れるものの，平安時代前期成立の『日本霊異記』上巻第12縁には「高麗學生道登者，元興寺沙門也，出自山背惠滿之家，而徃大化二年丙午，營宇治橋」とあり，明らかに本碑の内容を踏まえていることから，後世の創作とは考えがたい。したがって本碑文にある「大化二年」の年紀は，天智朝当時に記されたものと見なければならない。

大化は『日本書紀』における最初の年号であるが，大化から始まる7世紀年号の実在を全て疑う意見もある[8]。しかし，白雉改元は『日本書紀』白雉元(650)年二月戊寅条に祥瑞改元の経緯が具体的かつ詳細に綴られており，朱鳥改元は飛鳥浄御原宮への宮号改称と関連が深く[9]，一概に書紀編纂時の創作とは即断できない。遠藤慶太氏が指摘するように[10]，年号は国家主権を表示する機能こそが第一義であり，日常的には使われなくても対外的には使われてい

---

8) 最新の論考を一例だけ挙げると，倉本一宏「大化改新はあったのか，なかったのか」(『日本史の論点――邪馬台国から象徴天皇制まで』中央公論新社，2018) など。

9) 今泉隆雄「「飛鳥浄御原宮」の宮号命名の意義」(『古代宮都の研究』吉川弘文館，1993，初出1985)。

10) 遠藤慶太「「大化」「白雉」「朱鳥」「法興」の謎」(『歴史読本』53-1 (通巻823)，2008)。

た可能性はある。645年当時，新羅では唐とは異なる年号を用いており，6世紀前半から650年に唐の正朔を奉じる（永徽元年）に至るまで独自年号を使用していた。高句麗でも4世紀末から独自年号を使用していたことが知られる。朝鮮半島諸国では，出土史料による限り日常的には干支年の使用が一般的であったとみられるが，広開土王碑（高句麗）や真興王巡狩碑（新羅）など国家の領土拡大を対外的に主張する石碑には独自年号の使用が確認される[11]。このことからすると，対外窓口である難波へ遷都し，仏教・儒教思想を掲げて革新的な官僚制を整備した孝徳政権なら，半島諸国に倣って対外的に年号使用を開始したとしても不自然ではない。白雉以降の年号が原則として祥瑞によるのに対し[12]，大化が抽象的徳目によるのも，半島諸国の年号からの影響であろう。

　また，7世紀の日本では，日常的使用において使い捨てられる木簡などの書記媒体で年号が用いられた形跡は全く無いものの，石碑などの金石文に限って年号を記した事例がある。「伊予道後温湯碑」や「法隆寺金堂釈迦三尊像光背銘」に見える法興年号は私年号の一種と理解されることが多いが，双方の干支は計算上矛盾しておらず，聖徳太子や推古天皇など一定範囲の人々の間では通用していた可能性がある。この法興年号や，「那須国造碑」に見える永昌年号などは，7世紀の日本で日常的使用は確認できないが，金石文には確かに記されている。石碑は石という堅固な素材に刻まれることから，後世への永続が強く意識される。かかる永遠への意識は，一切衆生の往生を願う造像願文でも同様である。こうした永続的な時間観念の下で記される文の中では，ある特定の年を示すにあたり，わずか60年で一巡してしまう干支年表記はあまり適切とは言えず，むしろその時代固有の年号表記のほうがふさわしい。宇治橋断碑に見える大化年号も，道登による架橋の年次を未来永劫にわたって伝えるため，敢えて記されたものと考えておきたい。

---

11)　河内春人「年号制の成立と古代天皇制」（『駿台史学』156，2016）。
12)　遠藤慶太「年号と祥瑞――九世紀以前の年号命名をめぐって」（『日本歴史』846，2018）。

第Ⅱ部
法を刻む意味

辺境に立つ公文書
―― 四川昭覚県出土《光和四年石表》試探 ――

籾　山　　　明

は じ め に

　本稿の目的は，テクストの多次的機能という視点から，公文書を刻んだ後漢時代の石刻史料に分析を加えることにある。

　秦漢時代の公文書類は，文書としての機能を終えた後もただちに廃棄されることなく，官署の書府（文書庫）に一定期間，保管されるのを常とした。他機関から受信した文書はもちろんのこと，自らが発信した文書についても「控え」を必ず保管した[1]。保管の主な目的は将来の監査や照会に備えることだから，機能の面から見るならば，保管文書はもはや文書ではなく，照合のための記録に変化している。テクストの機能を決めるのは，テクスト自体の内容や書式ではなく，置かれた「場」との関係性であるといってよい。テクストの機能を規定する，このような関係性をコンテクストと呼ぶならば，テクストはコンテクストに応じて多次的な機能を帯びる，と定式化することができようか。

　後漢時代の石刻類に，公文書を原文のまま石に刻んだ「文書碑」と呼ばれる一群がある。上記のように，公文書類は文書としての機能を終えたのち，記録として保管されていた。それをあらためて石に転写して特定の場に立てる行為は，テクストにさらに新しい機能を与えることになる。たとえば代表的な文書碑である《乙瑛碑》の場合，別名を《孔廟置守廟百石卒史碑》（孔廟に守廟の百石の卒史を置くの碑）とも称するように，刻まれているテクストは，曲阜孔廟に卒史一人を置いてほしいとの請願を筆頭に，その実現までを跡付ける三通の公

1）　発信した文書の「控え」として保管されるのは，多くの場合，機関内部での決裁に用いられた原本であり，相手方にはそれを浄書した「写し」が送られた。したがって，発信者側に保管されている文書には往々にして，責任者の批准を示す自署が別筆の形で判別できる。劉欣寧「漢代政務溝通中的文書与口頭伝達：以居延甲渠候官為例」（『中央研究院歴史語言研究所集刊』第89本第3分，2018）468頁。

文書から構成される。かつて文書としての機能を果たしたテクストは，石に刻まれ孔廟に立てられることにより，請願者である乙瑛の顕彰という全く別の機能を帯びる。そのことは碑文の末尾に添えられた「讃」に明らかであるが，顕彰という機能を決定づけているのは，立碑の場との関係性，テクストの置かれたコンテクストだと考えてよいだろう。個人を顕彰するための文章に公文書がそのまま使用されるのは，証明力に期待する（行為が虚偽ではない）面もあろうが，対象となる行為が有する政治的意義を明確にする（皇帝の制可を受けた）意図が大きいと思われる。むろん機能の点からいえば，刻まれている公文書類はもはや文書ではなく，顕彰文ということになる。

本稿では以下，後漢時代の西南辺境に立てられた一件の文書碑——ただし史料自身は「石表」と自称する——を取り上げて，上記のような視点から初歩的な考察を試みる。全体は二節に分かれ，第一節はテクストの分析に，第二節は置かれた場との関係性，コンテクストの検討にあてられる。石刻の現物は2018年6月に実見したが，間近で文字を確認できる状況になかったために，釈文にはなお流動的な部分が残る。

1　《光和四年石表》の検討——テクスト

本稿で検討の対象とするのは，1983年2月に四川省涼山彝族自治州昭覚県四開郷好谷村で出土した，後漢霊帝光和4（181）年の紀年を有する石刻である（図1）。石刻が「石表」と自称しているところから，一般に《光和四年石表》ないし《昭覚石表》，あるいは刻文に見える漢代の地名に従って《邛都県安斯郷石表》と呼んでいる。本稿では以下，煩を避け，《石表》の略称を用いることにする。出土時には石闕残石や石羊，石柱などが共伴したが，その後ほどなく埋め戻されて，1988年に改めて発掘された[2]。再発掘の際には，83年に出土した遺物以外に，初平3（192）年の紀年をもった石碑残石と年代未詳の石表各1件や，玉石を敷いた方形の土台3基などが検出されている。方形土台は1辺が1.38〜0.82 m，東北—西南の方向に4 m間隔で並び，傍らには古代の路面が確認された。出土した石表や石碑などは本来，土台の上に据えられて

路傍に並んでいたようである[3]。

《石表》は，二つに割れた状態で出土したものの，断裂による文字の欠損はさほど深刻でない。報告によれば，高さは 166 cm，幅は上部で 64 cm，下部で 75 cm を測る[4]。厚さは上部で 37.5 cm，下部で 44 cm と報告されているが，この数字には誤りがある。実見によれば上部・下部とも厚さは幅の 1.5 倍ほどもあり，刻文の大半が記された正面よりも側面のほうが広い面積となっている（図2）。この形状の意味については，本稿の末尾で論及したい。また，やはり実見に従えば，背面から側面にかけて大きな欠損部分（えぐれ）が確認された。欠損がもし人為的なものであるならば，二つに割れた出土状態と関係があるとも考えられる。

刻文は正面に 9 行，向かって右側面に 3 行が認められ，全文は 400 余字と推定される。文字の筆画は必ずしも鮮明ではなく，とりわけ正面後半部分と側面の判読は難しい。書体はやや粗略，字配りは不均整で，正面前半と後半で文字の大きさに顕著な違いが見て取れる。本節ではまず刻文の全体を内容によって

図1 《光和四年石表》拓本
（『一箇考古学文化交匯区的発現―涼山考古四十年』科学出版社，2015 による）

---

2) 最初の発掘報告は，吉木布初・関栄華「四川昭覚県発現東漢石表和石闕残石」（『考古』1987，第 5 期），再発掘の報告は，涼山彝族自治州博物館・昭覚県文管所「四川涼山昭覚県好谷郷発現的東漢石表」（『四川文物』2007，第 5 期）。埋め戻しの理由を再発掘報告は「発掘者が専門の考古学要員でなく，これらの文物を正式に発掘したのでもなかったため」と説明するが，高文・高成剛編『四川歴代碑刻』（四川大学出版社，1990）では，「現地の彝族の風習で，浮彫のある刻石が不吉な物と見なされたため」だと説いている。
3) 涼山彝族自治州博物館・昭覚県文管所注 2 前掲論文。
4) 涼山彝族自治州博物館・昭覚県文管所注 2 前掲論文。

五つに分段し，釈文と読み下し文とを示した上で，各段のテクストとしての性格を考える。釈文は先行諸研究と拓本を対照することで確定した[5]。紙幅の都合上，釈文や字解の異同の注記，官制や地名についての考証などは，テクストの性格と大きく関係しない限り，省略に従うことにする。

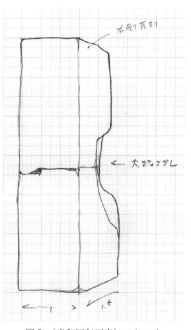

図2 《光和四年石表》スケッチ
（2018年6月，著者作成）

第Ⅰ段（正面第1～3行）

1 領方右戸曹史張湛白。前換蘇示有秩馮佑轉爲安斯有秩，庚子詔書聽轉示部爲安斯郷有秩，如書。與五官掾

2 司馬篤議請屬功曹定入應書時簿，下督郵李仁・邛都奉行，言到日。具草。○行丞事常如掾。○主簿司馬追省。

3 府君教諾。○正月十二日乙巳，書佐昌延寫。

  a 領方右戸曹史の張湛が白（もう）す。前（さき）に蘇示有秩の馮佑を換え，転じて安斯の有秩と為さんこと〔を請い〕，庚子の詔書もて〔蘇〕示の部より転じて安斯郷の有秩と為すを聴（ゆる）さるること，書の如し。五官掾司馬の篤と議して請うらくは，功曹に属して応書の時簿に定入し，督郵の李仁と邛都とに下して奉行せしめ，到日を言わんことを。具さに草す。

---

5) 注2前掲の発掘報告および『四川歴代碑刻』以外に《石表》の拓本と釈文を載せた文献を刊行順に列挙する。永田英正編『漢代石刻集成』（同朋舎出版，1994）。四川省涼山博物館『中国西南地区歴代石刻匯編』第三冊・四川涼山巻（天津古籍出版社，1998）（側面の拓本を欠く）。毛遠明『漢魏六朝碑刻校注』（線装書局，2008）。涼山彝族自治州博物館・涼山彝族自治州文物管理所編著『涼山歴史碑刻注評』（文物出版社，2011）。同前編著『一箇考古学文化交匯区的発現――涼山考古四十年』（科学出版社，2015）。《石表》の写真が掲載された文献は，管見の限り見当たらない。

b　行丞事の常，掾の如し。
　　　c　主簿司馬の追，省す。
　　　d　府君が教すらく，「諾」と。
　　　e　正月十二日乙巳，書佐の昌延が写す。

　文字が比較的鮮明に残る一段で，「換」の語釈に若干疑問はあるものの，全体の文意はほぼ正確に把握できる。冒頭に言及されている「安斯郷」が《石表》の出土地である昭覚県四開郷好谷村一帯に比定されることは，おそらく間違いないだろう。三箇所に現われる○が「行替えを示す」符合であり，この一段が「冊書を右から順に刻したものと思われる」との角谷常子の指摘に従えば，全体は a〜e の五つの部分に分けられる[6]。
　a 部分は領方右戸曹史の張湛による提案であり，「庚子詔書」の下達を受けて，必要な対応を要請している。すなわち，①郡の功曹に「應書時簿」への記載を依頼すること（「屬功曹定入應書時簿」），②督郵と邛都県に詔書を伝達し，執行を指示すること（「下督郵李仁・邛都奉行」），③詔書を受領・執行したむね報告すること（「言到日」）[7]，の三点である。先行研究に指摘されている通り，「白」字で始まり「草」字で結ぶ形式は，走馬楼呉簡や五一広場出土東漢簡牘のいわゆる「白文書」と共通している[8]。五一広場出土東漢簡牘の中から，延平元（106）年の紀年をもった木牘を一枚引用しよう。木牘の記載は三段になっており，中・下二段は連続した文章である。

　　（上段）君追殺人賊小武陵亭部。
　　（中・下段）兼左賊史順・助吏條白。待事掾王純言，前格殺₌人賊黄俐・郭幽。今俐同産兄宗₌弟禹，於純門外欲逐殺純。敎屬曹今白。守丞護・兼掾英議請移書賊捕掾浩等，考實姦詐。白草。　延平元年四月廿四日辛未白。

---
6)　角谷常子「木簡使用の変遷と意味」（同編『東アジア木簡学のために』汲古書院，2014）。
7)　羅振玉・王国維『流沙墜簡』釈二に「言到日者，猶史記三王世家及漢碑，詔書後所謂書到言也。漢時，行下公文，必令報受書之日，或云書到言，或云言到日，其義一也。」と指摘する。
8)　「白文書」に関しては，伊藤敏雄「長沙呉簡中の『叩頭死罪白』文書木牘」（伊藤敏雄・窪添慶文・關尾史郎編『湖南出土簡牘とその社会』汲古書院，2015）を参照のこと。

1　《光和四年石表》の検討

（五一広場出土東漢簡牘 CWJ1 ③：305）
君は殺人賊を小武陵の亭部に追う。
兼左賊史の順・助吏の条白(もう)す。待事掾の王純が言えらく，「前に殺人賊の黄倗と郭幽を格殺す。今，倗の同産兄の宗・宗の弟の禹，純の門外において純を逐殺せんと欲す」と。教もて曹に今白を属す。守丞の護・兼掾の英〔と〕議して請うらくは，賊捕掾の浩らに移書して，姦詐を考実せしめんことを。草を白(もう)す。延平元年四月廿四日辛未に白す。

　王純が訴えた内容は，捕縛に抵抗した黄倗と郭幽の両名を格殺したところ，倗の身内が復讐のため純の身辺をうかがうようになり，自身と家族の生命が脅かされているというもので，「待事掾王純叩頭死罪白（待事掾の王純が叩頭死罪して白す）」で始まる文書に別途詳述されている（五一広場出土東漢簡牘 CWJ1 ③：169）。この王純の訴えがつまり「今白」（今回の上申）であり，「教属曹今白」とはその扱いを「教」（長官の指示）によって諸曹に委ねたの意味だろう。そこで守丞の護・兼掾の英の両名と商議した結果，賊捕掾の浩らに移書して悪心を抱く者たちを取り調べさせるむね提案することにした，というのが兼左賊史の順と助吏の条による「白文書」の趣旨である。文末に「白草」とある「草」は草稿の謂であり，移書の文案がこの木牘に編綴されていたことを示すのであろう[9]。

　木牘上段に「君追殺人賊小武陵亭部」と記されているのは，最終責任者である「君」（ここでは県令）が小武陵亭部へ追捕に出向き，県廷に不在であることを意味する[10]。在署の場合は他の大半の「白文書」に見られる通り，君自身

---

9) 長沙市文物考古研究所・清華大学出土文献研究与保護中心・中国文化遺産研究院・湖南大学岳麓書院編『長沙五一広場東漢簡牘選釈』（中西書局，2015）143頁。また伊藤敏雄注8前掲論文。

10) 陳松長と周海鋒は「君，追殺人賊小武陵亭部」と句読し，「どうか待事掾の王純が殺人賊の黄倗と郭幽を小武陵亭部に追捕する案件にかかわる事がらに指示を出してください（請您對待事掾王純追捕殺人賊黄倗、郭幽於小武陵亭部之案件的相關事宜作出指示）」の意味だと解釈するが，無理が過ぎると言わざるを得ない。ここにいう「殺人賊」は，すでに殺害されている黄倗・郭幽とは別の「賊」を指すと考えるべきである。陳松長・周海鋒「『君教諾』考論」，長沙市文物考古研究所・清華大学出土文献研究与保護中心・中国文化遺産研究院・湖南大学岳麓書院編注9前掲書所収。

による批准を示す「君教諾」の三文字がここに記された。いずれにしても「白文書」による提案は，最終責任者の認可を得て実行に移される。《石表》第Ⅰ段のｂ〜ｄ部分は，こうした批准手続きに相当する。

　ｂ部分は張湛の提案に対する行丞事の常による賛同，ｃ部分は主簿司馬の追による提案の点検，ｄ部分は府君（この場合は郡太守）による最終的な認可にあたる。同様の手続きは，走馬楼呉簡や五一広場出土東漢簡牘のいわゆる「君教牘」に見えている。走馬楼呉簡から一例を示す[11]。

　　君教　　　丞　紀如掾。録事掾潘琬・典田掾烝若校。
　　　主記史栂　　　綜省。嘉禾五年三月六日白
　　　　　　　四年田頃畝収米斛数草

　末尾の小字部分「嘉禾五年三月六日白四年田頃畝収米斛数草（嘉禾五年三月六日に白したる四年の田頃畝収米斛数の草）」は，批准の対象となる文案（「草」）の内容要約であり，「田頃畝収米斛数」を記した本文が別途添えられていたのであろう。この文案は，録事掾の潘琬と典田掾の烝若とによる校閲（「校」），主記史の栂綜による確認（「省」），丞の紀による同意（「如掾」）などを経て，最終的に「君」（この場合は臨湘侯相）の認可を得る――「君教」の下に「諾」字が記入される――ことで効力をもった。關尾史郎が指摘するように，「列曹からの白文書に対して臨湘侯相が承諾を与え，またそれによって白で提出された事案の執行が教によって当該の列曹に命令され」るという関係が成り立っていたわけである[12]。

　以上の検討によるならば，第Ⅰ段の原型となったのは，「君教牘」や「白文書」といった類の，意思決定手続きに用いられた文書であった。全体を筆写し

---

11)　宋少華主編『湖南長沙三國呉簡』（五）（重慶出版社，2010）28頁。
12)　關尾史郎「出土史料からみた魏晋・「五胡」時代の教」，藤田勝久・關尾史郎編『簡牘が描く中国古代の政治と社会』（汲古書院，2017）267頁。なお關尾論文は，本文に引いた長沙呉簡の末尾に見える「草」を「菓」に釈し，『田頃畝収米斛数菓』とは『吏民田家莂』に関係する白に対応するもの」だと解しているが，写真図版を見る限り文字は確かに「草」であり，「白某某草（白したる某某の草）」と解することも可能であるように思われる。

たのはe部分に見える書佐の昌延であり，列曹が署名し府君（郡太守）が「諾」字を記入することで，提案は実行に移された。《石表》の冒頭部分が郡府の内部文書であることは，注意しておくべきだろう。

第Ⅱ段（正面第3～6行）

3　○光和四年正月甲午朔十三日丙午，越巂太守張勃・行丞事大筰守

4　使者益州治所下三年十一月六日庚子　　　　　○長常叩頭死罪敢言之。

5　詔書，聽郡所上諸・安斯二鄉復除□齊□鄉及安斯有秩。詔書即日□下中部勸農督郵書掾李仁・邛都奉行。

6　勃詔（?）□詔州郡，叩頭死罪敢言之。○□□□□□下庚子詔書即日□□狀。

　光和四年正月甲午朔十三日丙午，越巂太守の張勃・行丞事の大筰守長の常，叩頭死罪，敢えて之を言う。使者の益州治所より三年十一月六日庚子の詔書を下し，郡の上せし所の諸・安斯二鄉の復除…斉…鄉及び安斯有秩を……するを聽す。詔書は即日に中部勸農督郵書掾の李仁と邛都に…下して奉行せしむ。勃詔…詔州郡，叩頭死罪，敢えて之を言う。

　……庚子詔書を下し即日……の狀。

　この一段に関しては，伊強が二つの重要な指摘をしている[13]。第一に，従来「大官」と釈読されてきた第3行の文字は「大筰」と改めるべきこと。同じ文字は第7行と側面第2行にも現れているが，より鮮明な後者の拓本を見る限り，「大筰」が適切なように思われる。大筰は越巂郡の属県である。第二に，第3行下端の「大筰守」が第4行下半部○以下の「長常叩頭死罪」に連続し，第4行上半部「使者益州治所下三年十一月六日庚子」が第5行「詔書聽郡」に連続すべきこと。確かに原文のままでは第3・4行の間で文が繋がらず，第4行の文章も「六月庚子」の下に空白を残して不自然に中断している。こうした奇妙な改行がなされた理由は不明であるが，伊強の説に従うならば，読み下し

---

13)　伊強「《光和四年石表》文字考釋及文書構成」（『四川文物』2017，第3期）。

文に示したように，越巂太守府発信の上行文書として無理なく通読できる。その内容は詔書を受領・下達したことの報告であるから，第Ⅰ段の張湛による建議③，「到日を言う」文書に相当し，第6行下半部の○以下がその表題と推定される。公文書の末尾に「某某状」という表題が付く例として，《樊毅復華下民租田口算碑》（『隷釈』巻2）の「弘農大守上祠西嶽乞縣賦發差復華下十里以內民租田口算状」が挙げられる。蘇俊林が指摘する通り，こうした用例の「状」字には「文書」の意味がある[14]。

第4～5行に「使者詣州治所下三年十一月六日庚子詔書」と述べているのは，庚子詔書が益州刺史を通して通達されたことを示すのであろう。刺史を通して詔書が通達される例は，たとえば次の居延漢簡に見えている。

　　九月乙亥，涼州刺史柳使下部郡大守屬國農都尉。承書從事下當用者。明＝
　　　＝察吏有〔不〕若能者，勿用。嚴教官屬，
　　謹以文理遇百姓。務稱明詔厚恩，如詔書。／從事史賀音　　（EPT54：5）
　　九月乙亥，涼州刺史の柳，使として部郡の大守・属国・農都尉に下す。書を承け事に従い，当に用うべき者に下せ。吏に能の若くならざる者あるを明察し，用いること勿れ。官属を厳しく教え，謹んで文理を以て百姓を遇せよ。務めて明詔の厚恩を称え，詔書の如くせよ。従事史の賀音。

「若」の前に「不」字を脱していると解したが，あるいは別解もありうるだろう。月日から文章が始まっているのは，この簡が紀年をもった文書本文に続く一枚であったことを意味する。その文書が詔書であることは，「如詔書」という結び文言から明らかである。刺史は使者として詔書を下達しているので「使下」という表現を用いるのであろう[15]。

第5行「聽郡所上諸・安斯二郷復除」の釈文は伊強の説に従った[16]。拓本の文字は必ずしも鮮明でないのであるが，従来の「聽郡則上諸安斯二郷復除」という釈文よりは文意が通る。旧説によれば二郷の名称は「上諸・安斯」，伊

---

14) 蘇俊林「秦漢時期的"状"類司法文書」（『簡帛』第9輯，2014）。

説では「諸・安斯」となる。さらに伊説に従えば，越巂郡は郷吏の異動のみならず復除の実施も要請し，庚子詔書によって承認されたことになる。1988年に出土した初平3年の石碑残石に「〔詔〕書もて復除を賜う（書賜復除）」と見えているのは，同じ事情を指すのであろう。

第Ⅲ段（正面第7〜8行）

7　三月十四日丙午，越巂太守勃・行丞事大筰守長常叩頭死罪敢言之。○使者益州□□□

8　治□□□□言□。

　三月十四日丙午，越巂太守の勃・行丞事大筰守長の常，叩頭死罪，敢えて之を言う。使者の益州……治……〔敢て之を〕言う。

第Ⅱ段と同じ書き出しで，日付は約二か月後となっている。越巂太守の張勃と行丞事大筰守長の常を発信者とする上行文書であることは疑いないが，中途から文字が不鮮明となり，全体の文意は判然としない。あるいは庚子詔書の遂行を確認したむね報告する文書であろうか。次段との関係も含めて，正解は後考を俟つ。

第Ⅳ段（正面第8〜9行）

8　○高官□□詔書，即日始君遷里□□□□……

9　……等十四里。○將十四里丁衆受詔高米，立石表。師齊驅字彥新。

　高官……詔書，即日，始めて君は里に遷し……等十四里を……。十四里の丁衆を将いて詔を高米に受け，石表を立つ。師は斉驅，字は彦新。

15）「使下」の解釈は角谷常子氏の御教示による。1971年に甘粛省甘谷県の漢墓から出土した甘谷漢簡にも，刺史を通じての詔書下達を意味する「涼州刺史陟使下郡国太守都尉。承書従事下當用者，如詔書」（第22簡）という文章が見えている。張学正は，「『使下』とは〝郡国を部する従事″や〝郡を典さどる書佐″などの属僚たちに文書を書移させること」であると解するが，属僚が文書を取扱うのは刺史に限ったことではなく，一部の文書に限って使役形を用いる必然性に乏しいように思われる。張学正「甘谷漢簡考釈」（甘粛省文物工作隊・甘粛省博物館編『漢簡研究文集』甘粛人民出版社，1984）117頁。

16）伊強注13前掲論文。

第8行の文字は不鮮明，字釈も暫定的なもので，第Ⅲ段の文書の一部である可能性も否定できない。本稿ではひとまず「高官」以下を，公文書からの転写ではなく，《石表》に固有の記事と考えた。第9行の「丁衆」は壮丁を意味する語であろうから，「十四里」とは第5行で復除の対象となっている「諸・安斯二郷」を構成する里に相違ない。斉駆の肩書の「師」とは，《三公之碑》に「石師劉元孝」，《白石神君碑》に「石師王明」と見えている石師であろう。「受詔高米，立石表」の断句は毛遠明に従った[17]。「受詔，高米立石表」という断句では，「高米」なる肩書不明の人物が立石の主体となり，不自然である。高米が安斯郷の里のひとつで，郡太守は馮佑の赴任に際してそこに巡行して石表を立てた――第Ⅲ段がその報告となる――とも考えられるが，憶測の域を出るものではない。

第Ⅴ段（側面第1～3行）

1　越巂太守・丞・掾奉書言。□□常□都□□□□□光和四年正月甲午朔十三日丙午□□□□
2　□□大筰守長常□部中部勧農督郵書掾李仁・邛都□□□于詔書。書到，奉行務□□□□□□□詔書□
3　掾□・屬湛・書佐延主。

　　越巂太守・丞・掾，書を奉じて言う。……常…都……光和四年正月甲午朔十三日丙午，……大筰守長の常…部，中部勧農督郵書掾の李仁と邛都に…（？），詔書に……。書到らば，奉行して……に務め……詔書…
　　掾の…，属の湛，書佐の延が主（つかさど）る。

　欠釈の多い部分であるが，「奉書言」および「書到，奉行」という文言により，越巂郡府が庚子詔書の執行を督郵の李仁と邛都県とに命じた下行文書だと判断される。掾・属・書佐が書記として名を連ねるのも，郡発信の文書に見られる特徴である[18]。第Ⅰ段の張湛による建議②に相当する文書と考えてよい

17）　毛遠明注5前掲書，25頁。
18）　伊強注13前掲論文。

1 《光和四年石表》の検討

だろう。

　以上，考察が煩瑣に及んだが，《石表》に記された文書の往来と郡府の動きは，下記の通りに整理できよう。
　　光和3（180）年11月6日以前，越巂郡が馮佑の異動（ならびに二郷の復除）を申請
　　光和3年11月6日，詔書（「庚子詔書」）の下達，異動の認可
　　光和4年1月12日，右戸曹史張湛の建議と府君による認可（第Ⅰ段）
　　光和4年1月13日，越巂郡府より督郵李仁と邛都県へ詔書を下達（第Ⅴ段）
　　　　　　同日，越巂郡府より詔書受領・下達の報告（第Ⅱ段）
　　光和4年3月14日，越巂郡府より再度報告（第Ⅲ段）
　一見して明らかなように，《石表》に刻まれているテクストは，第Ⅳ段を別として，詔書の下達から実行までの各段階で越巂郡が作成・発信した公文書から構成されている。換言すれば，テクストが示しているのは，庚子詔書の指示を実行した際の越巂郡の対応である。
　では，そうした公文書類をなぜ石に刻んで立てたのか。また，《石表》を立てた主体は誰なのか。こうした問いに対しては，最初の発掘報告が次のような見解を述べている。すなわち，「この石表に刻まれているのは五曹詔書であり，内容は馮佑を安斯郷の有秩に任命したことのほか，上諸・安斯二郷の賦役を免除するというものである。それゆえ二郷の丁衆はこの石表を立て，待遇の手厚さを示したのである」というもので，「十四里の丁衆」が復除の特権を顕示するため，という解釈である[19]。これに対して再発掘の報告は，立石の主体について異なった見解を示す。すなわち，《石表》の「具体的な内容は基層官吏の人事異動や，現地民衆の賦税の復除などにかかわる。これらの事がらは現地の民衆にとって切実なものであり，ゆえに石に刻んで公示し，人々に知らせたのである」という[20]。百姓に情報を告示するためであるならば，立石の主体

---

19) 吉木布初・関栄華注2前掲論文。同報告では第5行を「詔書聴郡則上諸安斯二郷復除」と釈している。

としては越嶲郡または邛都県が想定されているのであろう。

　丁衆が石表を立てたとの解釈は，おそらく成り立たないだろう。「十四里丁衆」が復除の享受者を意識した表現である可能性は高いとしても，「立石表」の主語となるのは，かれらを「将いて」，「詔を受け」る立場にあった越嶲太守とみるべきである。第Ⅰ段のような内部文書にアクセスできるのも，太守であれば納得できる。一方で，百姓に情報を告示するためという説にも難がある。朽ちることのない石に文章を刻むのは，後世までも事実を伝えるためである[21]。郷吏の異動を告示するのに，石を用いる必要はない。最も疑問とされるのは，両説ともに《石表》に詔書の原文が引かれていると理解していることである。とりわけ前者の説においては，内容を五曹詔書と断定し，兗州刺史の過翔が五曹詔書を「改めて板上に著した」という『風俗通義』の佚文を傍証として挙げている。しかし先の整理から明らかなように，詔書本文は一言半句も引かれておらず，第Ⅳ段を別として，全体は越嶲郡府で作成・発信された文書のみから成っている。上記二説は，「詔書」の文字に拘泥するあまり，テクストの内的構造を看過していると言わざるを得ない[22]。

　詔書の内容を公布することが目的であれば，下された庚子詔書――本文は書府に保管されていたはずである――を掲示するのが最も効果的だろう。にもかかわらず，越嶲郡府で作成・発信した複数の文書を一貫した関連性のもとに並べているのは，人事異動や復除といった詔書の内容そのものよりも，それを実行に移すプロセス，とりわけそこで郡と太守が果たした役割を示すためではあ

---

20) 吉木布初・関栄華注2前掲論文。

21) 『墨子』明鬼下に広く知られた一段がある。「古者聖王必以鬼神爲，其務鬼神厚矣。又恐後世子孫不能知也，故書之竹帛，傳遺後世子孫。咸恐其腐蠹絶滅，後世子孫不得而記，故琢之盤盂，鏤之金石，以重之。」王念孫によれば「爲」の下に「有」字が脱落。また，王引之によれば「咸」は「或」字の誤りだという（『読書雑志』巻7之3）。

22) 四川省涼山博物館編注5前掲書が根拠を示さないまま《石表》に「五曹詔書石表」という題を付けているのは，読者を当惑させるのではないか。同書は「その行文・格式が光和四年石表と同じである」との理由から，初平3年石碑残石をも「五曹詔書石表」と名付けるが，内容が詔書である可能性は低いと思われる。馬怡もまた《石表》に五曹詔書が刻されているとの説である。すなわち，「聽轉」から「入應書時簿」までを「庚子詔書」の本文ととらえた上で，「制日」や「制可」などの文言を伴っていないのは，皇帝自らの裁可を要しない五曹詔書だからであろうと考える。馬怡「漢代詔書之三品」（北京大学中国古代史研究中心編『田余慶先生九十華誕頌寿論文集』中華書局，2014）79-80頁。

るまいか。機関外部に出ることのない内部文書を第Ⅰ段に置いているのも，実行の起点が太守の「敎諾」にあることを明示するためだと思われる。

とするならば，越嶲太守張勃は何を目的として，自らの果たした役割を石に刻んで立てたのか。立石の主体である太守が自己を顕彰することは考え難いし，記されている郡の官吏の対応も常識的で慣行に沿ったものであり，特別に目を引くことは何もない。立石の目的を直接に示す文言は，テクスト内部に——少なくとも釈読可能な範囲において——見出すことができないのである。この問いに答えるためには，テクストの置かれた「場」，コンテクストに目を向ける必要があるだろう。次節では，《石表》の立つ越嶲郡邛都県安斯郷，後漢後半期の涼山の一角へ視点を移すことにする。

2　後漢後半期の涼山——コンテクスト

元鼎6（前111）年，漢の武帝は西南夷を平定し，その地に武都・牂柯・越嶲・沈黎・文山の5郡を置いた（『漢書』武帝紀）。越嶲は今日の四川省西南部から雲南省東北部を統括する郡であり，郡治は邛都県つまり今日の西昌市にあった。成都方面から邛都へ向かうには，現在の地名で言うと，青衣江流域の蘆山・雅安へと下り，榮経を経由したのち，大相嶺を越えて大渡河流域の漢源に至り，甘洛・越西を経て西昌へ，というルートを辿る[23]。『史記』司馬相如列伝に「零関の道を通じ，孫水に橋かけ，以て邛都に通ず（通零關道，橋孫水，以通邛都）」とあるのは，このルートの開拓を伝えているのであろう[24]。劉弘はこの道を青衣道と呼んでいる[25]。

---

23) 注5前掲『一箇考古学文化交匯区的発現——涼山考古四十年』417頁。この路線の復元は，藍勇『四川古代交通路線史』（四川師範大学出版社，1989）にもとづくと注記されているが，同書は筆者未見である。

24) 『漢書』司馬相如伝では「通靈山道，橋孫水，以通邛・筰」に作る。王念孫は「都」「筰」の違いについて，史記索隠が「橋孫水通筰」と注することなどを根拠に，『漢書』の記述を是とする（『読書雑志』巻3之6）。孫水が現在の安寧河に比定されることは確かであるが，零（靈）山・零（靈）関の位置については古くから諸説紛々として帰一するところがない。詳しい議論は，久村因「靈関道考」（『名古屋大学教養部紀要』（人文科学・社会科学）第19輯，1975）を参照。

25) 劉弘「従川滇古道上的漢墓看漢代郵亭」（『四川文物』1990，第3期）。

青衣道は漢の西南辺境支配を支える幹道であったが，後漢時代の半ばに至り，沿道の原住勢力との関係が悪化する。『後漢書』安帝紀・元初 4（117）年に「十二月，越嶲の夷が遂久を寇し，県令を殺す」とあり，翌 5 年にも「春正月，越嶲の夷が叛す」，「秋七月，越嶲の夷蛮及び旄牛の豪が叛し，長吏を殺す」とあるように，越嶲郡ではいわゆる蛮夷の反乱が頻発するようになる[26]。さらに延光 2（123）年には，「春正月，旄牛の夷が叛して，霊関を寇し，県令を殺す」という事態が生じ，益州刺史が討伐の軍を差し向けている。初平 3 年の石碑残石に「捉馬の虜種が城邑を攻没す（捉馬虜種攻没城邑）」と回顧されるのも，同じ流れに属する事件であろう。

　こうした一連の反乱の結果，青衣道は旄牛（漢源）付近で遮断され，成都・邛都間の通行は迂回路によることを余儀なくされる。すなわち，成都からいわゆる五尺道を南下して僰道（現在の宜賓市）に至り，そこから西進し涼山を越えて邛都へ至る道であり，青衣道を三角形の底辺とすれば，僰道を頂点とする他の二辺にあたる。『三国志』蜀書張嶷伝に，この間の事情を述べた一節がある。

　　郡有舊道，經旄牛中至成都，既平且近。自旄牛絶道，已百餘年，更由安上，
　　既險且遠。
　　郡に旧道あり，旄牛中を経て成都に至れば，既に平らかにして且つ近し。
　　旄牛の道を絶ちてより，已に百余年，更めて安上に由れば，既に険にして
　　且つ遠し。

　郡とは越嶲郡，旧道とは青衣道，安上は蜀漢時代に僰道の西に置かれた県である[27]。張嶷が越嶲太守となって旧道の復活に尽力するのは劉禅の延熙 3（240）年のことであるから（『三国志』蜀書後主伝），百余年前の「旄牛絶道」と

---

26) 魯西奇が指摘している通り，後漢時代のいわゆる蛮夷の反乱は，多くが徭役の賦課に起因する。魯西奇「釈"蛮"」，『文史』2008 年第 3 輯。越嶲郡諸蛮の反乱も，交通路や通信施設整備のための労働力徴発が契機となった可能性はあろう。

27) ちなみにこの迂回路は，諸葛亮がいわゆる南征の際に辿ったルートにあたる。方国瑜「西漢至南朝時期西南地理考釈」（『中国西南歴史地理考釈』上冊，中華書局，1987）236-239 頁を参照。

は安帝時代の反乱の結果を指しているのであろう。《石表》が出土した昭覚県四開郷好谷村は、涼山の深奥部、迂回路が僰道（安上）から邛都へ抜ける途上に位置する。安斯郷の開設時期は不明であるが、交通の要衝としての重要性は、「旄牛絶道」により決定的になったと思われる。四開郷東北部に位置する黒洛社遺址と呼ばれる集落遺跡と、その東方と南方の山の斜面に造営された漢式墓とは、発掘者によって安斯郷を構成する遺構に比定されている（図3）[28]。それは原住者が居住する土地に開かれた漢人の入植地であった。

涼山深奥部に石板を組み合わせて構築された墓、いわゆる石棺墓が広く分布

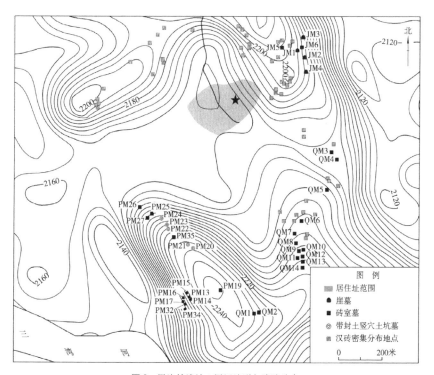

図3　黒洛社遺址の周辺地形と遺跡分布
（網掛け部分は黒洛社遺址の範囲、★印は石表の出土地点。「四川昭覚県四開壩子漢代遺存的調査与清理」（『考古』2018、第8期）66頁の図に加筆）

---

28) 涼山彝族自治州博物館・四川大学歴史文化学院考古学系・昭覚県文物管理所「四川昭覚県四開壩子漢代遺存的調査与清理」（『考古』2018、第8期）。

していることは，四川省の考古学者による報告やアンケ・ハインの浩瀚な研究書からうかがえる[29]。墓は涼山中に点在する可耕地，西南中国で壩子と呼ばれる山間盆地に営まれているが，とりわけ濃密な分布地域となっているのは，ほかならぬ昭覚県四開郷の一帯である。考古学者の見解によれば，「涼山地区の石棺墓は商代頃からすでに出現しており，両周時代に最も流行し，前漢時期に衰退が始まり，後漢早期に消滅している」という[30]。衰退・消滅の原因が漢人の入植にあることも，つとに指摘されている通りであろう。涼山深奥部の壩子には漢系の墓も存在するが，大半は後漢晩期に編年されており，漢人のこの地域への入植が後漢中・晩期の出来事であったことをものがたる。劉弘によれば，涼山地域の後漢墓の分布は，当時の交通路に沿っているという[31]。

《石表》が出土した好谷村には，在地系の石棺墓と漢系の墳丘墓（磚室墓）や崖墓とが一つの丘陵上に造営されている場所がある[32]。前者がこの地の原住者，後者が入植した漢人の墓葬であるとするならば，安斯郷における住民交代を反映した事実といえる。越嶲郡に斯臾と呼ばれる人々が居住していたことは，たとえば『華陽国志』李特志の「泰寧元（323）年，越嶲の斯臾が反し，任回および太守の李謙を攻め囲む」という記事や，初平 3 年石碑残石の「有斯臾備路障」という語句などからうかがえる[33]。安斯という郷名が「安撫斯臾（斯臾を安撫する）」を意味することは，おそらく疑いないだろう。交通の要衝を確保するには，原住勢力を安撫することが不可欠であった。

安撫の一面は武力であった。1986 年，四開郷の住民が山の斜面で 17 個の銅印を掘り出した。印面は「軍司馬印」が 1 点，「軍仮司馬」が 13 点，「軍仮侯印」が 3 点で，いずれも後漢時代の風格をもつ武官印である[34]。青海省大通

---

[29] 涼山彝族自治州博物館・四川大学考古学系・昭覚県文物管理所「四川昭覚県好谷村古墓群的調査和清理」（『考古』2009，第 4 期）。涼山彝族自治州博物館・四川大学歴史文化学院考古学系・昭覚県文管所「四川昭覚県四開郷石棺墓地的清理」（『考古』2016，第 8 期）。Anke Hein, *The Burial Record of Prehistoric Liangshan in Southwest China*. Springer, 2017.

[30] 注 5 前掲『一箇考古学文化交匯区的発現――涼山考古四十年』，276 頁。

[31] 劉弘注 25 前掲論文，16 頁。

[32] 涼山彝族自治州博物館・四川大学考古学系・昭覚県文物管理所注 29 前掲論文。

[33] 斯臾はまた斯臾に作る。『史記』司馬相如列伝に「邛・筰・冄・駹・斯楡之君，皆請爲内臣」という一文があり，その索隠に「益部耆舊傳謂之斯臾」と見えている。

県上孫家寨 115 号漢墓出土の木簡から復元される前漢晩期の軍制によれば，司馬と侯はそれぞれ部・曲と呼ばれる軍隊編成の指揮官であり，率いる兵士の数は 200 人・400 人となっている[35]。初平 3 年石碑残石の「…百人以爲常屯」という一文は，こうした部・曲の駐屯を指すと思われる。漢印の出土地点から西北へ 300 m ほど登った小山の上には，抵坡此（または抵頗尺）遺址と呼ばれる後漢末期の「軍屯遺跡」が発見されている。1977 年と 2011 年の二度にわたる調査によって，見張り台ないしは烽火台と思われる 11 基の版築土堆や建築址，陶片や瓦片，銅鏃や弩機の断片などが検出されたほか，山の鞍部を越える古道も確認された[36]。「軍屯」の実態解明はさらなる調査を俟つべきであろうが，四開郷一帯の防衛・監視と邛都間の交通の管理とを担う施設であった可能性は高い。この土地を保持する上で武力が必要であったのは，越嶲郡による統治が不安定な要素を含んでいたことの証しといえる。

　以上のようなコンテクストの中に《石表》を置いてみるならば，テクストの示す方向性が明らかになってくるだろう。先述の通り，一連の公文書が語っているのは，安斯郷を対象とした詔書が実行に移されるまでのプロセスと，それを担った郡と太守の役割であった。このようなテクストが石に刻まれ現地に立てられる時，それはこの地が越嶲郡の確かな統治下にあることを布告する告示としての機能を帯びる。記された文書に見える郡の官吏の対応は慣行に沿った常識的なものであったが，それはかえって皇帝の意志の忠実な実現を印象付ける効果を生んだ。本来は路傍に立っていたという発掘報告の推測に従えば，布告の対象として想定されているのは，原住・入植者を問わず現地の住民一般と考えてよいだろう[37]。安斯郷という場所の特殊な事情，原住者のある土地に開かれた入植地という性格が，このような布告を必要とした。この点で《石

---

34) 俄解放「昭覚県四開郷出土十七方銅印」（『四川文物』1990，第 1 期）。毛瑞芬・鄒麟「四川昭覚県発現東漢武職官印」（『考古』1993，第 8 期）。

35) 久保田宏次「青海省大通県上孫家寨 115 号漢墓出土木簡の考察――特に漢代の部隊編成を中心として」（『駿台史学』第 74 号，1988）。

36) 涼山彝族自治州博物館・四川大学歴史文化学院考古学系・昭覚県文物管理所注 28 前掲論文，66-68 頁。ただし，劉弘注 25 前掲論文 18 頁や注 5 前掲『一箇考古学文化交匯区的発現――涼山考古四十年』435-437 頁では，蜀漢時期の遺跡として紹介されている。年代観が異なる根拠は不明である。

表》の果たした役割は，始皇帝による巡狩刻石に類似している。始皇帝による刻石は，新たに編入した東方領土に立てられて，征服の事実を「征服された人々とその祖霊とに向けて布告した」[38]。前提となる支配が盤石でない点においても，二つの例は類似する。

　石表という媒体の意味についても，最後に論及しておくべきだろう。両漢魏晋時代に「表」と呼ばれた人工物に関しては，孫梓辛に委細を尽くした専論がある[39]。結論のみを記すなら，「表」はもともと木表（目印のために立てる木柱）のような標識機能をもった器物を意味していたが，そこから顕彰のための目印を「表」と呼ぶようになり，やがて表墓（墓葬の位置の標識を立てる）の風習と立碑の流行とに影響されて，顕彰の媒体としての「表」と「碑」が形態・機能両面で接近・混交するに至った，というものであり，「表」の多層的な発展過程が明快に整理されている。孫論文は，漢代に「表」と自称する石刻類の一例として《石表》にも言及し，その機能が「展示・証明」にあり，『管子』君臣上の尹知章注にいう「木を以て告示するところ有るを標（しる）すものと為す（以木爲標有所告示）」にあたること，形態の点でも本来の器物としての「表」である木表の特徴を引き継いでいること，などを指摘している[40]。《石表》にいう「表」が標示物としての表を意味することは，角谷常子もつとに指摘しており，従うべき見解であろう[41]。《石表》は，支配の事実を標示するための「表」で

---

37) 住民が文面を理解できるのかという疑問は当然あるだろう。この疑問に対しては，庶民にとっての「代書代読」の意義を説く邢義田の見解が示唆に富む。邢義田「秦漢平民的読写能力――史料解読篇之一」（邢義田・劉増貴主編『古代庶民社会』，中央研究院歴史語言研究所，2013）。「夷人」の田地から租税を取り立てないむね「刻石盟要」したという，『後漢書』南蛮西南夷列伝に記す秦昭王の事例についても，伝承が事実であるとするならば，同様の解釈が可能であろう。

38) Martin Kern, *The Stele Inscriptions of Ch'in Shih-huang: Text and Ritual in Early Chinese Imperial Representation*, American Oriental Society, 2000, p. 107.

39) 孫梓辛「漢晋間"表"的形制、使用及変遷――兼論漢代的表墓風気」（『文史』2018，第1輯）。

40) ただし，奥行きのある四角柱という形状は，標柱としていささか奇異であり，建築部材が転用された可能性も完全には排除できない。なお，孫論文は報告書に示された《石表》の厚さを紹介しているが，前節冒頭で指摘した通り，この数値には誤りがある。

41) 角谷常子「後漢時代における為政者による顕彰」（『奈良史学』第26号，2008）42頁。なお「表」の発展過程についても角谷論文ですでに考察されており，その洞察の上に孫論文は立論されている。

あり，未来をも布告対象とするために「石」が素材に選ばれた。

おわりに

　安斯郷の支配を展開する中で越巂郡が作成・発信した公文書類は，石に刻まれ現地に立てられることで，その土地が越巂郡――さらには後漢王朝――の統治下に置かれていることを布告する告示文としての機能を付与された。テクストがコンテクストに応じて多次的な機能を帯びる例証として，《石表》は恰好の事例であろう。原則として移動することがないという石刻固有の特徴も，こうした視点からの研究に好適といえる。石刻史料は多くの場合，過去に機能していたその場において出土する。換言すれば，遺物として出土したコンテクストが機能していた当時のコンテクストと重なっている。簡牘史料の場合は往々にして廃棄物として出土するため，機能していたコンテクストは一定の手続によって復元される必要がある[42]。

　《石表》について残る疑問は，同様の機能をもった後漢時代の石刻が他に見当たらないことだろう。その原因は憶測するほかにないのであるが，越巂郡という地域と後漢後半期という時代との特性にあると考える。すなわち，立碑の風が盛行した桓帝・霊帝期において，重要性と不安定性とが同居する場所が西南辺境の越巂郡であったということである。

　第一節の冒頭に紹介した通り，《石表》が出土した際には，石闕残石や石羊・石柱などが共伴している。とりわけ注目されるのは初平3年石碑残石で，先行して立てられていた《石表》との関連性が問題となる。碑身の下半分を欠く上に文字も不鮮明な部分が多く，通読は不可能であるが，本稿でも一部を示したように，《石表》と共通する記事も見えている。形状は《石表》と異なり，蓋石を載せた石碑であったようである[43]。

　1988年の発掘範囲がどれほどの広がりであったのか，遺物がどのような空

---

[42] 里耶秦簡という古井廃棄簡牘から，その機能していたコンテクスト，すなわち県における文書保管と行政実務を復元した試論として，拙稿「簡牘文書学与法制史――以里耶秦簡為例」（柳立言主編『史料与法史学』，中央研究院歴史語言研究所，2016）を参照。

[43] 新津健一郎氏の観察による。

間的位置関係で出土したのか，詳しいことは不明であるが，もし《石表》に先立って何らかの石造物が立っていたとするならば，他のモニュメントとの関係性もまた，《石表》テクストの理解にとって看過できないコンテクストであったといえる。《石表》を含めて最終的に形成されたモニュメント複合体の構成ならびに景観も，新鮮な研究テーマとなるだろう。詳細な発掘報告の刊行を待って，あらためて論じる機会を得たいと思う。

〔付記〕
　本稿の対象となる《光和四年石表》は，2018年6月21日に昭覚県において実見し，あわせて四開郷好谷村の出土地点も確認した。《石表》現物は共伴した他の石刻二件とともに昭覚県図書館のロビーに展示されているが，同館が長期にわたり閉館中で入館不可能であったため，正面玄関のドアのガラス越しに観察するにとどまった。ともに現地を踏査したのは，東京大学大学院の新津健一郎氏であり，氏にはまた注24に引いた久村論文の存在をはじめ，貴重な御教示をいただいた。末筆ながら感謝申し上げたい。

集安高句麗碑から見た広開土王碑の立碑目的

李　　成　市

は　じ　め　に

　広開土王碑は，西暦414年に長寿王（412〜491）によって高句麗の王都が所在した国内城（現・集安市，209〜427年）に建立された。1775文字からなる碑文中には，400年前後の日本列島の倭を含めた周辺諸民族と高句麗との戦闘記事が記されているために，4，5世紀における日本列島の倭の動向を示す同時代史料として，1880年代以来，東アジア諸国の研究者に活用されてきた。

　20世紀初頭より，近代諸民族の欲望が投影されながら解読が進められた広開土王碑文ではあるが，改めて，この碑が建立された当時に立ち返ってみてみよう。この碑はただ単に編年体に列挙された王一代の武勲を讃えるだけにとどまらず，330家からなる高句麗歴代王陵の守墓人の戸数と彼らの出身地を克明に刻し，さらに守墓人に関わる王命や禁令・罰則からなる法制文書が併せて書き込まれている。これまで130年以上におよぶ広開土王碑文研究は，碑文の一部に過ぎない武勲記事のみに注目が集中し，碑文全体の理解や立碑目的については十分な検討がなされてきたとは言いがたい[1]。

　折しも，2012年8月，集安市西方の麻綫江下流より新たな高句麗碑が発見されるに至り，その内容が広開土王碑文の守墓人に関わる文言と酷似することから，広開土王碑の立碑目的は，この集安高句麗碑を無視して論じることができない状況にある。

　本稿は，広開土王碑の立碑目的を解明する前提として，このたび発見された集安高句麗碑と広開土王碑との関連を明らかにすることを目的とする。本稿の考察をとおして，広開土王碑は守墓人制度の整備と法制化の過程を示す公文書

---

[1] 拙稿「石刻文書としての広開土王碑文」（藤田勝久・松原弘宣編『東アジア出土資料と情報伝達』汲古書院，2011）参照。

を碑石に刻み，法制上の整備と王命を永遠に伝えることを目的とするものであって，その実現に貢献した広開土王の勲績を讃える頌徳碑ないし顕彰碑として再検討されるべきことを改めて提起するものである。

1　広開土王碑と高句麗守墓役制度

　広開土王碑の碑石は，高さ 639 cm，その一辺は 135 cm から 200 cm におよぶ方柱状の形態をしている。四面には幅 14 cm 前後の罫線が彫りこまれ，その各行に整然と文字が刻されている[2]。正格漢文によって記された[3] 1775 字からなる全文は，内容上，序文と本論（1，2）とで形成されている。すなわち，まず序文として，始祖・鄒牟王による建国創業の由来から 17 代目の王孫である広開土王にいたる高句麗王家の世系を略述し，次いで本論の前半（本論 1）に，広開土王 1 代の武勲を年代記的に 8 年 8 条にして列挙し，本論の後半（本論 2）には，守墓人烟戸 330 家の内訳（出身地と戸数）と彼らに関する売買の禁令と罰則を記している。

　以上のような構成からなる碑文の冒頭は次のように書き起こされている。

　　その昔，始祖の鄒牟王が国のいしずえを築いたのは，北方の夫余を発祥としている。父は天帝（天の神）であり，母は河伯（大地の神）の娘である。卵が割けて地上に降り，生まれながらに聖□（聖徳か）をそなえていた。

　また，広開土王が始祖から 17 代目の王孫であり，18 歳で即位して王の治世

---

[2] 広開土王碑の基礎的な研究と拓本研究は以下の文献を参照。朴時亨『広開土王陵碑』（全浩天訳，そしえて，1985），武田幸男『高句麗史と東アジア――「広開土王碑」研究序説』（岩波書店，1989），武田幸男編『広開土王碑原石拓本集成』（東京大学出版会，1988）。

[3] ただし碑文の文体については，「高句麗語の語法にひきずられたとみえるところもあり，わが『古事記』に書き方にやや似たところがある」との指摘がある。末松保和「史料解説」（『歴史教育』7-4，1959〔原載〕，末松保和『日本上代史管見』自家版，1963「上代史研究の外国史料解説（附）」として載録）。なお碑文の国語学の立場からの分析には，権仁瀚『広開土王碑文新研究』（博聞社，2015，ソウル）所収の六章「文法史的考察」，一〇章「漢文語法の選択的受容と変容」を参照。

に王朝が栄えたことを略述し，39歳で死去した後（死去の年月日は記さず），王の亡骸を「甲寅年九月二九日」に陵墓に埋葬したことのみを記し，序文末尾に「碑を立て，そこに勲績を刻み込み，後世に示す」と述べている。死去（412年）から埋葬までの間に足かけ3年が経過しており，この間に殯礼があったと推測されている。

　序文に続いて本論1は，序文の末尾の3字を空白にして本碑で唯一の改行を行った上で，王の治世に用いた年号によって，永楽5年から永楽20年までの8年8条の武勲を年代記的に記している。武勲は，高句麗の周辺諸民族，すなわち稗麗（契丹の一部族），百済，新羅，粛慎，東夫余を，広開土王が戦闘などを通して従属させたこと，さらには高句麗の支配秩序を乱す日本列島の倭と朝鮮半島南部で戦ったことなどが書かれている。この8年8条の武勲は，広開土王が直接戦地に赴いたのか，あるいは王が戦地には赴かずに命じて軍隊を派遣したのかによって明確に二つの戦闘形式を分けた上で，王が直接戦地に赴いた際には，必ず王の戦果が記されている[4]。そして，8年8条の武勲記事の末尾には，「おおよそ（広開土王が）攻め破った城は64，村は1400」と総括されている。

　こうした武勲記事（本論1）の次に，本論2に相当する部分には，「守墓人烟戸」の表題のもとに，守墓人330家の出身地と戸数を示すリストを列挙しているが，まず，守墓人の3分の1に相当する110家の旧民（高句麗人）を掲げている。次いで，残る3分の2に相当する220家は，「新来韓穢」と明記された上で，広開土王がその治世に攻め破った南方の韓族・穢族の民で構成されている。彼らの出身地は，武勲記事の戦果に記されている地域名が多数確認できる。

　本論2には，これらの守墓人リストに続いて，広開土王が布告した墓守人に関する命令と禁令の全文を次のように記している。

　①広開土王が存命中に命令を下して，「これまでの高句麗の先王たちは，

---

[4] 浜田耕策「高句麗広開土王陵碑文の研究——碑文の構造と史臣の筆法を中心として」（『朝鮮史研究会論文集』11，1974），武田幸男「辛卯年状記事の再吟味」（『高句麗史と東アジア』注2前掲書所収）。

ただ遠近に住む旧民（高句麗プロパーの人）だけを連れてきて墓守りをさせたが，私は旧民が次第に疲弊することを慮り，私の死後1万年後まで墓守人を堅固に保つために，ただ私が自ら奪い取ってきた韓族と穢族を墓守人にして墓を管理させよ」と言った。
②王の命令はこのようであったため，その命令に従って韓・穢220家をもって守墓人とした。しかし，彼らだけでは高句麗の法令を熟知していないことを考慮し，旧民110戸を併せて，新旧の守墓人を国烟30家，看烟300家の合計330家を定めた。
③これまで高句麗王の先王たちは，陵墓の傍らに石碑を立てなかったために，守墓人の家々が交錯してしまった。ただ広開土王は，高句麗の先王たちの墓の全ての傍らに，各々石碑をたて，守墓人の戸を銘記して混乱しないようにさせた。
④また（広開土王は）法を制定した。「守墓人は，今より以後，これを転売してはならない。富裕な者がいても，みだりに守墓人を買い取ってはならない。この法令に違反して守墓人を売る者は，刑罰をうけ，買う者は，墓守りをさせることにする」と。

要するに，本論2の内容から判明するのは以下のとおりである。①古来，高句麗では，高句麗の民をもって王陵の墓守りをさせてきたが，高句麗民の疲弊することを憂慮し，永遠に守墓役制度を堅固なものにするために，広開土王は自ら攻め破った地域の新来の民をもって守墓人に加えることを命じ，②広開土王の命令に従って，守墓人集団を組織したものの，新来の民だけでは高句麗法に通暁していないことを考慮し，さらに3分の1の旧民を加えて合計330家で再編した。加えて，③従前の高句麗の守墓人制度では，各陵墓の守墓人聚落が相互に錯綜してしまったので，その対策として，広開土王は歴代王陵の傍らに碑を立て，その碑に烟戸を刻銘することによって混乱を抑止した。広開土王は更に，④守墓人売買の禁令と罰則の法令を定めた，というのである。
　筆者は前稿において，広開土王碑文の特質として重視したのは，①から④に至る碑文そのものが石刻公文書としての性格を帯びている事実についてである。

1　広開土王碑と高句麗守墓役制度

生前における広開土王の王命と，それに関わる法令の成立する過程を記し，最後に，広開土王が定めた守墓役制度に対する禁令と罰則が記されているのであって，このように成立した高句麗の守墓役体制に対して，長寿王は，広開土王の王命と広開土王が歴代王陵ごとに立碑したという事績を明記して，それらが広開土王の「勲績」にあたるというのが前稿の主張の中核であった。したがって，公文書がそのまま記された石刻文書の性格を帯びてはいるが，それは総体として広開土王の高句麗守墓役体制を強化した勲績をたたえた頌徳碑ないしは顕彰碑であると結論づけた。

　その論証の過程で留意したのは，高句麗では古来，王陵の傍らに守墓人に集落をつくらせ，かれらを守墓役に従事させていたものの[5]，③にあるように，こうした歴代の各陵墓における守墓人烟戸が相互に錯綜し混乱したので，広開土王は，石碑を歴代王陵の傍らに立て，そこに守墓人烟戸を明記することを創案したという事実である。

　広開土王碑の立碑目的を考える際に，このような碑文中の③の記述に注目すべきであることを強調した。というのも，広開土王碑には，王在位中に，総数330家からなる守墓人烟戸がどこから徴発された者たちであるかを克明に刻しており，それらの守墓人たちについては，諸王陵の全ての傍らに碑を立て，守墓役制の錯乱を抑止させたと明記しているからである。

　従来，広開土王が諸王陵の傍らに立碑したという碑石が一点も実在しないことから，碑文の当該記事の真偽をめぐって議論があった[6]。しかしながら，まさに広開土王碑文に記されているような守墓人烟戸碑（集安高句麗碑）が発見されたのである。

　ところで，集安に所在する諸王陵の傍らに烟戸を記した碑が立てられたとすると，それらの守墓人烟戸の源泉となるべきは広開土王碑に記された330家を各王陵に配置したと推定されるが，各王陵の守墓人烟戸の戸数を検討しなければならない[7]。前稿の第二の重要な論点は，ここにあった。

---

5) 武田幸男「新領域の城―戸支配」（注4前掲書）40頁。
6) 朴時亨注1前掲書，265頁。
7) 後述のように従来，研究史上，330家の烟戸は全てが漫然と広開土王陵の墓守人烟戸と想定されてきた。

179

しかるに，王陵ごとに総数で330家の守墓人が配置されたとする際に問題となるのは，広開土王碑に記された「国烟」30と「看烟」300とが，具体的にどのように各王陵に配置されたのかについてである。そもそも「国烟」と「看烟」とは相互に如何なる関係にあったのか必ずしも明らかになっていない。そこで，朴時亨説に従って，「国烟」が王陵守護の主たる職務を遂行し，「看烟」は「国烟」の職務を各方面で保障する任務を担当したと推定した。こうした解釈を前提に，「国烟」と「看烟」の数が1対10になっていることから，国烟1家と看烟10家を合わせて，一つの集合体を成して王陵守護の負担を負うものとみなした[8]。つまりは，「国烟」1と「看烟」10からなる最も基礎的な単位である11家の守墓人烟戸の集合体が基本単位となり，王陵の墓守人として割り当てられたことになる。

　ただし，たとえば1王陵につき11家とすると，いくつかの問題が生じる。まずもって，11家を1王陵に対する守墓人烟戸のユニットとすれば，必然的に30の王陵が対象となる。そこで生じるのは，高句麗歴代諸王の数と30の王陵との整合性の問題である。そもそも30の王陵では，碑文が刻している広開土王の「17代孫」とする記事と齟齬をきたすことになる。

　第二に問題となるのは，碑文に記す広開土王の「教言」によれば，守墓人は広開土王が新たに略来してきた「韓穢」の民だけにするようにと王命が下されたが，彼らだけでは高句麗の法が理解できないことを考慮して，「韓穢」の220家に対して，「旧民」の110家加えて，「新旧守墓戸」330家となしたとの施策がもっている重大性である。

　というのも，広開土王の教言に対して，あえて「旧民」を加えるという補訂策を講じたにも拘わらず，単純な机上の計算からすると，「国烟」1，「看烟」10を一つの集団としたのであれば，30のうち20（全体の3分の2）の集団は，法を知らない「新来韓穢」だけからなる守墓人集団となってしまい，これでは施策の根幹を否定することになってしまう[9]。

---

[8]　朴時亨注1前掲書，拙稿注1前掲論文，61-2頁。

[9]　すでに前稿で指摘したことではあるが，計算上，11戸を一つのユニットとする30の集団に3ないし4家の旧民を個別に配合することは可能である。しかし，その全体数の規模と整合性から配合比が異なる方式は現実にはとりがたい。

これらの諸問題を解決するために，まず330戸の総数から各王陵の守墓人戸数を割り出す際の条件として，守墓人烟戸が配置された王陵数を推定することにした。すなわち，それらの王陵とは，3世紀初頭に国内城（集安）に遷都した最初の王である山上王から，国内城に葬られた最後の王である広開土王までの10人の王陵と推定した[10]。

　こうした前提に基づき，「国烟」3と「看烟」30を合わせて，33家で1王陵の守墓戸集団（10集団）を編成していたと想定すると，1王陵の33家には，どの王陵の守墓人集団にも3分の1にあたる11家の「旧民」が配合されることになる[11]。

　要するに，前稿において，10王陵の各々に33家の烟戸を明記した10個の石碑が各王陵の傍らに立碑されたとみなしたのである。

2　集安高句麗碑の立碑年とその内容

　広開土王碑の立碑目的を検討する上で，このたびの集安高句麗碑の発見によって広開土王が歴代王陵の傍らに守墓人を明記した碑を建立したという事実が裏づけられるとすれば，それは頗る重要な意味をもつ。というのも，広開土王のそうした施策が高句麗史上，新たな守墓役制度の強化策として，その事績が広開土王碑文中に，王の教言と共に特筆されているからである。それにも拘わらず，このような碑がこれまで伝存しなかったために，その存在を疑問視する見解すらあったのである。つまり，歴代王陵の傍らに立てられたという碑石が一点も存在しないこともあって，広開土王碑文の第四面に記された石刻文書とも言うべき守墓人の売買に関する禁令と罰則に関わる内容が広開土王碑の立碑目的と如何なる関係にあるのかを本格的に議論することはほとんどなかった[12]。

　しかしながら，集安高句麗碑が発見されるや，状況は一変した。その碑文か

---

[10] 韓国の学界では山上王による国内城遷都（新国の建設）を認めない説もあるが，前稿では，山上王による国内城遷都（伊夷模の清国建設）を前提として国内城時代の王を10人と推定した。

[11] 拙稿注1前掲論文，370頁。

[12] 拙稿注1前掲論文，363-365頁。

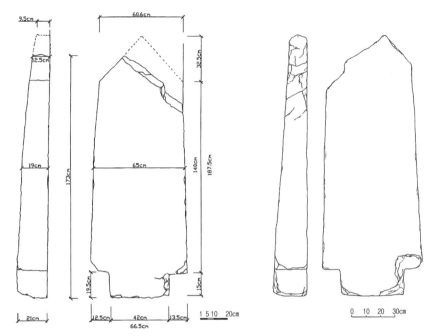

図1　集安高句麗碑の表面と側面　　　図2　集安高句麗碑の背面と側面

らは，広開土王碑の冒頭の建国創業の由来のみならず，広開土王碑が記している守墓人売買に関する禁令と罰則と酷似する字句が確認されるにおよび，にわかに広開土王碑に記される「墓上立碑」と集安高句麗碑との関係が注目されるに至ったのである。

　発見された碑石は，高句麗の王陵と推定される二つの古墳（千秋塚，西大墓）の間に流れる麻綫江河口付近の川岸（右岸）に埋もれていた。碑石の高さは170 cm 余りで，幅は最長部が 65 cm あり，幅は 21 cm ほどである[13]。

　碑体は長方形で表裏，左右両側は加工され平滑に整えられている。碑首は圭形であるが，右上の一角が欠失し，底面中央には差し込みのための突起部分がある。よく加工された碑身の表面には全体に文字が記されているが，一部が摩

---

13) 新たに発見された集安高句麗碑の概要については，孫仁傑「集安高句麗碑の発見の経緯と碑面の現状」，耿鉄華「集安高句麗碑の立碑年代と発見の意義」（『プロジェクト研究』9，早稲田大学総合研究機構，2014）を参照。

2 集安高句麗碑の立碑年とその内容

図3 集安高句麗碑周栄順拓本（2012年9月25日採拓）

滅しており，裏面は全体的に摩耗がいっそう激しく，人工的に削られたとの発見直後の調査による指摘がある。表面に刻まれた文字は10行にわたって218字が記されていると推定され，裏面は，ほぼ中央部の二行だけに幾つかの文字が判読されている[14]。

発見以来，これまで多くの判読者による独自の釈文が提起されてきたが，摩滅の激しい上端部の文字に対する多種多様な釈文を見極めるのは困難な状況にある。そこで，これまでの研究に依拠しつつも，孫仁傑氏が貸与くださった拓本や，これまで刊行された報告書の拓本，および従来の釈文を参照しつつ，釈文を作成してみた。以下のとおりである。

```
 1　□□□□世必授天道自承元王始祖鄒牟王之創基也
 2　□□□子河伯之孫神□□□假蔭開國辟土繼胤相承
 3　□□□□□□烟戸以□河流四時祭祀然□世悠長烟
 4　□□□□烟戸□□□□富足□轉賣□□守墓者以銘
 5　□□□□□□□□太王□□□□王神□□興東西
 6　□□□□□□□追述先聖功勳彌高愈烈繼古人之慷慨
 7　□□□□□□□□自戊子定律教内發令更脩復各於
 8　□□□□立碑銘其烟戸頭廿人名□示後世自今以後
 9　守墓之民不得擅買更相擅賣雖富足之者亦不得其買
10　賣□若違令者後世繼嗣之□看其碑文与其罪過
```

前述のとおり右上端部を欠損しており，上部の摩滅が激しいこともあって，当該部分の判読は容易ではない。ただし，第一行目からの末尾には「始祖鄒牟王之創基也」とあって，それ以降の「□□□子河伯之孫」「富足□轉賣□□守墓者以銘」「立碑銘其烟戸」「示後世自今以後」「守墓之民不得擅買更相擅賣」「雖富足之者亦不得其買賣」「若違令者」といった章句は，広開土王碑との対応関係があり，広開土王碑と密接な関係をもつ碑であることは一目瞭然である。

---

14)　武田幸男「集安・高句麗二碑の研究に寄せて」(『プロジェクト研究』9，早稲田大学総合研究機構，2014) 121-130頁参照。

集安高句麗碑については，すでに中国，韓国において100篇をこえる論文が発表されている[15]が，その中にあって碑文の内容を二分して考える武田幸男氏の構成案が提起されており注目される。これに従って碑文の概要を述べてみたい。

　すなわち，碑文の前段は，高句麗の創世に関わり始祖鄒牟王より書き起こし，建国開闢以来，胤裔を継ぎ相承した高句麗諸王の守墓人烟戸に言及し，その烟戸が「四時祭祀」を行うなど制度を幾久しく維持するために，烟戸の転売を禁じ守墓人烟戸を石碑に刻銘したことが記されているとみられる。

　このような内容からなる前段でとりわけ注目されるのは，3行目「烟戸以□河流四時祭祀然□世悠長」とある部分であって，守墓人烟戸が「四時祭祀」に関与し，そのために悠長なる烟戸の存続を念じる内容が刻されているとみられる。

　一方，後段では，冒頭部分を欠いているものの，「先聖の功勲を追述すること，弥々高く，愈々烈し，古人の慷慨を継ぐ」と見えている。すなわち，先王の功績を過去に遡って述べ，「古人」の強い意志[16]を継承する云々と記されている。さらに，従前の方式に対して「更めて脩復」を加えたようであり，それには「戊子（年）に律を定め，内に教し令を発し」てのことであったという。そこで（新たに）「立碑し，烟戸頭廿人の名□を銘して後世に示し」たと記している。その上で改めて，「守墓の民は擅（ほしいまま）に買い更相（たがい）に転売するを得ず，富足の者も亦た其れを買売するを得ず。若し令に違う者は，後世継嗣□は，其の碑文を看て其の罪過を与えん」と禁令で結んでいる。

　全体を以上のように見定めた上で，既往の所説で注目すべきは，この碑の建立を広開土王代とみるのか，長寿王代とみるのかで大きく見解が異なることである。こうした問題の起点には，碑文の内在的な分析というよりは，集安高句

---

15) 耿鉄華『集安高句麗碑研究』吉林大学出版社，2017，383-387頁）。
16) 『三国志』には下記のような慷慨の用例があり，どれも「強い意志」の意で用いられている。「（審）配字正南，魏郡人。少忠烈慷慨，有不可犯之節」（巻六魏書袁紹伝裴注所引『先賢行状』），「（王）朗高才博雅，而性嚴整慷慨，多威儀，恭儉節約」（巻一三魏書王朗伝裴注所引『魏書』）。「復以（蔣）濟為東中郎將，代領其兵。詔曰，卿兼資文武，志節慷慨，常有超越江湖吞呉會之志，故復授將率之任」（巻一四魏書蔣済伝）。なお「慷慨」の用例については，伊藤光成氏にご教示頂いた。

麗碑の高句麗史への位置づけに対する各研究者が抱くいわば先験的な時代観の相違にあるといえる。たとえば，碑文中の「定律教内発令」の字句と『三国史記』に伝わる小獣林王3（373）年の「始めて律令を頒つ」とある記事を戊子年と結びつけ，戊子年を388年とみなす見解などは，その一例である。ここには，高句麗の律令制度の展開を重視し，碑文に見られる「定律」と『三国史記』の記事を結びつけようとする時代観が反映されている[17]。しかし，まずは後段の「戊子に律を定め，内に教し令を発して白り」とある干支の判読に集中すべきであろう。この干支の十二支についての釈文は一定せず，「子」の他に，「午」ないし「申」と釈読する論者があって，収まるところがない。

立碑年代の大きな鍵となる干支の十二支に該当する文字については，拓本を見る限り，「午」や「申」とみることはできない。「子」字の上部には不鮮明な部分があるものの，下半部を見る限り，第2行4字目の「子」と同じ書体である。したがって「申」は論外と言うしかない。

また，集安高句麗碑は建国創業の由来や墓守人烟戸の禁令について広開土王碑文と対応する部分があるが，その特徴は，建国創業の由来に関する箇所は簡略化されながらも一層文飾が加えられており，一方，守墓者の禁令についてはほぼ一致している（次節で後述）。要するに，集安高句麗碑は広開土王碑を前提に，その叙述はより洗練されているといえる。

さらに，多くの論者が指摘するように，6行目に「先聖の功勲を追述する」とある章句の「先聖」は，集安高句麗碑の守墓人に関わる文章が広開土王碑文を前提としていることからみて，広開土王即位（391年）後の「戊子」年である長寿王36（448）年である可能性が高い。

しかも，広開土王碑文とほぼ同一の墓守人に関する禁令を記す集安高句麗碑の末尾には「其の碑を看て罪過を与う」とあって，後述のように「其の碑」は広開土王碑である蓋然性はきわめて高い。もしそうであるとすれば，集安高句麗碑の立碑は，広開土王碑以前にはありえないことになる。すなわち，集安高句麗碑は，広開土王碑の建立年から34年を経て，集安高句麗碑が建立された

---

17) 橋本繁・李成市「朝鮮古代法制史研究の現状と課題」『法制史研究』65，2015）58-59頁。

とみなさざるをえない。

　そこで，本稿がめざす広開土王碑の立碑目的の解明という課題に即して，集安高句麗碑発見の意義について述べたい。従来，広開土王碑に記す烟戸の総数「330家」は，漠然と広開土王陵の烟戸と想定する論者が大多数であった。それに対し，かつて拙稿において国内城時代の王陵を10とみて，「330家」は，1王陵に守墓烟戸33家が配されていたと推定した。あえて前節で詳述したとおりである。しかしながら，このたび発見された集安高句麗碑には，「烟戸頭廿人名」と記されており，「烟戸頭」とは烟戸の戸主とみなすことによって，烟戸20家が広開土王碑の記す王陵ごとの「守墓人烟戸」一つの単位であると多くの論者によって推定されている。

　このような1王陵に対する烟戸数については，『三国史記』に高句麗の国相荅夫の死去に伴い「守墓二十家」が設定された（新大王15年9月）ことや，新羅諸王の陵園に「各二十戸」が配された（文武王4年2月）との事例がみえており，それらを参照すべきである点は，かつて拙稿で指摘したとおりである[18]。各王陵に配された烟戸数として無視できない規模である。つまり，集安高句麗碑が王陵の傍らに立てられた墓守人烟戸を銘記した碑石の一つであるとすれば，たとえ広開土王碑に記す「墓上立碑」そのものでないとしても，広開土王碑が記す烟戸330家とは，歴代王陵に各々配置された烟戸数の総数と見なければならないことになる。こうした事実は集安高句麗碑によって初めて裏づけられたのであって，この点は集安高句麗碑発見の大きな意義の一つである。

　これに関わって重要なのは，碑石の裏面には元来，守墓人烟戸の具体的な内容が記されていたと推定されることである。ただし，それらの文字の殆どが判読不可能である。報告書などには，裏面の中央に「□□國烟□守墓烟戸合廿家石工四烟戸頭六人」などの釈文が認められるという[19]。しかしながら，拓本を見る限り，確かに「六（あるいは八）人」などの文字は確認されるが，上掲のような釈文となりうるかは今後の慎重な原碑や諸拓本の観察が必要である。こうした裏面の文字の摩滅については，長期間にわたって河川の中にあった

---

18) 拙稿注1前掲論文，370-371頁。
19) 張福有編著『集安麻綫高句麗碑』（文物出版社，2014，北京）377頁。

めとする見解もある一方で，孫仁傑氏によれば，石碑の表面に対する仔細な観察から人工的に削り取られたと見るべきであるという見方を碑石の発見当初より披瀝している[20]。いずれにしても，裏面の中央部分には，わずかに削り残された文字の痕跡を見出すことは十分に可能であり，実際に人数を記した文字が明確に読み取れる。つまりは，集安高句麗碑の裏面には，守墓人烟戸の内訳が記されていたことは間違いない。

ところで，集安高句麗碑の守墓人烟戸に関わる核心的な部分とも言うべき「立碑銘其烟戸頭廿人名□示後世」とある箇所は，多くの論者によって「碑を立て烟戸頭廿人の名を銘し以て後世に示す」と読まれ，□の文字は「以」と判読されてきた。ところが，拓本を熟視する限り，「以」と読むことは碑文中の他の三箇所にある「以」字の書体の比較からすると，あまりに無理な推定である。そのような釈文に固執するのも，おそらくは当該部分が広開土王碑の一面にある次の文章に酷似するためであろう。

　　立碑銘勳績，以示後世

また「以」字の他には，「垂」，「銘」との釈文案も出されているが，これらの釈文も拓本の書体からも文体からも無理がある。当該文字を虚心坦懐に熟視すれば，画数からは，むしろ第4行16字目の文字に近い。この文字は多くの論者が不明としつつも，それを「數」とみる釈文案がある。そこで，当該文字を「數」と推定し，当該箇所は，

「銘烟戸頭廿人名數示後世」（碑を立て，烟戸頭の名數を銘して後世に示す）

と読んでみたい。すなわち，烟戸の戸主20人の「名數」（家族の成員数）を石碑に刻むことを指すものとみられる。したがって裏面には，王陵の守墓役にあたって，20家の家族の構成員が記されていたと推測される。つまり，前面に

---

20) 2013年3月19日，20日両日における孫仁傑氏の集安高句麗碑発見現場でのご教示による。

は，各王陵には同様の文面が刻され，後面には，各王陵に配置された守墓人烟戸20家の構成員の名数が記されていたと推測される。

3　集安高句麗碑と広開土王碑にみえる守墓役体制

　前章の考察をとおして，集安高句麗碑は長寿王によって即位後36年にして広開土王が施行した立碑烟戸制の再整備のために，かつての王都であった国内城に所在する王陵ごとに立碑されたものであったと推定される。このように集安高句麗碑を高句麗の守墓役体制の変遷の視点から捉える際に注目すべきは，武田幸男氏の示された変遷過程における三段階説である。すなわち，武田氏によれば，高句麗における三段階におよぶ「守墓人烟戸制」を次のように想定している。

　まず第一段階とは，広開土王以前の歴代諸王が「碑を立てず，烟戸を銘さなかった時期」に相当するという。次に，第二段階とは，広開土王代に至って従前の「守墓人烟戸制」が崩壊の危機に直面して，広開土王が祖王・先王たちの墓の傍らに碑を立て守墓人烟戸を銘記する「立碑烟戸制」を創設した時代とみる。そして第三段階とは，このたび発見された高句麗碑が長寿王代の戊子年（448年）に改めて碑が立てられ[21]，新たに守墓人烟戸と禁令を銘記して「立碑烟戸制」を継続し，より強化した新たな段階とみなす。集安高句麗碑の文中にある「脩復」とはこれに相当するという。高句麗守墓役制度のいわば大過去，過去，現在という時代的な変遷過程が想定されている[22]。

　したがって，集安高句麗碑は，これらの高句麗「守墓人烟戸制」の中の三段階目にあたるのであって，まさに「現在」に該当する。要するに，集安高句麗碑は，広開土王による立碑ではなく，広開土王碑の立碑から34年を経て，集安高句麗碑が第7行目に記す「更めて脩復」が要請された時代に建立されたというのである。集安高句麗碑は，長寿王が旧都・国内城地域の王陵に対する守

---

21)　武田氏は418年の可能性も指摘している。しかし，干支はそのように判読できないこと，また後述の如く，「立碑烟戸制」脩復という目的からすると，このような短期間の改編がありえないということから従えない。

22)　武田幸男注14前掲論文。

墓人烟戸の再編と強化のために立碑されたことになる。
　このような段階を想定した上で集安高句麗碑をみれば，すでに言及したとおり，碑文の後半に「先聖の功勲を追述すること，弥々高く，愈々烈し，古人の慷慨を継ぐ」とある，「先聖」とは当然のことながら広開土王その人となろう。
　こうした理解に基づけば，集安高句麗碑発見によって知りうる最も重要な知見は，広開土王碑に記す如く，広開土王時代にさかのぼって歴代王陵ごとに石碑を立て守墓人烟戸を銘記して，守墓役制度を強化したという事実が改めて裏づけられたことである。該当する石碑が一つも発見されなかったことから，この点は従来，必ずしも研究者の間に共有されてきたとはいえない状況にあった。ただし，集安高句麗碑そのものが，広開土王が実施した「墓上立碑」に該当するわけではない。つまり，集安高句麗碑に「更めて脩復」とあるのは，広開土王が創出したその制度（武田氏の言い方に倣えば「立碑烟戸制」）を継承した長寿王が，「更めて脩復」して立碑したと解さなければならない。
　しかも留意すべきは，この長寿王が脩復した「立碑烟戸制」は，広開土王碑の「墓上立碑」とは決して無縁ではなく，広開土王の施策を前提としたものであったという点である。それを裏づけるのが集安高句麗碑の末尾の二行である。すなわち，当該部分には，

　　自今以後守墓之民，不得擅買更相擅賣，雖富足之者，亦不得其買賣□，若違令者，後世繼嗣之□，看其碑文与其罪過。

とあって，これに対して，広開土王碑の末尾の一行には，次のようにある。

　　又制守墓人自今以後，不得更相轉賣，雖有富足之者，亦不得擅買，有違其令者刑之，買人制令守墓之

みられるように，広開土王碑の「守墓人，自今以後，不得更相轉賣」に対して，集安高句麗碑には，「守墓之民，不得擅買更相擅賣」となっている。また，同様に「雖有富足之者，亦不得買賣」に対して「雖富足之者，亦不得其買賣」

と規定されており，必ずしも同一というわけではないが，その意味内容においては全く同じである。さらに，末尾も広開土王碑の「其違令賣者，刑之，買人制令守墓之」に対して，「若違令者，後世繼嗣之□，看其碑文与其罪過」となっている。「広開土王碑の同旨の文言に比べてより詳細に規定された」と評された[23]所以である。

そこで注目すべきは，広開土王碑と異なる「其の碑文を看て其罪過を与える」とある部分であって，改めて論じるまでもなく，指示代名詞のある「其の碑」とは当該碑ではありえない。文法上からも，当該碑を指すのであれば，「其碑」ではなく，「此碑」であろう。また，「其の碑」とは，集安高句麗碑にとって，それだけで説明不要な存在でなければならならず，「其の碑」は，集安高句麗碑の末尾に同一の禁令と罰則を刻し，かつ高句麗守墓人制度の準拠すべき法令の源でもある広開土王碑をおいて他にない。

さらに検討を要するのは，「其の碑」が広開土王碑文であるとすれば，なぜ「其の碑」と記されたのかという点である。一つの可能性としては，現在，解読不能となっている5行目から6行目にかけて広開土王碑に対する言及があって，その文章をうけて「其の碑」としていると想定できよう。また，もう一つの可能性として，「其の碑」で了解されるような，集安高句麗碑の立碑にあたって，当時広く共有された通念が前提になっていたという可能性である。そのような二とおりの可能性が想定できるであろう。

いずれにしても，「其の碑を看て」とは，具体的には，広開土王碑末尾にある「其れ命に違えて売る者あらば，之を刑す，買う人は制令もて墓を守らしむ」とある罰則規定を指しているとみてよい。上述のように，それ以前の文章が同一の内容で導かれているからである。

集安高句麗碑があくまでも広開土王碑に準拠して罰則を与えることを規定している点は見逃すことができず，集安高句麗碑の文章を解する上で頗る重要である[24]。というのも，集安高句麗碑第6行目の「先聖の功勲を追述すること，弥々高く，愈々烈し，古人の慷慨を継ぎ」とある内容もまた，広開土王碑を前

---

23) 武田幸男注14前掲論文，129頁。

提とした文章と見なしうるからである。まさに広開土王碑の第四面は，先聖の功勲を示しつつも，それが混乱を招いた末の守墓役制度の護持に決定的に重要な施策であったこと物語っている。

ところで，上述のように集安高句麗碑を広開土王碑の建立後，34年を経た長寿王36年の建立とした場合，どのような事態を想定すればよいであろうか。第一節で詳述したように，広開土王碑には，墓守人烟戸330家は「旧民」110家と「新来韓穢」220家とが弁別して記されていた。集安高句麗碑の裏面については必ずしも明確ではないものの，少なくとも前面の碑文をみる限り，広開土王碑で問題にされた「旧民」と「新来韓穢」との区分は問題にされていないようにみられる。

前稿では，守墓人烟戸33家が一つの王陵に配当されたと推定したが，しかしながら集安高句麗碑には，既述のように「立碑銘其烟戸頭廿人」とあることから，1王陵につき，守墓人烟戸20家が配当されていたと多くの論者によって推測されている。前稿の推定が正しいとすれば，広開土王碑建立の時代には，1王陵につき33家の守墓人烟戸が割り当てられていたが，長寿王36年の立碑に際して，1王陵に20家と変化したことになる。

こうした烟戸数の変化が集安高句麗碑に記された長寿王の「更めて脩復」したことに関わっていた可能性は十分にありえるのではあるまいか。つまりは，広開土王が各王陵の守墓人烟戸を刻して立碑した際に守墓人烟戸33家であった制度を，改めて新たに守墓人烟戸を20家に再編成して，それらを石碑に記したのが集安高句麗碑であると考えてみたい。

それでは，なぜ長寿王は「更めて脩復」して立碑しなければならなかったのだろうか。すでに述べたように，集安高句麗碑の立碑は，戊子年に建立されたとすると，長寿王の平壌遷都後，21年後のことになる。広開土王の守墓人制

---

24) この点で軽視できないのは，集安高句麗碑の末尾の「若違令者，後世繼嗣之□，看其碑文与其罪過」とある「後世繼嗣之□」の章句である。□字は釈文が帰一しないが，武田幸男氏は，これを「王」と読み，「後世繼嗣之王」としている。孫仁傑氏の拓本によれば，横に三つの線を確認できるものの，それらの線は各々右下に傾いており，碑文中の「王」字1行目，5行目の「王」字とやや異なる。もし「王」でよいとすれば，広開土王碑は，長寿王以後の王にも永く引き継がれるべき規範として末尾で強調されていたことになる。

度を実施してからは少なくとも34年以上後のことである[25]。

　広開土王碑に記された守墓役の大きな特徴は、「旧民」と「新来韓穢」との配合にあった。「新来韓穢」の守墓人が高句麗法を解さないことを考慮して、長寿王は、あえて広開土王の教言を補訂してまで、「新来韓穢」と高句麗「旧民」とを2対1に配分したと広開土王碑は伝えている。また、広開土王碑に守墓人烟戸として列挙されている「新来韓穢」の民は、永楽6（393）年の対百済戦に大勝利した際に、略来してきた民たちが多く含まれていた点に注目しなければなるまい。広開土王碑が建立された414年には、すでに対百済戦のから11年が経過しており、さらに集安高句麗碑の建立までには半世紀以上が経過している。広開土王の戦果として国内城に略来されてきた「新来韓穢」に由来する守墓人は、高句麗法の下に複数の世代を重ねて守墓役に従事していたことになるからである。もはや、広開土王碑の段階で「立碑烟戸制」を実施するにあたって考慮された新旧の民の差異は意味をなさない歳月が経過しているのである。

　こうした時代の変化に伴って、いよいよ重要になるのは広開土王碑建立の時点で憂慮された守墓人の売買の問題である。王都が集安から平壌に遷都した場合、遠隔地にあって王命が直接及びがたいだけに、かつての王都・国内城に所在する王陵の守墓人を確保し安泰に護持することは容易なことでなかったものと推測される。また、守墓人内の族的混在に伴う変化[26]と守墓人相互間の婚姻による親族関係の変化や移動も当然ながら生じたであろう。さらには守墓人烟戸の売買を制令によって禁じていることからすれば、現実にはそのような事態が進行していたと見なければならない。そもそも法は現実を抑止するためのものだからである。当初定めた守墓人烟戸330家がそのまま安泰であったとは考えがたい。

　ところで、集安高句麗碑の後半にあたる部分には「先聖の功勲を追述すること、弥々高く、愈々烈し、古人の慷慨を継ぐ」とみえている。先王の功績を過

25）広開土王が実施した「立碑烟戸制」が広開土王碑立碑年（414年）以前であることは、広開土王碑文にその事実がたたえられていることからも自明である。
26）広開土王碑文では、烟戸を組織する際にたとえ同一の城の出身といえども韓族と穢族を明確に分節化している。

去に遡って述べ，古人の強い意志を継承するとある。「古人の慷慨」については，あえて広開土王碑文中に求めるとすれば，「吾れ万年の後に守墓者を安ぜん」とある文言こそはそのような気概に該当するのではないだろうか。ただし，「古人」とあるからには，広開土王その人というよりは，「高句麗守墓人烟戸制」を定めた祖王・先王らの守墓人烟戸の護持を「古人」に託していると思われる。

すでに「先聖」が広開土王に該当すると述べたが，長寿王が立碑した集安高句麗碑の当該部分こそは，広開土王碑の立碑者でもある長寿王自身によって，広開土王碑の立碑目的が語られていると見ることができるのではあるまいか。すなわち，「先聖の功勲を追述すること，弥々高く，愈々烈し，古人の慷慨を継ぐ」とは広開土王の偉業を称える言辞にほかならず，広開土王一代の武勲によってもたらされた守墓人烟戸の設定と，新たに施行された立碑烟戸制であった。それこそがまさに「先聖の功績」というべきものであろう。

前稿において，後漢時代の類例の碑石を挙げて広開土王碑が守墓役体制に関わる高句麗法を明記した石刻文書である点を強調した。集安高句麗碑が守墓人烟戸の売買に対して，「其の碑」（広開土王碑）を見て罰を与えるというのも，墓守人烟戸の準拠すべき法そのものが広開土王碑に刻まれた法令文書にあったからに他ならない。いわば広開土王碑は「不磨の大典」として恒久的に遵守すべき法的規範であったのである。それは「古人（祖王・先王）の慷慨」に由来するものであり，それが集安高句麗碑に記された「先聖の功勲」であるとすれば，広開土王碑の立碑目的は，そのような高句麗の守墓役体制を整備した広開土王の「功勲」を讃えるためであったとするのが自然ではないだろうか。広開土王碑序文末尾に記された「碑を立て勲績を銘記し以て後世に示す」とある「勲績」とは，集安高句麗碑にも「先聖の功勲」として反映されていると見られるのである。

おわりに

本稿は，新たに発見された集安高句麗碑と広開土王碑との相互関係の検討を

とおして，広開土王碑の立碑目的を改めて明らかにすることをめざすものであった。

広開土王碑は，従来，8年8条の武勲記事を中心としたテクストとして注目されてきた。それまで支配的であったコンテクストに圧倒されて，テクストとしての広開土王碑の全文を対象とすることは長く等閑視されてきた。集安高句麗碑はその記述内容から，広開土王碑が最大の課題とした守墓人烟戸に関わる記述を浮き彫りにする大きな役割をはたし，広開土王碑の立碑目的が改めて照射されることになった。これは集安高句麗碑発見の大きな意義の一つである。

広開土王碑の立碑目的を探る上で碑文全体を対象とすべきことを阻んできた要因は，碑文中の武勲記事に高句麗の強敵・倭を見出し，四・五世紀の国際情勢を読み取ろうとする研究当初の時代的な条件に求めざるをえない。そのような亡霊を振り払おうとするには，まずは強敵・倭を中心に武勲記事を読み込もうとする，不動の地平のように見られてきた武勲記事の広開土王碑文中における再定位が不可欠である。

これまでも拙稿で指摘してきたように，広開土王碑文の武勲記事とは，「凡そ所攻破せし所の城六十四，村一千四百」で総括されるものであって，武勲記事それ自体に記述の目的があるわけではない。武勲記事の直後に続く「守墓人烟戸」の規定の前提として記されたに過ぎない。それはつまるところ，広開土王碑文の武勲記事とは，広開土王の高句麗「守墓人烟戸制」の改革を行った「立碑烟戸制」の勲績を述べる舞台装置にほかならない。

かつて旧稿において，武勲記事の倭の存在がトリックスターとも言うべき役割をはたしているのであって，強敵・倭とは，あくまで広開土王の武勲を輝かすための添え物にすぎないことを指摘したことがある[27]。このような所説に対して繰り返しうけた批判の一つに，それでは，4・5世紀に朝鮮半島に関与した倭の動向が史実でないとでも言うのかというものがあった。そのようなことを言わんとしているわけではないのは自明のことである。朝鮮半島の動向に対する倭の積極的な関与があったとしても，その活動の主体が倭であったとは

---

27) 拙稿「表象としての広開土王碑文」（『思想』842, 1994）原載，『闘争の場としての古代史——東アジア史のゆくえ』（岩波書店，2018 所収）。

言い切れないことを問題にしているのである。要するに，広開土王碑を叙述する立場，つまりは広開土王碑の立碑者の主観による倭の描写を問題にしているのである。碑文全体における武勲記事の位置づけを相対化するには，行わざるを得ない最低限の史料批判にすぎない。

　主観に映った客体すなわち叙述された対象とは何か，客観性ないしは，その価値はどこから来るのかという問いかけ方の問題なのである。そうした方法的な可能性を無視した言挙げは，偽装された新たな「実証主義」ともいうべきものではなかろうか。

　そのような呪縛から解放されれば，本稿で試みたように，新たに発見された集安高句麗碑と広開土王碑との関係性をとおして，広開土王碑が高句麗の守墓人制度の整備と法制化の過程を示す公文書を碑石に刻み，法制上の整備と王命を永遠に伝えることを目的とするものであって，そうした実現に貢献した広開土王の勲績・功績を讃える頌徳碑ないし顕彰碑であったと認められるではないだろうか。そのことを他ならぬ集安高句麗碑が裏づけているのである。

〔付記〕
　成稿に際して，尹龍九氏には拓本画像（図3）の提供など様々な便宜を図って頂いた。ここに記し改めて感謝したい。

文字そのものの力
―― アテナイにおける法の有効性をめぐる一考察 ――

栗 原 麻 子

　公的な決定を石に刻むということには，どのような効果が期待されていたのか。本稿の目的は，紀元前5世紀末から前4世紀にかけてのアテナイを舞台として，書くことと，法的文書の有効性とがどのように関連付けられていたのかを，石が破棄され再び刻まれるという文脈のなかで考察することである。まず，第1節では導入として，アテナイにおいて法や公的文書がどのように保存され，あるいは掲示されていたのかを概観する。そのうえで法および条約の破壊と再刻の事例に当たり，その意味を考えていきたい。第2節では，前5世紀末アテナイにおける法の廃棄と再刻の過程において，文字情報を抹消し，あるいは再び書くことがどのような意味を持ちえたのかを検討する。その際に，「キュリオス（有効である）」の語が，再三現れることに注目する。第3節では，前4世紀中葉のケオス島の反乱に際して，アテナイが介入し和解協定を再刻させたことを伝える，*IG*〔*Inscriptiones Graecae*〕II^3 111 について検討する。

1　市　中　の　法

　アテナイには，アクロポリスやアゴラ，各聖域といった，記載内容にかかわりの深い市内の各所に，碑（ステーレー）が設置されていた[1]。それらの石は，法廷において，特権の贈り物を記憶する可視的な根拠として，しばしば引き合

---

1) S. Lambert, 'What was the point of inscribed honorific decrees in Classical Athens', in Id. (ed.), *A Sociable Man: Essays in Ancient Greek Social Behaviour in Honour of Nick Fisher* (Swansea, 2011), 193-214. P. Liddle, 'The places of publication of Athenian state decrees from the 5th century BC to the 3rd century AD', *Zeitschrift für Papyrologie und Epigraphik* [*ZPE*] 143: 79-93, 2003. M. Richardson, 'The location of inscribed laws in fourth-century Athens: *IG* II^2 244, on Rebuilding the Walls of the Peiraieus (337/6 BC)', in P. Frenstead, T. H. Nielsen and L. Rubinstein, *Polis and Politics, Studies in Ancient Greek History*, 601-616 (Copenhagen, 2000).

いに出されている。たとえば、アポロドロス『ネアイラ弾劾』(Dem. 59) は、プラタイア人にたいする市民権賦与決議に言及し、顕彰の事実を証明するために、「アテナイ人よ、御覧なさい、どれほどに美しく正しくも、時の弁論家がアテナイ民衆のために起草したのかを」と述べ、決議および関連する法について次のように説明する。

> 法は、〔市民権という　筆者補〕贈りものを受けるプラタイア人が、まずは一人ひとり、プラタイア人でありポリスの友であるかどうか、法廷で資格審査を受けるように求めたのです。多くの人が偽って市民権を獲得することのないように。続いて審査を受けたものたちの名が碑に刻まれて (*anagraphein/anagraph esthai*)、アクロポリスの女神のそばに設置されることを求めました。それは、贈り物が次の世代にまで保存され、だれがだれの親戚であるのかの確認をとることができるように、資格審査を受けなかったものが、あとから［偽って］アテナイ人になることができないようになのでした。そして、弁論家は、ポリスと神々のために、決議において即座に、彼らに適用される法 (*nomos*) を定めました。彼らは 9 人のアルコンに選ばれたり神官職についたりすることは許されないが、市民女性から婚約 (エンギュエー) によって法に従って得られた子孫は許されるのです。

マラトンの戦い以来の友好関係に基づき、アテナイに亡命してきたプラタイア人集団にたいして市民権が賦与されたのは前 427 年のことであった。このときに刻まれて設置された碑が、弁論が語られた前 340 年代にアクロポリスに現存し、碑に刻まれた情報が、民会決議と法の典拠として引き合いに出されている[2]。

碑文が急増する前 4 世紀にアクロポリスやアゴラ、神域などに散在していた石刻資料のなかで、現存する法碑文はごくわずかである[3]。その少なさは、法

---

2) *IG* II² 10 と同様に、リストと決議は一緒に刻まれたのであろう。K. A. Kapparis, *Apollodoros 'Against Neaira'* [*D. 59*], Edited with Introduction, Translation and Commentary (Berlin, New York, 1999) 94.

が，石だけではなく何かほかの媒体に保存されていた可能性を想像させる。少なくとも，石に刻まれた碑文は，同時代人にとって唯一の情報源でもなければ，法と接する唯一のルートでもなかった。

　アテナイでは，前6世紀末以降，法制定家ソロンによって制定されたいわゆる「ソロンの法」と，それ以前から継続して用いられたドラコンの殺人の法が国家の基本法を形成していた。それらの法は，アゴラの評議会場もしくはアクロポリスに保管されていたと伝えられるが，その詳細を明らかにすることはいちじるしく困難である。その後に追加され，あるいは既存の法にとって代わることになった個々の法は，おそらくは，関係する役人や評議会のもとに公的・私的な文書として蓄積され，あるいはまた，石に刻まれてアクロポリスなど市内の関係各所に設置されたと推定される。新しい法がどのようなかたちで保管されたのかについての情報は，さらに乏しい。確実なのは，前5世紀末になると，それらをも含め，法の全体を法典として整える試みがみられるようになることである。前405年ごろまでに，制定された法は，新しく整備されたアゴラのメトロオンの文書館に，会計文書や決議などとともに納められるようになった[4]。文書館の整備と同じころ，法の収集と刻碑事業も開始される。前403年

3）　アテナイでは前403年に普遍的で法制定委員（ノモテタイ）のもとで制定される狭義の法ノモスと，個別の事柄を扱う決議プセピスマが区別された。この狭義の法に限れば，現存碑文は限られている。前4世紀について R. S. Stroud, *The Athenian Grain-Tax Law of 374/3 B. C.*, Hesperia-Supplement, 1998, 15-16 は（1）*RO* 26＝*SEG* 48.96（レムノス，イムブロス，スキュロスからの穀物にかんする税法，前4世紀）のほかに，（2）*RO* 25（銀貨法）（3）Agora inv. no. I 7465（銀貨の査定者に関する法）（4）*IG* II² 140（エレウシスの初穂にかんする法），（5）*IG* II² 244（ペイライエウスの市壁再編にかんする法および細則），（6）*RO* 79＝*IG* II³ 1 320（反僭主法），（7）*IG* II³ 1,447（小パンアテナイア祭についての法），（8）*IG* II³ 1 445（祭具にかんする法），（9）SEG 35.83＝*SEG* 52.104（ブラウロンのアルテミス神の神域についての法）を挙げている。これに S. Lambert, *Inscribed Athenian Laws and Decrees 352/1-322/1 BC* (Leiden, 2012), 56-58, 184-205 が，（10）*IG* II³ 1 431（法の断片，ファシスによる訴訟手続）を加え，さらに *IG* II³ 1 550（公共奉仕者のリストと奉納の法），*IG* II³ 1 449（祭儀に関する法？）について確定的ではないが法とみなしている。前5世紀については，（1）*IG* I³ 104（ドラコンの殺人法の再刻にかんする決議），（2）*IG* I³ 105（500人評議会に関する法），（3）*IG* I³ 236（三段櫂船奉仕者と三段櫂船の装備にかんする法），（4）*IG* I³ 237（おそらく税にかんする法），（5）*SEG* 52.48（法の一部としての祭事暦）。

4）　A. L. Boegehold, 'The Establishment of a Central Archive at Athens', *AJA* 74 (1972), 23-30; J. P. Sickinger, *Public Records and Archives in Classical Athens* (Chapel Hill and London, 1999) 105-113 ［Archives］.

には一時的・あるいは個人的な事柄を対象とする民会決議プセピスマから，狭義の法であるノモスが区別された。法の制定と保護のためにノモテタイと呼ばれる役職が設けられ，「書かれた法」と慣習法の区別も明文化された。

　石に刻まれた法と文書館の法の優劣関係をめぐっては，役人が起草し文書館に収められたものが正本であって碑は写しにすぎなかった，とか，前5世紀には碑が正本であったが，メトロオンの設置後は，この文書館に収められた法文が正本となったといった主張もなされるものの，なお，石を参照する習慣はなくならなかった[5]。R・トマスが指摘するように，碑に刻まれた情報が正確であることを期した追加決議や，名前の削除や字句訂正がみられることは，公的文書を記した碑に，公文書館に収められた文書の写しに留まらない権威と影響力があったことを示しているといえる[6]。事実，弁論は，訴訟の際に，依然として市中の法が典拠として参照されていたことをうかがわせる。

　前4世紀の法廷弁論には法についての言及が数多くみられる。アテナイの訴訟当事者たちは，さまざまな方法で，法を見つけることができた。デモステネスの弁論に登場するアリストフォンのように，友人・知人に法的なアドヴァイスを求めることもあれば[7]，宗教的な慣習法の専門家である神事解釈者に，ポリスの法律に関する総合的なアドヴァイスを受ける場合もあった[8]。それらの

---

[5] 石工ではなく評議会の書記が文書の責任者となったことを反映して，4世紀には素人が簡便に訂正した碑がみられるようになったのだ，といった主張もなされる。U. Kahrsted, 'Untersuchung zu athenischen Behoerden II', *Klio* 31, 1939, 148-174.

[6] R. Thomas, 'Literacy and the City-State in Archaic and Classical Greece', in A. K. Bowman and G. Woolf, *Literacy and Power in the Ancient World*（Cambridge, 1993），33-50［以下 Literacy and City-State］．

[7] 「私（アリストン）が相談を持ちかけた友人や親戚のものたちはみな，彼（コノン）の仕業は，強盗にたいする即時逮捕（アパゴゲ）かヒュブリス（侮蔑）の公訴（グラペ）に相当するとはっきりいいながらも，私が手に負えないことに着手したり，私が被った酷い扱いにたいして，若者には野心的すぎる方法で訴訟を起こしているように見えることのないようにと助言しました」（デモステネス 54.1）。

[8] 同 47.68-71 では，話者の元乳母が，話者宅に押し掛けた訴訟相手の暴行によって負傷し亡くなっている。この家の中でおこった殺人事件の処理について，話者はエクセゲタイ（神事解釈者）の意見を聞く。その結果，乳母のために報復したい気持ちはありながらも，話者は，法の想定する報復者の範囲に当てはまらないため，難しい訴訟になるだろうとエクセゲタイに告げられたことから，法的な報復を断念し，宗教上の祓いをおこなうにとどめることを決断した（法的な処理についても検討を怠らなかった）。

口頭による法の伝授にとどまらず，文字も用いられていた。デモステネス『アリストゲイトン弾劾Ⅰ』（第25番弁論）は，法を体現するものとして，アゴラの文書館に言及している。この弁論は，国家に借財があるため市民権を停止されているにもかかわらず，政治家アリストゲイトンが公訴をおこなったことについて，その逮捕を要請するエンデイクシス（逮捕状請求）である。話者は，法廷の場で裁判員が「法を確認する」こと，すなわち法に照らして適切な判断をすることを求め，さもなければ，文書館にある法の文言のまえに顔向けできないと述べている[9]。この場合，文書館に収められた文書が，法の権威を体現している。いっぽう，すでにとりあげたプラタイア人にかんする法のように，公文書館の文書ではなく市内にある碑が典拠として示されるケースも多い。前399年のアンドキデス『秘儀について』（And. 1.115-16）では，告発者の一人カリアスが，エレウシニオン（エレウシスの小神殿）に嘆願者の枝を置いた者は即刻死刑になるという父祖の法（パトリオス・ノモス）に言及したところ，ケファロスがそれにたいして修正を加えて，「それは伝統的な法について話しているのだが，君の脇に立っている碑に，エレウシニオンに嘆願の枝を置いた者は1000ドラクマの罰金とある」として，傍らにあった碑を読み上げている。リュシアス第1番弁論『エラトステネスの殺害について』（Lys. 1.30）では，姦夫エラトステネスを殺害した罪に問われた被告が，ドラコンの法に依拠して殺害行為を正当化している。その際，被告が典拠とするのは，文書館ではなく，アレオパゴスの碑に刻まれた法文である[10]。

注目すべきは，ただ法に言及するだけでなく，その内容を刻む碑が立っている理由が説明されていることである。すなわち「思うに，すべてのポリスが法

---

[9]　「あなた方（裁判員）は，もしそうしたいと思ったとしても，どのようにしてメトロオンまで歩いていこうというのか。いま集団として法を確認することなしに法廷を立ち去るならば，あなたがた各人は，諸法の面前に立つことができないでしょうから」（同25.99）と述べられているように，必要があれば市民たちはアゴラの文書館を訪れていたことがうかがえる。

[10]　「アレオパゴス評議会由来の碑に由来する法」とも読めるが，S. C. Todd, *A Commentary on Lysias, Speeches 1-11* (Oxford, 2007) に従い，「アレオパゴスにある碑に由来する法」と理解する。引用された法文は合法殺人の法であったと考えられる。「その妻，母，姉妹，娘，あるいは自由身分の子をもうけるための妾妻のそばにいるのを見つけた男を殺害したとすれば，そのために殺害者として亡命させられることはないこと」（同23.53）とある。

を施行するのは，よくわからないことがあったときに法のもとを訪れ，何をすべきかを熟慮することができるようになのです」とある。文書館の文書と刻まれた碑のうち，どちらが原本であったのかはともかくとして，これらの事例は，文書館の整備後も碑が典拠としての効力をもち，刻まれた法文が参照されていたことを示している[11]。

しかし，碑は常に万人によって読まれえたわけではない。またすでに文書館についてみたように，書かれたものの存在価値は情報伝達にのみあったのではない。「法に顔向けできない」という感覚は，文書や碑が物理的存在として法を体現していたということを示している。R・トマスが再三強調するように，文書には象徴的機能があり，法が書かれた碑には，記憶を支える記念碑的な側面が伴っていた[12]。

さらにデモステネス『ネアイラ弾劾』にはもうひとつ，法碑文が単に文字を伝える媒体であるだけではなかったことを示す，興味深い事例が伝えられている。それは，アテナイの英雄テセウスが定めたと伝えられる聖法を伝える「かすれた碑文」についての説明である。アテナイでは，年に1度のディオニュシア祭のとき，国家祭祀上の王であったアルコン・バシレオスの妻が，神ディオニュソスと聖婚儀礼をおこなった。アルコン・バシレオスの妻は，「古式に従ってポリスのために秘儀を執り行い，定めの儀式を神々のために敬虔にとりおこない，何も損なわず何も改変することのないように，市民女性でありほかの男と交わったことがなく処女として結婚すべきである」旨を，英雄テセウスが法として石柱に記すと，沼地のディオニュソスの祭壇脇に設置したという。ところが話者であるアポロドロスは，その碑を典拠としながら，碑は「多くの人々がそれを目にすることがないよう」に，神域内に設置されたと付け加えて

---

11) Todd, 'Lysias against Nikomakhos: the fate of the expert in Athenian law', in L. Foxhall and A. D. E. Lewis (eds.), *Greek Law in Its Political Setting: Justification and Justice* (Oxford, 1996) 101-31 [以下 Todd, 'Nikomakhos'] は，弁論家が法を引きその出典を示す際，メトロオンではなく，碑（ステーレー）やその他の石に言及する事例に注意を喚起している。同様に R. Thomas, *Oral Tradition and Written Record in Classical Athens* (Cambridge, 1989) 42 [以下 Thomas, *Written Record*]. IG II^2 120 で碑（ステーレー）をもとにして役人が写しをつくるようにと述べられているように，石が原本としての扱いを受けている。

12) Thomas, *Written Record*; Thomas, 'City-State'.

いる。碑は普段は人目に触れないように秘されているが，年に1度ディオニュソス神の大祭の日だけは，開陳されるのである。文字もまた，「消えそうなアッティカ風の（すなわち古風な）書体」で書かれていた。テセウス伝説と結びつけられた碑が，その秘匿性とかすれた文字が示す古さを権威としながらも，年に1度，読まれることによって，聖法の権威とされている[13]。ここで取りあげられる書かれた法は，法の権威を象徴するモノとしての記念碑的な要素と，内容を記録する媒体としての機能を碑が併せ持っていたことを如実に示している[14]。

　碑の記念碑的な要素は，ときに，リテラシーの高さと相反するものと理解される[15]。しかしながら次節以降で論じるように，モノとしての石の物理的な存在は，記録される内容そのもの——この場合は法的文書の有効性——と不可分であった[16]。

2　前5世紀末アテナイ

　取り上げるべき最初の事例は，前5世紀末の2度の寡頭制政変と2度の民主

---

[13] 「テセウスが彼らを集住させ民主制を敷き，ポリスの人口も増えた後，民衆はそれにもかかわらず，王を予選された人々の中から卓越性にもとづいて挙手投票で選び，その妻については，古式に従ってポリスのために秘儀を執り行い，定めの儀式を神々のために敬虔にとりおこない，何も損なわず何も改変することのないように，市民女性でありほかの男と交わったことがなく処女として結婚すべきであるという法を制定しました。」(75)「そしてこの法を石柱に記すと，沼地のディオニュソスの祭壇脇に設置しました。今でも石柱の実物が立っていますが，消えそうなアッティカ風の書体で，書かれたことがらが示されています。民会は，神々への敬虔の証拠となすとともに後世の人々に預託しようとしたのです。すなわち「われわれは，あなた方のために妻として与えられてその祭儀を取り扱う女性が，以下のようであることを貴ぶ」と。そしてこの書かれたことがらを最古にしてもっとも聖なる沼地のディオニュソスの神域に設置したのは，多くの人々がそれを目にすることがないように，です。なぜならば神域は年にいちどだけ，アンテステリオン月の12日に開放されるのです。」(76)

[14] 読みにくいが伝達能力を失わない碑文についての記事は，トゥキュディデス『歴史』6.54.7の，ペイシストラトスの子ヒッピアスによるオリュンポス12神の祭壇への刻文についてもみることができる。この場合にも，石に備わる記念碑としての機能が，刻文が「隠された」ために制約を受けたことを踏まえながら，なおもその「読みにくい」文字が残され，読めることが重視されている。

[15] SickingerによるRosalind Thomasへの反論を見よ。Sickinger, 'Literacy, Documents, Archives, and the Athenian Democracy'. *American Archivist* 62, 1992, 229-46.

制回復時における法文書の扱いである（表１参照）[17]。古典期のアテナイでは，ペロポネソス戦争の最中の前411年と，終結前夜の前404年に，クーデターによって寡頭政権が成立している。そのいずれもが，既存の法に手を加えている。まず，前411年に民主制を打倒した「四百人」の寡頭政権は書記（アナグラフェイス）を任命し，法の再編纂を命じた。「四百人」の寡頭政権が打倒されると，今度は民主政権がシュングラフェイス（法制定官）と書記（アナグラフェイス）を任命し，ドラコンとソロンの法の再刻と，それ以降の法の公示を命じている。このときの書記の１人が，リュシアス第30番弁論の被告ニコストラトスであった[18]。なおその際に公示された法のうち，ドラコンの殺人の法（$IG\ I^3$ 104），500人評議会に関する法（$IG\ I^3$ 105）とトリエラルコスに関する法（$IG\ I^3$ 236）が，一連の石に刻まれて現存している[19]。現在は消されて痕跡しか残らない祭儀にかんする法（SEG 52.48）も，同じくこのときに設置されたものと考えられている[20]。前404年に再び寡頭派革命がおこり「三十人」が政権を掌握すると，「三十人」政権もまた，法の破壊と改変をおこなった。彼らはすでに政権奪取の過程でニコストラトスを説得し，自分たちに有利になるように，

---

16) 破壊された決議を再刻することが単なる文書行政でなく，決議の内容を再確認し宣伝するきわめて政治的メッセージ性の強い行動であったことを論じたものとして，C. Gastaldi の論考がある。C. Gastaldi にたいして本稿は，刻むことの意味を，法的文書の「有効性」という観点から検討するものである。C. Gastaldi, '"Abbattere la stele", "Rimanere fedeli alla stele". Il testo epigrafico come garanzia della deliberazione politica', in A. Tamis, C. J. Mackie and S. G. Byrne eds., *Philathenaios. Studies in Honour of Michael J. Osborne* (Greek Epigraphical Society, Athens, 2010), 139-55.

17) P. J. Rhodes, 'The Athenian code of Laws, 410-399 BC', *Journal of Hellenic Studies* [*JHS*] 111, 1991. 87-10 [Athenian Code of Laws]; N. Robertson, 'The Laws of Athens, 410-399 BC: the evidence for review and publication', *JHS* 110, 1990, 43-75; J. L. Shear, *Polis and Revolution: Responding to Oligarchy in Classical Athens* (Cambridge, 1991) [*Polis and Revolution*].

18) ニコストラトスの立場について Todd, 'Nikomachus'.

19) Shear, *Polis and Revolution*.

20) 先行研究について Shear, *Polis and Revolution*, 75-79. ドラコンの法の再刻が法再編事業の一環でなかった可能性について A. B. Gallia, 'The republication of Draco's law on homicide', *Classical Quarterly* [*CQ*] 54, 2004, 451-60. *SEG* 52.48 の祭事暦が前403/2年以降のものであるとする見解として Rhodes, 'Athenian Code of Laws'; D. M. MacDowell, *Andokides: On the Mysteries, with Introduction, Commentary and Appendixes* (Oxford, 1962) [Andocides]; Sickinger, *Archives*. アンドキデスによる解釈について E. Carawan. *The Athenian Amnesty and Reconstructing the Law* (Oxford, 2013).

表1　破壊と再刻

前411年　「四百人」政権
a．「四百人」政権はシュングラフェイス（法制定委員）にクレイステネスの古法を検分するように命じた（『アテナイ人の国制』29.3）。
b．「四百人」政権は「違法提案の法」を廃止した（同書29.4，およびトゥキュディデス『歴史』8.67.2）。

前410年以降　回復民主制
a．ニコマコスを含む書記（アナグラフェイス）に，ドラコンとソロンの法の再刻とそれ以後の法の公示が命じられる（表2に関係資料）。公示された法の一部に，評議会に関する法，トリエラルコスに関する法，そして現在は消えている祭儀にかんする法があったと考えられる。

前404-403年　「三十人」政権
a．政権奪取の過程でニコマコスを説得し，民衆派のクレオフォンにたいするエイサンゲリアに際し，自分たちに有利になるように，評議会が裁判に参加し弾劾に加わることができる法を提示させた（リュシアス30.11）。
b．「三十人」は，エフィアルテスらによってアレオパゴス評議会の権限にたいして課された制約を取り除くべく，アクロポリスの丘のアレオパゴス評議会上の近くにあった法碑文を「破壊」した（アテナイ人の国制35.2）。
c．同じく『アテナイ人の国制』は，「三十人」がソロンの法から法廷に判断を委ねることになる曖昧な条項を取り除いたと伝える。これが書かれた法にたいする改変を意味するかどうかは不明である。30人政権はいくつかの新法を交付したかもしれない（クセノフォン『ギリシア史』2.3.51および1.2.32）。

前403年　回復民主制
a．書かれない法（agraphos nomos）の使用禁止（アンドキデス1.89）。
b．ニコマコスは再び法の収集と書き込みの任務につく（リュシアス30.3）。
c．法が検分され王の列柱廊に書き込まれ，公示され，有効化された（表2）。

評議会が民衆派のクレオポンにたいする弾劾に加わることを可能とする法を提示させている。加えて彼らは，政権を掌握すると，民衆派のエピアルテスらがかつてアレオパゴス評議会の権限に課した制限を取り除くべく，アクロポリスの丘のアレオパゴス評議会場の近くにあった法碑文を「破壊」した[21]。さらに彼らは，ソロンの法から，法廷に権限を与えることになる曖昧な条項を「取り除いた」と伝えられる[22]。ただし「取り除く」ことがどのような物理的な改変を意味したのかは不明である。さらに「三十人」政権は法を破壊し取り除く傍らで，いくつかの新法を交付している[23]。

---

21)　伝アリストテレス『アテナイ人の国制』35.2。
22)　注21前掲書。

やがて内戦ののち和解が成立し，民主制が回復すると，エウクレイデスがアルコンを務めた前403年以降，新体制を支える法についての原則が定められた。以後，役人は不文法 (agraphos nomos) を用いてはならないと定められる[24]。M・ガガーリンは，ここでいうところの書かれた法が，単に慣習法にたいする成文法を指すのではなく，この時点で検分を経て再刻された法であると指摘している[25]。筆者もその解釈に従いたい。ニコストラトスは，回復民主政権下にアナグラフェイス（書記）に再任され，法の収集・発見事業を継続するように命じられた。リュシアスがニコストラトスを告発する依頼人のために執筆した弁論『ニコストラトス弾劾』によれば，ニコストラトスは，王の列柱廊に掲示する法文の草稿を白板に掲示し，「1つを書き込んでは1つを消して」過ごした。リュシアスは，ニコマコスとその同僚がその次に何をすべきだったのかについては教えてくれない。しかしながら，アンドキデスがその続きを伝えている。法は検分され，それから王の列柱廊に書かれなくてはならなかったのである。表2に示すように，アンドキデス弁論に挿入される「テイサメノスの決議」には，法の草稿が公開の検分のために白板に書かれ，検分を経て「有効 (kyrios)」化されて，王の列柱廊に書かれたと伝えられている。法廷弁論中に挿入された民会決議文書の信ぴょう性は，現在カネウァロとハリスの疑義を受けて論争の渦中にあるが[26]，本稿の目的にとっては，「テイサメノスの決議」から得られる情報が，リュシアスの弁論やアンドキデス弁論の本文が伝える法再編のプロセスとのあいだに齟齬を生じなければ十分である。そして実際，草

---

23) クセノフォン『ギリシア史』2.3.51, 1.2.32。
24) アンドキデス 1.85-7. アンドキデスは，(1) 決議 (psephisma) が法 (nomos) に優先することはなく，(2) 6,000人による秘密投票を経ない限り，すべてのアテナイ人に同様に適用されず個人を対象とする法が公布されてはならず，(3) 民主制下のポリスでおこなわれた裁判や仲裁は有効であり，(4) これらの法は，すべて回復民主制のスタート地点であるエウクレイデスがアルコンの年から用いられるとして，前403年を区切りとする新体制による仕切り直しを強調している。アンドキデス弁論について MacDowell, *Andocides*. 法と決議の区別について M. Ostwald, *From Polular Sovereigny to the Sovertignty of Law: Law, Society and Politics in Fifth-Century Athens*. Berkkeley, 1986。
25) M. Gagarin, *Writing Greek Law* (Cambridge, 2008) 185.
26) M. Canevaro, M. and E. Harris, 'The documents in Andocides' On the Mysteries', *CQ* 62.1, 2012, 98-129. 挿入された「テイサメノスの決議」の文言についてハリスは否定的である。

2　前5世紀末アテナイ

表2　法の再編にかんする記述

ニコマコス （リュシアス第30番弁論）	アンドキデス （第1番弁論本文）	テイサメノスの決議 （アンドキデス 1.83-84）
白板に法を消したり書き加えたりする（5）。		ノモテタイ（法制定委員）が白板に掲示。
アテナイ人は宗教関係の事柄がキュルベイスに書かれたソロンの法と法収集役シュングラパイによって碑に刻まれた法によっておこなわれるように決議した（17, 18）[1]。	アンドキデスはソロンとドラコンの法の検分がなされたと伝える。ただし目的については，内乱和解の恩赦に抵触する法を取り除くためと解釈する）。「有効化される法を碑に書き込む」（85, 89）	「父祖のごとく」ソロン，ドラコンの法と度量衡にもとづいた国制。必要に応じてソロン以降の法を「有効化」。
必要に応じて法を与える（越権行為，3） 限られた範囲の法を収集するように命じられる（随所）。	「有効化」された法は，王のストアに掲示された（85[2], 82[3], 89[4]）。	検分後の法を「書く」

[1] キュルベイスと，シュングラファイ（法制定委員あるいは法案）にしたがって犠牲をおこなうべし。
[2] アンドキデス 1.85：…有効化される法を列柱廊に書き込むべし。
[3] 同 1.82：…次に検分された法を列柱廊に書き込むべし。
[4] 同 1.89：…法を検分すべし。検分されたものを書き込むべし。役人は「書かれない法 anagraphos nomos」を用いてはならず，評議会と民会の決議は法よりもより有効であることがなく（中略），エウクレイデスがアルコンの年以降に設定されていた法を用いるべし。

案が掲示され評議会や法制定委員ノモテタイの査定を経て白板に書かれ（anagraphein ただし最初の掲示場所はテイサメノスの決議では10部族像の前），「欲するもの」による意見を受け付けるという一連の手続きと，リュシアスの弁論やアンドキデスの本文を通じて再構成した法再編のプロセスのあいだには，検分の対象と目的をめぐるずれはあるものの，整合性が認められる（表2参照）。検分によって「有効となった」法は，一時的にせよ恒久的にせよ[27]，ストア・バシレオスに掲示された。

シアーが指摘するように，ディオクレスの決議（デモステネス 24.42）もまた，

---
[27] ただし Robertson（1990）はテイサメノスの決議の命ずる法の掲示は一時的とし Shear（2011）もこれを踏襲する。また Robertson はニコマコスの職務もまた，この一時的な法の掲示にすぎなかったとする。それにたいして Todd（1996）はニコマコスの職務には石に刻むことも含まれていたが（Lys. 1.17），弁論の話者はこれを意図的に越権行為として論じた（Lys. 1.21）とする。

この時期の法の有効化に関係している。この挿入文書は，カネウァロによる真偽の精査を通過しており，さしあたり真偽を問う必要はない。ディオクレスの決議には，「エウクレイデスがアルコンの年以前の民主制下のもので，エウクレイデスがアルコンの年までに制定され書かれていた (anagraphein/anagraphesthai) 限りの法は有効 (kyrios) である」とある[28]。エウクレイデスがアルコンの年とは，先述のように民主制が回復した前 403/2 年のことである。「書かれていた限りの法」とは，決議自体の表現から，字義通り文字記録に残すことを指しているととることができる。アンドキデスは弁論のなかで，決議中の「書く (anagraphein/anagraphesthai)」の表現を，より字義的に文字を記入することを表す「書く (graphein/graphesthai)」に置き換えている。この置き換えをカネウァロは，ディオクレスの決議が慣習法と対比して成文法を「書かれた (anagegrammenoi) 法」と呼んでいたのにもかかわらず，アンドキデスがそれを捻じ曲げて，物理的に「書かれた (gegrammenoi) 法」と解釈したのだと論じている[29]。しかし決議の表現は，字義どおりに「書く」ことによって法を「有効 (kyrios)」化するプロセスを意図している。アンドキデスはまた，このときの法の検分について，「諸法の検分をおこなったうえ，検分された法を書き記すべし (anagraphsai)」と，民会が判断したと説明している[30]。

　回復民主制下の見直しによって，破棄された法もあった。アンドキデスは，市民権停止者を復権し，亡命者を呼び戻すために，「碑 (ステーレー) を破壊し，法を無効 (akyrios) 化し，決議を消した」(103) と述べている。もしアンドキデスの記述を字義通り受け取るならば，書かれた碑の破壊は，ここでも法の無効化と密接に結び付けられている[31]。

---

28) デモステネス 24.42「ディオクレスが提案する。エウクレイデス以前に民主制下に制定された法と，エウクレイデスのときに制定され『書き込まれた (anagrapammenoi)』かぎりの法は有効たるべし」。

29) Canevaro, *The documents in the Attic. Orators: Laws and Decrees in the Public Speeches of the Demosthenic Corpus* (Oxford, 2013).

30) そのうえでアンドキデスは，弁論のなかで，書かれることで有効化した成文法と，慣習法の対比に話を移す。

31) アンドキデスによれば，さらに，パトロクレイデスの決議では，市民権停止者の復権のために名の記された文書を写しも含めて破棄することが求められた。テイサメノスの決議では，ソロン以後に制定された法の査定が要求されていた。

これまでの考察によって，前5世紀末のアテナイにおいて，法の再整備が喫緊の課題であり，その際に法を書くことが，有効な法とそうでない法を区別し，法の有効性を確保するための手段と考えられていた可能性が示された。法が書かれていることが法の有効性と密接に結びついていたことを，もっとも端的に示すのが，前4世紀中葉のケオスにたいするアテナイの民会決議である。

3　書かれることと有効性をめぐって——ケオス和解条約の検討

　ケオス島には4つの都市があり，アテナイと同盟関係にあった。しかし前364年から前362年にかけてアテナイから離反する内乱がおこる。このときにアテナイは将軍カブリアスらを派遣して事態の収拾にあたり，一旦は和解にいたったものの，4市のうちイウリスで再び反アテナイ派が蜂起する。この顛末を記したアテナイ側の碑文が現存しており，公的文書の効力と碑文の関係をめぐって示唆的である。内乱後，アテナイとその同盟国，ケオスの諸都市，帰国したイウリス人の3者のあいだに再び「誓いと和解協定」が結ばれた[32]。このときのアテナイ民会の決議が IG II^3 111（写真1および資料1に日本語試訳）である。和解協定は，アテナイの国制のいうところの狭義の法ではないが，われわれのいうところの国際法上の条約に相当する。法的な強制力と永続的な効力を期待されていたと考えられる。

　反乱と和解の経緯は，アテナイのアクロポリスに設置されていた IG II^3 111 から，表3のように復元される[33]。カブリアスによって達成された和解が破られ，再び内乱が起こった後，新たに派遣された将軍アリストフォンが反乱を鎮圧し，反乱分子の処分やケオスとのあいだの損益処理について決議したもの

---

32)　政治状況については P. Brun, 'L'île de Kéos et ses cites au IVe siècle av. J.-C.'. *ZPE* 76 (1989) 121-38 も参照のこと。

33)　碑文中には「協定」および「誓いと協定」が複数回現れ，これらがすべて同一のものを指しているのかどうかは文言からは明らかでない。IG II^3 111 が，そのかつて一度は「将軍カブリアスのときに交わされた協定と誓い」の文言を再び刻んでいることから，少なくとも誓いに関しては，同じものが繰り返し用いられたことがわかる。事件の経過については C. Cooper, 'Hypereides, Aristophon, and he Settlement of Keos', in C. Cooper (ed.) *Epigraphy and the Greek Historian* (Tronto, 2008) 31-56. および *RO* 39 の解説に従う。

である。

　本稿にとって重要なのは、そのほかの戦後処理とともに、「和解協定」を記した碑が、反アテナイ派によって破壊されたのち、アテナイの介入によって再び設置されるべきことがアテナイ民会で決議されていることである。石の破棄による記述内容自体の無効化と、再刻による再確認という、前5世紀末と同じ経過をここにもみることができるためである。さらに注目すべきは、再刻をめぐる文言である（第17-25行）。

写真1　ケオスにかんするアテナイ民会決議（アテナイ碑文博物館蔵）

　　将軍カブリアスが協定し、ケオス人にたいして、アテナイ人とアテナイ人が復帰させたケオス人たちとのために誓った協定が有効となるように (kyriai einai)、決議において金銭の徴収に協力するように述べられているイウリスの将軍たちが、カルタイアにおいて書かれたのと同様に、石の碑に書いて (anagraphsai)、ピュティアのアポロンの神域に設置すべし。それはまた同様に評議会の書記によって書かれアクロポリス（筆者注　アテナイの）に設置されるべし。デーモスの財務官は、書き込みのために決議に関する出費のための基金から20ドラクマを支出すべし。

　$IG\ II^2$ 111 では、石に刻むことの目的として、協定の有効化が挙げられている。協定や決議の「有効性 (kyrios)」について言及する碑文はほかにもみられる。ケオスとアテナイとの関係に限っても、カブリアスによる「和解協定と誓い」をアテナイ民会が再認する碑文が現存しており（$IG\ II^2$ 404, SEG 39.73）、「和解協定と誓い」が「有効 (kyrios)」であると宣言されている。続いて、立碑の詳細について規定されているが、協定を有効化するのはあくまでアテナイ民

210

3　書かれることと有効性をめぐって

資料1　*IG* II² 111　アテナイ・イウリス間の誓いと協定（アテナイのアクロポリス出土。前363/2年。*RO* 39，Tod II 142.）

【前文】
神々よ
カリクレイデスがアルコンの年。アイアンティス部族が当番評議員。パレネ区のニコストラトスが書記。ブタダイ区のフィリッティオスが議長。評議会と民会によって決議された。アリストフォンが提案した。

【1　負債の返還について】
アテナイ人が復帰させたイウリス人たちが，イウリスのポリスがアテナイのポリスに対して，メネクセノスが提案したアテナイ民会決議上で3タラントン相当の債務を負っていることを明示した。それゆえ以下のように民会によって決議される。イウリス人はこの金をカリクレイデスがアルコンの年のスキロフォリオン月にアテナイ人に返還すべきこと。もし彼らが指定の期限までに金を返さないならば，彼らが抱える借金を島の人々から徴収すべく，民会が選出したものたちの手によって，知られるかぎりあらゆる方法を駆使して徴収されるべし。イウリスの将軍エケティモス，ニコレオス，サテュロス，グラウコン，ヘラクレイデスも，徴収にあたって彼らと協力すべし。

【2　立碑について】
将軍カブリアスが協定し，ケオス人にたいして，アテナイ人とアテナイ人が復帰させたケオス人たちとのために誓った協定が有効となるように（*kyriai einai*），決議において金銭の徴収に協力するように述べられているイウリスの将軍たちが，カルタイアにおいて書かれたのと同様に，石の碑に書いて（*anagraphsai*），ピュティアのアポロンの神域に設置すべし。それはまた同様に評議会の書記によって書かれアクロポリス（筆者注　アテナイの）に設置されるべし。デーモスの財務官は，書き込みのために決議に関する出費のための基金から20ドラクマを支出すべし。

【3　反アテナイ派の誓約・協定違反にたいする処置】
誓いと協定を破りアテナイ人とケオス人と残余の同盟国にたいして戦争をおこない，死刑を宣告されながらケオスに戻り，アテナイ人との協定および，誓いと協定に違反したものたちの名前が記された碑を打ちこわし，あるいはまた，アテナイの評議会が，アテナイ民会決議に違反してアテナイのプロクセノスであるアイソンを殺害した廉でアンティパトロスにたいして死刑を宣告したときに，アンティパトロスに敵対する発言をしたことを理由として，誓いと協定に反し，民会が復帰させたアテナイの「友」のうち幾人かを殺害し，サテュリデスとティモクセノスとミルティアドスの財産を没収したゆえに：
彼らはケオスおよびアテナイから亡命しその財産はイウリス人の国庫にいれ，その名は今後，アテナイ滞在中のイウリスの将軍たちによって，民会の面前で直ちに財産没収の対象とされるべし。
アポグラフェー（財産没収）の対象となったもののうちこれらの［男たち］の仲間ではないと反論するものがあれば，イウリスの将軍たちにたいして保証人をたて，誓いと協定にしたがって，ケオスとアテナイ・ポリスの民会に30日以内に異議申し立てをおこなうべし。
サテュリデスとティモクセノスとミルティアドスはケオスと自分の財産のもとに戻るべし。訪問をおこなったデメトリオス，ヘラクレイデス，エケティモス，カリファントスを称えるべし。サテュリデスとティモクセノスとミルティアドスを称えるべし。カルタイアとアグロクリトスのポリスもまた称え，翌日プリュタネイオンでの接待に招待すべし。

【4　誓約】
以下のことがらを，アテナイの将軍たちおよび同盟国は，ケオス内の諸国家にたいして協定し誓い

211

ます。
わたくしはケオス人にたいして禍根を思い起こすことなく，誓いと協定に従うケオス人をだれであれ殺害したり亡命させたりしません。そうではなくわたくしはケオス人をほかの同盟国と同様に同盟者とします。しかしケオスにおいてだれであれ，誓いと協定に反して国政転覆を企てるものがあれば，わたくしは手段を尽くしてできるかぎり，そのものを許しません。
もし何人かがケオスに住［むことを望まない］ならば，わたくしはそのものが同盟国内の欲する場所に住み財産を享受することを許しましょう。
このことについてわたくしは，［誓いを遵守いたします］。ゼウスとアテナ女神，ポセイドン，［デーメテール］にかけて。［誓いを守る］ものに幸あれ，破るものには［災いあれ］。
ケオスの諸ポリスによる，［アテナイ人とその同盟国］，そしてアテナイ人たちが復帰させたケオス人たちにたいする［誓いと協定］。
わたくしはアテナイ人とその同盟軍と［同盟して戦い］，わたくし自身［アテナイ人］およびその同盟軍に背くことなく，またほかのものを説得することもできるかぎり］いたしません。
［アテナイ人にたいする］あらゆる私的［公的な］訴訟は，100ドラクマを超える事案について，［協約にもとづき，］異議申し立ての対象といたします。もし何人であれ，［誓いと］協定にもとづいて［帰還した］ケオス人やアテナイ人や［同盟者に危害を加え］ようとすることがあれば，いかなる手段においても［許すことはなく，可能な限り全力を尽くして］協力します。このことについてわたくしは誓いを遵守します。［ゼウスとアテナ女神とポセイドンとデー］メテールにかけて。［誓いを守るものに］幸い［あれ，誓いを破るものに］不幸あれ。
［以下のとおりアテナイ人が帰還させたケオス人によって誓われた。
私は過去の何事についてであれ，］禍根を思い起［こすことなく，ケオス人を誰であれ……。

表3 *IG* II³ 111 に現れるケオス内乱と和解の経緯

1	前364/3年 おそらくテバイ人の扇動のもとケオスに内乱勃発。ケオスはエレトリア，ヒスティアィアと連合（イソポリテイア）を組みテバイと同盟，アテナイと開戦（28-29）。親アテナイ派の亡命（19, 34）
2	アテナイ人将軍カブリアスによる鎮圧。親アテナイ派の帰還。
3	ケオス人とアテナイ人のあいだに「誓いと協定」が結ばれる（57ff）。
4-1	「協定」は石の碑に刻まれ，イウリス（と少なくともカルタニアに）おそらく設置された。
4-2	碑に誓いと協定に違反したものたちの名が刻まれる。
5	アンティパトロスが，アテナイの決議と「誓いと協定」に反して，アテナイのプロクセノスであったアイソンを殺害する。アテナイはアンティパトロスに死刑を宣告し，帰還したイウリス人の一部がこれを支持する。（4-2との前後関係不明）
6	死刑宣告を受けた反アテナイ派のケオス人たちは，ケオスに戻って碑を打ち壊す。
7	反アテナイ派のケオス人たちは親アテナイ派の一部を殺害し，ほかのものたちに死刑を宣告し財産を没収する。
8	362年？ アテナイはアリストフォンを事態収拾のために派遣。
9	アリストフォンの動議のもと，アテナイ民会は，ケオス人による借金（未払いの貢納金か？）の返済（1-11），取り立てへの将軍たちの援助（11-17），反アテナイ派のケオスの追放とリストへの記載，異議申し立ての裁判手続き，反アテナイ派に追放されたケオス人の財産と名誉の復帰，アテナイへ使節として派遣された4人の将軍への名誉付与，そして誓いと協約の再刻を決議（ケオス人によってカルタイアにおけるごとくピュティアのアポロン神殿に，アテナイ人によってアテナイのアクロポリスに 17-25, 27-45）。

RO 39 およびディオドロス・シクルス 15.78.4 以下にもとづき作成（5-2）。

会での決議であり，立碑との関係はほのめかされるに過ぎない[34]。それにたいして IG II² 111 は，狭義の法にかんするものではなく「協定」にかんするものであるが，「協定」の内容が石に刻まれることと，「協定」の有効性のあいだの連関性が明示されている。碑と法的文書の有効化を明示的に結び付ける貴重な史料である。

物理的な破壊だけが，法の有効性を損なうと考えられていたわけではない。たとえば，デモステネス第 47 番弁論『エウエルゴスならびにムネシブロスの偽証罪弾劾』では，三段櫂船奉仕者について定める法にたいする不服従が，法廷の決定と法を無効（akyros）にすると述べられ，奉仕の負債を負うものの名を記す公的な碑への信頼を揺るがしたと述べている[35]。法が，順守されずないがしろにされれば，たとえ物理的に損傷を加えられずとも事実上効力を失う恐れがあった。

にもかかわらず，リュシアス第 1 番弁論『エラトステネス殺害についての弁明』第 4 節で，エラストテネスを姦夫として殺害した男が，もしその殺害が合法でないとするならば，「既存の法を消して，新しい法を立てるほうがましだ」[36]（1.21）と述べ，あるいは先述のリュシアス第 30 番弁論で，ニコストラトスは，訴訟相手が彼の建てた碑について「気に入らなければ消したまえ」[37]

---

34) 顕彰決議にも「有効」化の語が見いだされる。前 280/70 年の決議である IG II³ 1 889 では植民市ファイスティアの騎士長官コメアスについて，ヘファイスティアの人々が宣言した贈り物を，アテナイ民会が「有効」とする決議が提案され，立碑手続についての規定がそのあとに続く。（第 12〜16 行：δ[εδό]χθαι τῶι δήμωι...καὶ εἶ[ναι α]ὐτῶι [κυρίας Ἀθήνησιν τὰς δωρεὰς] τὰς δεδο[μέν]ας ὑπὸ τῶν ἐν τεῖ νήσωι κατοικούντ[ων· ἂν] αγρ[άψαι δὲ τὸ ψήφισμα τόδε καὶ τ]ὰς δωρεὰ[ς τὸ]ν γραμματέα τοῦ δήμου ἐν ἀκροπόλει....）。同様に，IG II³ 1 1033 でも，植民市ヘファイスティアでの決定について「贈与が…有効（kyrios）であること」が民会で決議され，石に刻まれている。

35) 「裁判員のみなさん，わたくしはテオフェモスにたいするわたくしの訴訟の由来をお話することで，彼が，わたくしに対する非難を，裁判員をだますことで不正に獲得したばかりでなく，同時に 5 百人評議会を糾弾し，<u>あなたがた法廷の決定を無効にし，またあなたがたの法を無効にし，公的な碑に書かれたことへの信頼を揺るがした</u>ということが明らかになるでしょう。」（47.18）とある。

36) ʽεἰ δὲ μή, πολὺ κάλλιον τοὺς μὲν κειμένους νόμους ἐξαλεῖψαι, ἑτέρους δὲ θεῖναι,...ʼ (48)

37) ニコストラトスが書いた碑に従って（κατὰ τὰς στήλας ἃς οὗτος ἀνέγραψε）多くの父祖の祭祀が廃止されたと述べた直後にそれが嫌ならば「消したまえ」と述べたと続く。「消す（ἐξαλείφω）」の語は，文脈から石にたいして適用されていると理解される。

(30.21) と命じ，リュクルゴス (1.66) が法に違反することを，文書館の法を消すことと同一視するとき[38]，彼らは物理的な文字の存在と法の有効性が観念上不可分であることを前提としている。

前5世紀末のアテナイと IG II^3 111 が伝えるケオスでは，いずれも政変によって既存の法が破壊された。寡頭政権側による法の物理的な破壊に呼応するかのように，アテナイにおいてもケオスにおいても，文書の回復によって制度が復旧されている。法の有効性の物理的な側面が，そのような制度外的な国政変革に際して，しかも，物質として永続性の高い石の破壊と再刻というかたちで，明示的に表れたことは不思議ではない[39]。

以上のように，アテナイのアクロポリスとケオス島のイウリスに再刻され設置された和解条項の意図は，書かれた記録の物理的存在と公的決定事項の有効性との関係性を強く示唆している。本稿で取り上げた事例が，2つともスタシス（内戦）にかかわり，非合法の暴力による法の物理的破壊と再交付を経験している。和解協定の目的条項は，アテナイ人が，書かれた文書——とりわけ石——の物体としての存在と，公的な合意事項の有効性の間に密接な関係性を見出していたことを明らかにした。

「有効であるように書く」。この文言に導かれるとき，30人の寡頭制とその後の回復民主制下の法の収集，発見，編纂，破壊——そのいずれであれ——もまた，法の有効性と文字の結びつきを前提としていたことが示される。それは，法の有効性を破棄や抹消によって損なおうとする意図と，文字による掲示によ

---

[38] 「考えてみてください。だれかがメトロオンの文書館に足を踏み入れ，この法がなくともポリスが危機に陥るわけではないと言い訳をすると想像したまえ。その男を殺したいとは思わないだろうか。わたくしは殺しても正当だろうと思います。少なくともほかの法を守ろうとするならば。」

[39] 既存の国制上，法を破棄する手続きについては本稿では立ち入らない。近年の見解として Canevaro, 'Nomothesia in Classical Athens: What sources should we believe', *CQ* 63.1, 2013, 139-160 および，Hansen, 'The Authensity of the Law on Nomothesia', *Greek, Roman, and Byzantin Studies* [*GRBS*] 56, 2016, 438-474 による反論。より伝統的な見解として 'Law-making at Athens in the fourth century BC', *JHS* 95, 1974, 62-74; P. J. Rhodes, 'Nomothesia in fourth-century Athens', *CQ* 35.1, 1985, 355-60; Hansen, 'Athenian nomothesia', *GRBS* 26, 1985, 345-71; Hansen, 'Diokles' law (Dem. 24. 43) and the revision of the Athenian corpus of laws in the archonship of Eukleides', *Classica et Medivalia* 41, 1990, 63-71. 新しく提案された法が既存の法に抵触する場合，新法が無効とされるか，既存の法が廃棄された。

って，損なわれた法を再び有効化しようとする意図のせめぎあいとして理解されるのである。

〔付記〕
　本稿は 2016 年 9 月 2 日および 3 日に，G・ヴォルフ所長の好意のもとロンドン大学古典学研究所の協賛を受け，ロンドン大学セナト・ハウスでおこなわれたシンポジウムの原稿に修正を加えたものである。シンポジウムは，L・ルビンスタイン教授の継続的かつ献身的な助言なしには実現しなかった。また師尾晶子教授と竹内一博氏には碑文学研究所における実見に同行していただいた。写真はそのときに師尾教授が撮影したものである。

コラム

東京護国寺所在の安倍仲麻呂塚の碑

東 野 治 之

　国宝や重要文化財が関西，中でも京都や奈良に集中して存在するのは，長らく政治，文化の中心であった以上当然であるが，近代以降，首都となった東京には，国宝の所在件数の多さからも明らかなように，多くの文化財が集まった。その中には周知されないまま埋もれている品もあり，文京区音羽にある名刹，護国寺の安倍仲麻呂塚の石碑はその一例である（図1・2）。

　安倍仲麻呂（698-770）といえば，遣唐使に関心のある人なら先刻承知であろうが，養老元（717）年の遣唐使に従って留学生として渡唐，官吏登用試験に合格して玄宗皇帝に仕え，高官に昇った人物である。生年については，大宝元（701）年とする説もあるが（吉川弘文館『国史大辞典』第一巻の当該条。中西進氏執筆など），杉本直治郎氏の詳論に拠るべきで，時に20歳であった[1]。しかし，

図1 「安倍仲麿塚」碑（筆者撮影）

図2 同左裏面（筆者撮影）

帰国の意思がありながらも玄宗の許可が下りず，天平勝宝 5（753）年，ようやく許しを得たものの乗船が吹き戻され，ついに唐に骨を埋めることになる。『古今和歌集』巻 9 に見える「天の原振りさけ見れば春日なる御笠の山に出し月かも」という歌は，詞書に「唐土にて月を見てよみける」とあり，その左注では，帰国を前に明州の海辺で詠んだ歌とされ，望郷の思いを伝える歌として『百人一首』でも名高い。

　そのように客死した仲麻呂ゆかりの石碑が，護国寺にあるのはなぜか。この碑は，護国寺の本堂の手前右にある大師堂の斜め前に据えられているが，実業家であり茶人・数寄者として聞こえた箒庵高橋義雄が，奈良から移したものである。本来の碑文は「（梵字）安倍仲麿塚[2]」とあるだけであるが，移建のいきさつは，後掲の碑陰に彫り付けられた銘文や箒庵の著書に詳しい[3]。先に私はその著書によって碑石の存在を知り，護国寺を訪れて簡単な紹介の文を草したことがあった[4]。その後，遣唐使の研究で名高い森公章氏が，拙文を引きつつ，さらにこれを紹介されたが[5]，銘文の読みには，なお慊らないところがあり，若干の加えるべき事実もある。そこでまず銘文を移録しておこう。

　　此碑旧在大和国安倍邨久没
　　蒿莱無人剥蘚者大正十三年
　　甲子仲秋移置斯地題詩于其
　　陰　　　　箒庵逸人

　　恋闕葵心欲憖誰向東拝
　　賦望郷詞千秋唯有天辺
　　月猶照招魂苔字碑

---

1) 杉本直治郎『阿部仲麻呂伝研究』（育芳社，1940）125 頁以下。
2) 梵字は，胎蔵界の大日如来を表す種字アーンクであろう。
3) 高橋義雄『箒のあと』下（秋豊園出版部，1936）482 頁以下。
4) 拙稿「東京護国寺の安倍仲麻呂塚石」（『奈良大学奈良学友会たより』37 号，2017）。
5) 森公章『古代日中関係の展開』（敬文舎，2018）72-78 頁。

コラム　東京護国寺所在の安倍仲麻呂塚の碑（東野治之）

（此の碑は旧大和国安倍邨(あべむら)に在り，久しく
蒿莱(よもぎあかざ)に没し，人の蘇(こけ)を剥ぐ者無し。大正十三年〔一九二四〕
甲子仲秋，斯(こ)の地に移し置き，其の陰に詩を題す。

　　　　　　　　　　　箒庵逸人

闕を恋うる葵心，誰にか愬(うった)えんと欲す。東に向きて拝し
望郷の詞を賦す。千秋唯だ有り，天辺の
月，猶(なお)照らす，招魂苔字の碑）

　書き下し文を付したので，改めて解説を要しないであろうが，若干補足しておくと，詩引の末尾の「箒庵逸人」は，いうまでもなく高橋義雄その人で，奈良県の安倍村にあった碑を護国寺に移し建てたのが，大正13（1924）年8月であったことを述べている。「闕」は，この場合，日本の朝廷，「葵心」はヒマワリが太陽の位置に合わせて花の向きを変えるように，強く慕う心で，仲麻呂の帰国の望みを言う。「望郷の詞」は，先に引用した「天の原」の詠歌である。「招魂苔字の碑」が，安倍村で苔むしていたというこの碑を指すことは勿論である。

　碑の出所や移送の経緯について高橋氏が自ら記すところは次のとおりである[6]。

　　私は大正の初年奈良に於て，高さ四尺，幅二尺四寸，厚さ一尺許の自然石に，安倍仲麿塚と彫付けてある古碑を見付けたが，古色蒼然として，一見七八百年外の物と思はれ，碑面の文字は温秀高雅で，藤原時代名家の筆跡たる事，更に疑ふ所がないから，試みに其出所を問へば，大和国磯城郡安倍村の安倍文殊堂前にあったのだと云ふ。安倍村は安倍族発祥の地なので，仲麿が唐に於て物故した後，招魂碑として之を此地に建てたものであらう。然るに此古碑が今や道具屋の手に渡って，其店頭に曝さるるに至ったのは，

---

[6]　高橋義雄注3前掲書。

218

如何にも怪訝に堪へぬ次第であるが，既に市場に出でたる以上は，早晩何人かの手に渡るであろうから，心なき人の手に渡らぬ先きに，兎に角私が買取って，一旦自邸伽藍洞に引取って置いた次第であるが，仲麿は弘法大師よりも先輩で，然かも年代に格別の相違なく，又同く入唐したる縁故もあるから，之を護国寺の大師堂前に移建するのは，決して不倫ではあるまいと思ふ（下略）

　高橋氏は以上のような考えの下に移建事業を起こし，碑の傍らに茶席などを備えた仲麿堂なる建物を営み，その本尊として彫刻家内藤伸氏の手になる仲麻呂の木彫像を安置した。その上で，翌大正14年5月9日に仲麿堂開扉茶会を催し，これらを披露した[7]。高橋氏によれば，仲麻呂を唐文化に心酔し，唐に仕えた売国奴とする江戸時代以来の評価を，覆したい思いもあったという[8]。ただ今日の目から見ると，この碑が鎌倉時代まで遡るような古いものとは考えられない。自然石を簡単に加工しただけの形姿や良好な保存状態，さらにその書風からすれば，やはり近世になってからの作と考えるべきであろう[9]。

　それにしても，この碑が，本来，安倍村のどこにあったかは興味の湧くところである。古い直接の記録はないが，延宝3（1675）年の序を持つ太田叙親・村井道弘『南都名所集』巻9[10]，安部の項には，次のように仲麻呂の塚にふれ，簡単な絵を載せている（図3）。

　　又仲麻呂の塚，田の中に有。近き比，上方一丈も有しが，をのづから崩れて，今はすこし有也（句読点は筆者）

　また，これとほぼ同時期，延宝4年刊行の林宗甫『大和名所記』（和洲旧跡幽

---

[7] 仲麿堂の内部や本尊は現在公開されていない。
[8] 高橋義雄注3前掲書。仲麻呂を貶めた諸家の評価に関しては，杉本直治郎注1前掲書762頁以下参照。
[9] この碑が，草むらの中で苔に覆われていたとする高橋氏の詩での表現は，伝聞に基づくものであり，碑の保存状態の良さからすると，恐らくは誇張があろう。
[10] 『近世文芸叢書』第2（国書刊行会，1910）。

コラム　東京護国寺所在の安倍仲麻呂塚の碑（東野治之）

考）巻19[11]に次の記事がある。

　安倍の西の田中に，安倍仲麿の墳，かたばかりのこれり。（句読点は筆者）

このように，少なくとも17世紀末には，安倍村に仲麻呂の塚ないし墓とされるものが存在した。また，これより100年ほど後の『菅笠日記』にも，次のような記事がある[12]。

　さてもとこし道を，文殊の寺までかへりて，あべの里をとほりて，田の中に，あべの仲まろのつか，又家のあとといふもあれど，もはら信じがたし。大かた此わたりに，仲まろ・晴明の事をいふは，ところの名によりて，つくりしこととぞ聞ゆる。（句読点は筆者）

図3　『南都名所集』巻9（筆者架蔵の原刊本による）

11）豊住書店，1977。
12）『本居宣長全集』18（筑摩書房，1973）。

『菅笠日記』は，本居宣長が安永元（1772）年に大和方面を訪ねた時の紀行で，寛政7（1795）年に刊行された。宣長は，これらの伝承を安倍という地名から作りだされたものと一蹴しているが，安倍氏の本貫地と見られるこの場所に，ゆかりの人物の伝承地があるのは，一概に退けられるべきではない。これによって「つか」の他に，仲麻呂の家の跡というものもあったことがわかる。塚の位置は明確ではないが，『大和名所図会』巻6[13]（寛政3年刊）に掲げられた安倍文殊堂（現在の安倍文珠院）の図（図4）によると，「そう門」（総門）の前の左右に「みさゝき」とある塚のどちらかがこれであろうか。

　さらに昭和初年，開発が進行する前に現地を踏査した石田茂作氏は，寺地の西側の水田中に古瓦の多く出土する「俗に仲麿屋敷と称する処」があること，近年までその東北に，上に石碑の立つ芝生の封土があったことを述べている[14]。この「仲麿屋敷」は，宣長のいう「家のあと」に相違ない。石田氏はここを往古の安倍寺の塔跡と推定したが，戦後の発掘調査でそれが確認され，

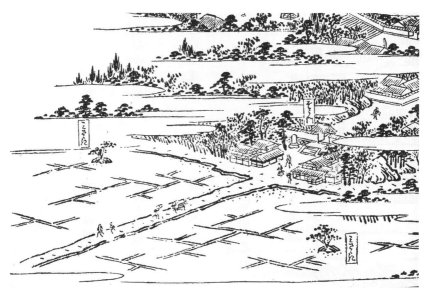

図4　『大和名所図会』巻6（注13前掲書による）

13）歴史図書社，1971．
14）石田茂作『飛鳥時代寺院址の研究』（聖徳太子奉讚会，1936）の安倍寺の項参照。

コラム　東京護国寺所在の安倍仲麻呂塚の碑（東野治之）

いまは桜井市の安倍史跡公園に復元整備されている[15]）。一方，石田氏の言及した石碑の立つ「芝生の封土」こそ，仲麻呂の塚であったのではあるまいか。もしそうとすれば，その場所は，石田氏が講堂跡と推定した畑中の隆起地（石田氏の言うB地）の東北方向になる（図5）。先の『大和名所図会』の図と考え合わせれば，向かって左（北側）の「みさゝき」が，石碑の姿はないものの，一応候補となろう。前引の『南都名所集』によれば，この「封土」は本来相当大きかった可能性があり，石田氏が鐘楼址かと推測したとおり，建物の基壇と考えるべきであろう。石田氏は，現地で聞き取った情報として，「十数年前まで」付近にあった礎石3個が，奈良の骨董商奥中某氏に売り渡されたことを記しているが，高橋氏や石田氏の述べる年代には多少の幅を想定してもよいであ

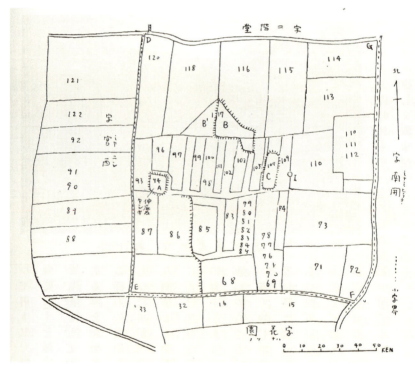

図5　安倍寺跡の旧状（注14前掲書による）

15）　奈良県立橿原考古学研究所・桜井市編『安倍寺跡環境整備事業報告』（1970）。

ろうから，仲麿塚の石碑も，同様な事情で現地を離れたのかもしれない。

　ともあれ，唐で没した仲麻呂の墳墓が，一族出身の地とはいえ，安倍にあるのは矛盾しているが，仲麻呂は帰国したとする伝承さえ後世には生まれている[16]。高橋義雄氏は，先に引いた著書や詩で「招魂」の碑としているが，招魂は魂を呼び戻すことであり，史実に即せば，塚そのものも含めて，招魂の意から出た産物と考えるのが妥当である。しかし，帰国伝説を重視すれば，それが実際の墓と考えられ，その碑として建てられた可能性も否定できないであろう。

---

16) 杉本直治郎注 1 前掲書 59-60 頁，荒木浩「阿倍仲麻呂帰朝伝説のゆくえ」(劉建輝編『日越交流における歴史，社会，文化の諸問題』国際日本文化研究センター，2015)。

第Ⅲ部
公示と伝達

西晋五条詔書等の伝達・頒布をめぐって

伊 藤 敏 雄

は じ め に

　本稿は，西晋五条詔書や北斉五条詔書等の伝達・頒布をめぐる諸問題を検討しようとするものである。

　先に筆者は，永田拓治との共著で，西晋武帝の泰始4（268）年の五条詔書の内容が，2004年発見の郴州晋簡に含まれ，それは北斉の五条詔書とほぼ同様の内容であることを指摘した上で，以下のように整理した[1]。

> 郡国の上計の際に郡国上計吏勅戒詔書が郡国に下されることは漢代以来行われており，西晋武帝時代にも種々の勅戒が班布されている。泰始四年六月に上計吏勅戒の詔が班布され，『漢旧儀』上の内容を踏まえて一般的・基本的な内容として整備されたのが泰始四年の五条詔書であると考えられる。その後，郴州晋簡の時期には五条詔書が基本的な上計吏勅戒の定制として使用されており，さらにそれが北斉の五条詔書にほぼ継承されている。

---

[1] 伊藤敏雄・永田拓治「郴州晋簡初探――上計及び西晋武帝郡国上計吏勅戒等との関係を中心に　附：郴州晋簡にみる田租」（『長沙呉簡研究報告　2010年度特刊』2011）（以下，前稿と略称）。郴州晋簡と五条詔書との関係については，魏斌「五条詔書小史」（『魏晋南北朝隋唐史資料』第26輯，武漢大学文科学報編輯部，2010）でも論述されているので，合わせて参照されたい。魏斌氏は，郴州晋簡と五条詔書との関係のほか，①五条詔書の最初は，尚書台の受計終了後に宣読・発遣され，上計吏が持ち帰ったものである，②前漢時代には上計吏勅戒は上計の過程で行われていたが，西晋の「咸寧儀注」で五条詔書宣読と上計吏詔問が元会儀礼の中に含まれるようになり，正式な元会として，南北朝後期まで踏襲された，③五条詔書は蘇綽「六条詔書」の種本に当たる，ことなども指摘する。なお，孔祥軍「西晋上計簿書復原与相関歴史研究――以湖南郴州蘇仙橋出土晋簡為中心」（童劭偉主編『中華歴史与伝統文化研究論叢　第1輯』中国社会科学出版社，2015）も北斉五条詔書との関係について言及するが，先行研究への言及が見られず，概観に止まる。

226

その際に利用した郴州晋簡は4点（簡番号3-6, 3-4, 1-15, 1-13）であったが，2016年8月開催の「紀年走馬楼三国呉簡発現二十周年長沙簡帛研究国際学術研討会」に際して，長沙簡牘博物館で特展「湖南地区出土簡牘展」が開催され，そこで展示・公開された郴州晋簡の中に五条詔書に該当する簡が2点含まれていた。そこで，新たに展示・公開された2点を加えた郴州晋簡6点をもとに，泰始4年五条詔書の内容を，北斉の五条詔書と比較しながら再検討したい。

次に，泰始4年五条詔書の内容が郴州晋簡中に含まれていたことの意味について，北斉五条詔書等の伝達・頒布方法との関連で再考したい。前稿では五条詔書等の伝達・頒布方法についての考察が念頭になかったが，角谷常子氏を研究代表者とする科研プロジェクト「文字文化からみた東アジア社会の比較研究」に参加することによって，規範等の宣示を意識するようになったので，その視覚から考察したい。

なお，郴州晋簡については，前稿で示したように郴州晋簡の紹介を含む発掘簡報が，湖南省文物考古研究所・郴州市文物処「湖南郴州蘇仙橋遺址発掘簡報」（以下，簡報と略称）として，張春龍氏の主筆で公表されている[2]。それによると，晋簡の出土点数は909点で，簡報では163点の晋簡釈文と写真版49点が紹介されている。晋簡は，竹簡2点のほかは木質で，封検・楬各1点を含むという。年代については，恵帝の元康（291～300）・永康（300～301）・太安（302～304）の紀年が見られるという[3]。

1　五条詔書について

先ず泰始4（268）年の五条詔書は，『晋書』巻3武帝紀泰始4（268）年12月条に，

【史料1】班五條詔書於郡國，一曰正身，二曰勤百姓，三曰撫孤寡，四曰

---

2) 湖南省文物考古研究所編『湖南考古輯刊　第8輯』（岳麓書社，2009）。
3) 孔祥軍氏は，郴州晋簡の時期を元康元（291）年7月から永嘉元（307）年8月までの間とした上で，上計簿が太安2（303）年の副本である可能性を指摘する（孔祥軍注1前掲論文）。

227

敦本息末，五日去人事。（五条詔書を郡国に班つ，一に曰く，身を正せ，二に曰く，百姓を勤めさせよ，三に曰く，孤寡を撫せ，四に曰く，本を敦くし末を息めよ，五に曰く，人事を去れ，と。）

とあり，その内容が簡潔に記されている。同内容を『太平御覧』巻593 文部，詔条に引く『王隠晋書』は，

【史料2】武紀泰始四年班五條詔書于郡國，一曰正身，二曰勤民，三曰撫孤寡，四曰敦本息末[4]，五曰去妨民事[5]。

としている。

渡辺信一郎氏が，泰始4年五条詔書と北斉の五条詔書の表現・内容がほぼ同じであったと推測したが[6]，北斉の五条詔書は，『隋書』巻9礼儀志に以下のように詳しく記されている（下線部については後述）。

【史料3】又班五條詔書於諸州郡國使人，（中略）正會日，依儀宣示使人，歸以告刺史・二千石。一曰，政在正身，在愛人，去殘賊，擇良吏，正決獄，平徭賦。二曰，<u>人生在勤，勤則不匱，其勸率田桑，無或煩擾</u>。三曰，<u>六極之人，務加寬養，必使生有以自救，没有以自給</u>。四曰，<u>長吏華浮，奉客以求小譽，逐末捨本，政之所疾</u>。宜謹察之。五曰，<u>人事意氣，干亂奉公，外内溷淆，綱紀不設，所宜糾劾</u>。

（又，五条詔書を諸州郡国の使人に班つ，（中略）正会の日，儀に依りて使人に宣示し，帰りて以て刺史・二千石に告げよ，と。一に曰く，政は身を正すに在り，人を愛くしみ，残賊を去り，良吏を択び，決獄を正し，徭賦を平らかにするに在り。二に曰く，人生は勤むるに在り，勤むれば則ち匱しからず，其れ田桑を勧め率ひ，或

---

4) 『四庫全書』の『太平御覧』は，「末」を「華」に誤る。
5) 「人事」は贈り物（賄賂）という意味で，「去妨民事」では意味をなさないので，『太平御覧』の編纂時に，避諱とは関係の無い「人事」を，誤って「民事」に直したものと思われる。
6) 渡辺信一郎「元会の構造　第二節　元会儀礼の成立——第二期・西晋〜六朝末」『天空の玉座——中国古代帝国の朝政と儀礼』（柏書房，1996）第Ⅱ章。

いは煩擾せしむる無かれ。三に曰く，六極の人は，務めて寛養を加へよ，必ず生きては以て自救する有らしめ，没しては以て自給する有らしめよ。四に曰く，長吏華浮にして，客を奉じて以て小誉を求め，末を逐ひ本を捨つるは，政の疾む所なり。宜しく之を謹み察すべし。五に曰く，人事に意気あり，奉公を干乱し，外内涵消し，綱紀設けられざるは，宜しく糾劾すべき所なり。）

　渡辺氏は，元会儀礼の成立を論じ，上計吏勅戒儀礼を検討した中で，この北斉の五条詔書をもとに，南北朝後期に至るまで上計制度が基本的に継承され，年末の計会の日に上計受理と上計吏慰労・地方情勢諮問が行われ，元日の元会において上計吏勅戒・五条詔書頒布が行われたと整理されている。また，この北斉の五条詔書と泰始4年の五条詔書との関係については，北斉の五条詔書の直接の源流は西晋にあったとし，第三条の文言に直接的な対応がないが，両者の表現・内容はほぼ同じであったと推測されている[7]。

　前稿で述べたように，ほぼ同様の内容が郴州晋簡に含まれる。前述のように簡報掲載以外の簡が2点（簡番号4-3, 3-11）公表されたので，それらを加えて示すと以下のようになる（簡報写真版や実見等により編綴痕または編綴用空格が判明するものについては，「｜」で表記する。北斉の五条詔書及び郴州晋簡の下線部参照。＿＿は同文，……はほぼ同様だが異同があることを示す）。

【簡1】詔書民生在勤勤則不遣（匱）遊業惰農鮮不爲　　（3-6，写真版等未見）
　　（詔書。民生は勤むるに在り，勤むれば則ち匱しからず，遊業・惰農は鮮しく〜と為らず。）
【簡2】詔書鰥寡老疾｜民之六極務於｜存濟致其靈　　（4-3）
　　（詔書。鰥寡老疾は，民の六極なり，存済に務め，其の霊を致せ。）
【簡3】詔書長吏浮華｜不親民事務｜奉過客以求小　　（3-11）
【簡4】　譽舍（捨）本要末政之所疾所宜謹察　　（3-4，写真版等未見）

7）渡辺信一郎注6前掲論文。

(詔書。長吏浮華にして，民の事に親しまず，務めて過客を奉じて以て小誉を求め，本を捨て末を要むるは，政の疾む所なり。宜しく謹み察すべき所なり。)

【簡5】詔書人事意氣｜干亂奉公外｜内溷濁經（綱）紀不　　（1-15）
【簡6】　　設隋（惰）［容］之甚｜［所］宜勿忽　｜　　　（1-13）
(詔書。人事に意気あり，奉公を干乱し，外内溷濁し，綱紀設けられざるは，惰容の甚しきかな，宜しく忽るなからしむるべき所なり。)

　五条詔書の内容のうち，第二条「勤百姓」，第三条「撫孤寡」，第四条「敦本息末」，第五条「去人事」の内容が，【簡1】・【簡2】・【簡3】・【簡5】の冒頭に「詔書」として記され，【簡5】に直接接続する【簡6】が1字下げになって記されていることが分かる（【簡6】の事例から，【簡4】も1字下げになっていたと思われるので，1字下げで表記した）。同時に，郴州晋簡では五条詔書が冊書となっていたことが分かる。簡報の写真版と実見によると，【簡2】・【簡3】・【簡5】・【簡6】は若干幅広の簡に楷書で記され，編綴痕または編綴用空格が見られる。

　郴州晋簡【簡1】～【簡6】と北斉の五条詔書を比較すると，【簡1】～【簡6】と北斉の五条詔書の下線部（＿＿＿）に若干の異同が見られるほか，郴州晋簡では第二条の「民生在勤勤則不匱」の後に「遊業惰農鮮不爲」（文意から考えて，次簡に「患」「困」などの語が続いたと想定できる）とあり，第五条の「經（綱）紀不設」の後に「隋（惰）［容］之甚」とあるので，郴州晋簡の方が詳しい内容になっていて，北斉の五条詔書はそれを整理したものになっていることが分かる（北斉の五条詔書が泰始4年五条詔書と同内容で，『隋書』所載の北斉五条詔書が抄録されている場合もあり得る）。『隋書』所載の北斉五条詔書【史料3】では「民生在勤」の「民」を避諱して「人生在勤」となっていることも確認できる。

　第三条について，渡辺氏は「六極之人」を「天地四方の人々」と解し，第三条の文言に直接的な対応がないとしたのに対し[8]，前稿で『魏書』の記載[9]をもとに，「六極之人」は「疾苦六極」の人を指し，具体的には「鰥寡困乏不能

自存者」や「鰥寡孤獨不能自存者」などを指すとしたが,【簡 2】の公表によって,「六極」が「鰥寡老疾」を指すことが確定した。したがって,【簡 2】に続く簡が不明であるが,第三条も泰始 4 年の五条詔書と北斉の五条詔書でその内容が同様であった可能性が高いといえよう。

以上のことより,前稿で指摘したように,郴州晋簡中の五条詔書の具体的内容は,北斉の五条詔書とほぼ同様かより詳しい内容になっていたことが,再確認できる。

平呉以前の泰始 4 年に頒布された五条詔書が,郴州晋簡に含まれていることは,内容的に郴州晋簡の段階で五条詔書が郡国勅戒の定制として使用されていたことを物語る。泰始 4 年以後にも定型の文言として郡国に頒布されたか,郡国で定型の文言として継承されたものと思われる。

2　郡国上計吏勅戒儀礼と五条詔書等の伝達・頒布について

それでは,以上の五条詔書がどのような郡国上計吏勅戒儀礼の中で,どのように伝達・頒布されたのであろうか。

このことに関連して,最も詳しい記載が見られるのは,前掲の北斉の五条詔書の伝達等に関する記載である。『隋書』巻 9 礼儀志に以下のように記されている。

【史料 4】後齊（北齊）正日,侍中宣詔慰勞州郡國使。詔牘長一尺三寸,廣一尺,雌黃塗飾,上寫詔書三。計會日,侍中依儀勞郡國計吏,問刺史太

---

8)　渡辺信一郎注 6 前掲論文。
9)　『魏書』巻 7 下　高祖紀下の太和 20（496）年 7 月丁亥の条に,
　　詔曰,「(中略) 又疾苦六極, 人神所矜, 宜時訪恤, 以拯窮廢。鰥寡困乏不能自存者, 明加矜恤, 令得存濟。又輕徭薄賦, 君人常理, 歲中恆役, 具以狀聞。又夫婦之道, 生民所先, 仲春奔會, 禮有達式, 男女失時者以禮會之。又京民始業, 農桑爲本, 田稼多少, 課督以不, 具以狀言。」
　　とあり,『魏書』巻 9 肅宗紀神亀元（518）年春正月壬申の条に,
　　詔曰,「朕沖昧撫運, 政道未康, 民之疾苦, 弗遑紀恤, 夙宵矜慨, 鑒寐深懷, 眷彼百齡, 悼茲六極。(中略) 鰥寡孤獨不能自存者, 賜粟五斛, 帛二匹。」
　　とある。

守安不,及穀價麥苗善惡,人間疾苦。又班五條詔書於諸州郡國使人,寫以詔牘一枚,長二尺五寸,廣一尺三寸,亦以雌黄塗飾,上寫詔書。正會日,依儀宣示使人,歸以告刺史二千石。(中略)正會日,侍中黄門宣詔慰勞諸郡上計。勞訖付紙,遣陳土宜。字有脱誤者,呼起席後立。書迹濫劣者,飲墨水一升。文理孟浪,無可取者,奪容刀及席。既而本曹郎中,考其文迹才辭可取者,錄牒吏部,簡同流外三品敘。

(後齊(北齊)の正日,侍中,宣詔して州郡国の使を慰労す。詔牘は,長さ一尺三寸,広さ一尺,雌黄もて塗飾し,上に詔書を写すこと三。計会の日,侍中,儀に依りて郡国の計吏を労ひ,刺史・太守の安不,及び穀価,麦苗の善悪,人間の疾苦を問ふ。又五条詔書を諸州郡国の使人に班つ,写するに詔牘一枚,長さ二尺五寸,広さ一尺三寸なるを以てし,亦雌黄を以て塗飾し,上に詔書を写す。正会の日,儀に依りて使人に宣示し,帰りて以て刺史・二千石に告げよ,と。(中略)正会の日,侍中黄門,宣詔して諸郡の上計を慰労す。労ひ訖りて紙を付し,土の宜しきを陳べしむ。字に脱誤有る者は,呼びて席の後に起ちて立たしむ。書迹の濫劣なる者は,墨水一升を飲ましむ。文理孟浪として,取るべき無き者は,容刀及び席を奪ふ。既にして本曹郎中,其の文迹才辞の取るべき者を考え,牒を吏部に録し,簡びて流外三品と同じく叙す。)

先ず,元会儀礼の一環として,元旦に侍中が宣詔して州郡国の使者を慰労したが,その際に,長さ一尺三寸(隋尺で約38.4cm,以下同様),幅一尺(29.5cm)の詔牘を用い,雌黄で黄色に塗った上に詔書を書写し,三枚になったことが分かる。次に計会の日に,侍中が儀礼に依って郡国の上計吏を労い,刺史・太守の安否,及び穀物の価格,麦苗の作柄,民間の疾苦状況を尋ねている。また,五条詔書を諸州郡国の使者(上計吏)に頒布するが,その際に長さ二尺五寸(約73.8cm),幅一尺三寸(約38.4cm)の詔牘一枚を用い,雌黄で黄色に塗った上に詔書を書写している。

ここで,注目されるのは,詔書を書写するのに,いずれも大判の牘を用い,黄色に塗っていることであり,特に五条詔書の場合は,長さ二尺五寸,幅一尺三寸もある。このことについて,つとに注目したのは,紙木併用期における木

簡使用の事例を検討した大庭脩氏であり，「これは，陳で鶴頭板に黄紙を板に貼るのと逆で，牘を黄色に塗るのであるが，一般に詔は黄紙が用いられていたからこういう事をするのであろう。」と述べている[10]。更に，藤田高夫氏は，大庭氏が示した事例を検討した中で，この二例について，「きわめて大型の木簡であり，『詔牘』と記されているが，『牘』というよりは『板』と呼ぶべき大きさである。かつ両者とも黄色く着色していることが興味深いが，これは『黄紙』を意識してのことであろう。紙でも可能なところを，敢えて木が選択されているのは，古典的形態による権威付けという意味もないではなかろうが，むしろ『見せる』ということが意識されたために大型の版が用いられたのではなかろうか。竹と木では意味合いが違った可能性があろう。無論，通常の文書は紙に記されることが前提である。」と述べている[11]。魏斌氏も，北斉は既に紙を使用している時代なので，濃厚な儀礼的色彩を有しているとしている[12]。

　北斉の時期は，敦煌文書・吐魯番出土文書の出土状況から分かるように紙が普及していると考えて大過ない。また，大庭・藤田・魏氏らは言及していないが，前掲【史料4】後段には「労ひ訖りて紙を付し，土の宜しきを陳べしむ。」とあるので，当時，紙が使用されていたことは確実である。紙を使用できるのに，敢えて大判の牘を用いたのには，藤田氏が述べるように意味があろう。大判の牘を用いたのは，「見せる」ことを意識し，儀礼を荘厳化するためであったろう。また，黄色に塗ったのは，大庭・藤田両氏が述べるように詔書としての黄紙を意識したものであり[13]，これも儀礼を荘厳化するためであったろう。

---

10) 大庭脩「魏晋南北朝告身雑考――木から紙へ」(『史林』第47巻第1号，1964。同氏著『唐告身と日本古代の位階制』学校法人皇學館出版部，2003 所収)。
11) 藤田高夫「木簡の行方――唐代木簡の存否を考えるための覚書」(角谷常子編『東アジア木簡学のために』汲古書院，2014)。
12) 魏斌注1前掲論文。
13) なお，冨谷至氏は，詔書をはじめとした原文書，原籍は黄色の紙が使われていたと見なしてよかろうとするとともに，黄色を中央，君主の象徴とした上で，黄籍の「黄」は，中央もしくは土徳の象徴の「黄」といった抽象的語であり，そこに正統という意味が含まれていることから，黄籍＝正式な戸籍となっていったのではないだろうか，としている(「3世紀から4世紀にかけての書写材料の変遷　楼蘭出土文字資料を中心に」同編『流沙出土の文字資料　楼蘭・尼雅文書を中心に』京都大学学術出版会，2001。「漢から晋へ――簡牘から紙」『木簡・竹簡の語る中国古代　書記の文化史』(岩波書店，2003)第六章。

五条詔書の頒布については，大判の牘を各郡国に頒布したとは想定しがたいし，正会に際し「儀に依りて使人に宣示し」とあるので，実際には，儀礼として大判の牘（長さ一尺三寸）に書写されている詔書を読み上げたと考えられ，五条詔書も同様と想定できる。また，詔牘一枚に書写したとあるので，詔牘は一枚のみであったと考えるのが自然であろう。詔牘は儀式用に書写された一枚のみであって，各郡国の上計吏に頒布したのは，冊書または紙に書写されたものであろう（儀式の中で紙を渡していることや時期から考え，紙の可能性が高そうであるが，断定はできない）。各郡国からの上計自体についても，時期的に紙が用いられた可能性があるが，冊書と紙のいずれを用いたかについては不明である。

　次に，前掲【史料4】の後段を検討しよう。正会の日に，侍中黄門が宣詔して諸郡の上計を慰労し，慰労が終わると紙を渡し，郡国の長所を陳述させたとある。紙を渡したのは，書面が広いからであろう。更にこの上計吏の陳述に対し，文字に脱誤有る者には席の後に起立させ，書の濫劣な者には墨水一升を飲ませ，文理孟浪として取るべきところの無い者には容刀及び座席を奪うという罰を与え，逆に優秀な者には吏部に登録するなどの褒美を与えている。上計吏に対する試験と評価が，儀礼の中に加わっていると言える[14]。

　北斉の五条詔書より古い時期に関する史料としては，『隋書』巻9礼儀志に，

【史料5】梁元會之禮，（中略）尚書騶騎引計吏，郡國各一人，皆跪受詔。侍中讀五條詔，計吏毎應諾訖，令陳便宜者，聽詣白獸樽，以次還坐。
（梁の元会の礼，（中略）尚書騶騎，計吏（上計吏）を引くこと，郡国ごとに各々一人にして，皆跪きて詔を受く。侍中，五条詔を読み，計吏，応諾して訖る毎に，便

---

14) 宮崎市定氏は，『通典』巻14の北斉の試験制度に，
　　其課試之法，中書策秀才，集書策貢士，考功郎中策廉良。天子常服，乘輿出，坐於朝堂中楹，秀孝各以班草對。字有脱誤者，呼起立席後，書有濫劣者，飲墨水一升，文理孟浪者，奪席脱容刀。
とあるのを引き，この記事は『隋書』巻9礼儀志の文（後斉毎策秀孝の条）と「多少出入があるが，初の一段の試験の責任者が異る記載は恐らく一時の制度で，そこに言う貢士とは孝廉のことであり，廉良とは地方の上計吏のことであろう。」とし，注で【史料4】後段を引用し，本曹郎中を考功郎中のことであろうとしている（「北朝の官制と選挙制度　13 北斉治下の新傾向」『九品官人法の研究──科挙前史』同朋舎，1956，第二編本論　第五章，宮崎市定全集第6巻，岩波書店，1992。中公文庫，1997）。

宜を陳べしむれば，白獣樽に詣り，次をもって坐に還るを聴す。)

とある（『通典』巻70元正冬至受朝賀条の梁元会礼もほぼ同内容である)。梁の元会儀礼の際に，その一環として郡国上計吏勅戒儀礼が行われ，侍中が五条詔書を読み聞かせており，渡辺信一郎氏が指摘するように，五条詔書が儀礼の中に制度化されていることが分かる[15]。ここでも，侍中が五条詔書を読み聞かせていることが注目されるが，上計吏に便宜を陳べさせ，白獣樽に行ってから席に戻ることを許可していることも注目される。白獣樽については，『晋書』巻21礼志下に，東晋のこととして，

【史料6】正旦元會，設白獣樽於殿庭，樽蓋上施白獣，若有能獻直言者，則發此樽飲酒。(正旦の元会に，白獣樽を殿庭に設け，樽蓋上に白獣を施し，若し能く直言を献る者有れば，則ち此の樽を発きて酒を飲ましむ。)

とあり（『宋書』巻14礼志1では「白虎樽」としている。)，殿庭に設置され，直言した者に対し飲酒を許可していたことが分かる。【史料5】では何の便宜を陳べさせたのか分からないし，【史料6】でも何を直言したのか分からないが，【史料4】・【史料5】・【史料6】をもとに推測すると，郡国の長所を陳述させた可能性がある。その推測に大過ないとすれば，東晋の段階から，元会儀礼の際に，上計吏に郡国の長所を述べさせ，それをもとに，上計吏を評価するようになっていた可能性があろう。

ところで，五条詔書との関係は分からないが，『宋書』巻14礼志1に引く，西晋の「咸寧儀注」では，次の【史料7】から元会儀礼の最後に郡国の上計吏を招いて階下で勅戒を授けていたことが分かる[16]。おそらく郡国勅戒の詔書を口頭で伝達したのであろう。

---

15) 五条詔書が郡国勅戒の定制となることについて，渡辺信一郎氏は，『通典』巻70，礼30，元正冬至受朝賀条の梁元会礼をもとに，上計勅戒が六朝後期に五条詔書として制度化されたとしている（渡辺信一郎注6前掲論文)。
16) 渡辺信一郎注6前掲論文。

【史料7】乃召諸郡計吏前，授勅戒於階下。(乃ち諸郡の計吏を召して前め，勅戒を階下に授く。)

同様に，五条詔書との関係は分からないが，西晋恵帝期の郡国上計吏勅戒儀礼をめぐる記事として，『晋書』巻42王渾伝に以下のような記載がある。

【史料8】帝(惠帝)嘗訪(王)渾元會問郡國計吏方俗之宜。渾奏曰，「(中略)舊三朝元會前計吏詣軒下，侍中讀詔，計吏跪受。臣以詔文相承已久，無他新聲，非陛下留心方國之意也。可令中書指宣明詔，問方土異同，賢才秀異，風俗好尚，農桑本務，刑獄得無冤濫，守長得無侵虐。其勤心政化興利除害者，授以紙筆，盡意陳聞。以明聖指垂心四遠，不復因循常辭。且察其答對文義，以觀計吏人才之實。又先帝時，正會後東堂見征鎮長史司馬・諸王國卿・諸州別駕。今若不能別見，可前詣軒下，使侍中宣問，以審察方國，於事爲便。」帝然之。
(帝(恵帝)嘗て(王)渾に元会に郡国の計吏に方俗の宜しきを問ふを訪ぬ。渾，奏して曰はく，「(中略)旧三朝元会にては，計吏を前めて軒下に詣らせ，侍中，詔を読み，計吏，跪きて受く。臣以へらく，詔文相ひ承くこと已に久しく，他の新声無く，陛下の心を方国に留むるの意に非ざるなり。中書をして明詔を指宣し，方土の異同，賢才の秀異，風俗の好尚，農桑の本務，刑獄の冤濫無きを得ること，守長の侵虐無きを得ることを問はしむべし。其れ心を政化に勤め利を興し害を除く者には，授くるに紙筆を以てし，意を尽し陳聞せしめん。以て明聖，心を四遠に垂らし，復と常辞に因循せざるを指さん。且つ其の答対の文義を察し，以て計吏の人才の実を観る。又，先帝の時，正会の後に東堂にて征鎮長史司馬・諸王国卿・諸州別駕に見ふ。今若し別に見ふ能はずんば，前めて軒下に詣らしめ，侍中をして宣問せしめ，以て方国を審察せしむれば，事に於いて便為り。」と。帝，之を然りとす。)

王渾は同伝等によると，元康7(297)年に没しているので，この記事は恵帝即位後(290)から元康7(297)年の間のことと考えられる。恵帝が王渾に元会の儀の際に郡国の上計吏に「方俗之宜」を問うことを尋ねたところ，その

返答の中で，中書に命じて，1)「方土異同」，2)「賢才秀異」，3)「風俗好尚」，4)「農桑本務」，5)「刑獄得無寃濫」，6)「守長得無侵虐」を問うことを取り上げているが，この記載において次の点が注目される。①嘗てより侍中が詔書を読み聞かせ，上計吏が跪いて受けていると述べている。②郡国勅戒詔書の文言が形式化していると認識している。③中書に命じて詔書を指宣させ，前掲1)～6)の状況を尋ねさせるのが良いと指摘している。④心を政化に尽くし利を興し害を除く上計吏に対して，紙筆を授けて意を尽くして陳述させようとしている。⑤旧来からの常套文言にこだわらないことを示すことを勧めている。⑥上計吏の応答の文義をもとに，上計吏の才能を観察するよう勧めている。

上記の①より，西晋恵帝期以前から【史料4】【史料5】と同様に侍中が郡国勅戒詔書を読み聞かせていることが分かり，郴州晋簡の五条詔書についても同様であったと想定できる。この詔書の読み聞かせに関連して，渡辺信一郎氏は，前漢期に丞相・御史大夫が郡国の上計吏に対して皇帝の勅書を読み聞かせることがあったと指摘している[17]。『漢旧儀』上には，次の【史料9】【史料10】のような記載があり[18]，それが確認できる。

【史料9】御史大夫勅上計丞・長史曰，詔書數（殿）下，布告郡國。（後略）
（御史大夫，上計の丞・長史に勅して曰く，殿下に詔書し，郡国に布告す。（後略））
【史料10】哀帝元壽二年，以丞相爲大司徒。郡國守丞・長史上計事竟，遣君侯出坐庭，上親問百姓所疾苦。計室掾吏一人大音者讀敕畢，遣敕曰，詔書數（殿）下，（後略）。（哀帝の元寿2（前1）年，丞相を以て大司徒と為す。郡国の守丞・長史の上計の事竟るや，君侯を遣はして出でて庭に坐せしめ，上，親ら百姓の疾苦する所を問ふ。計室掾吏の一人の大音なる者，敕を読み畢るや，敕を遣はして曰く，殿下に詔書し，（後略））

---

17) 渡辺信一郎注6前掲論文。御史大夫の設置時期について，成帝綏和元（前8）年以前か，哀帝建平2（前5）年から元壽2（前1）年の間としている。
18) 孫星衍等（輯）周天游（點校）『漢官六種』（中華書局，1990，所収『漢旧儀』上）。『續漢書』百官志1 司空条劉昭注補所引『漢旧儀』参照。

特に【史料10】からは，前漢末に声の大きな計室掾吏一人に勅書（詔書）を読ませていたことが分かる。勅書（詔書）を読み聞かせた後，冊書で頒布したと想定されるが，詳細は不明である。

次に②③⑤より，郡国勅戒詔書の文言が形式化していると認識しているので，上計吏勅戒儀礼が恵帝期以前から続いていることが分かる。渡辺信一郎氏は，咸寧儀注の上計吏勅戒が実行されていたことが分かり，勅戒授与の慣例が西晋以前にさかのぼることが推測できるとしている[19]。なお，王渾が郡国勅戒詔書の文言の改善と郡国の長所等を尋ねる部分での創作を恵帝に期待している状況下で，郴州晋簡に五条詔書が含まれるのは，五条詔書自体が勅戒の基本的内容として変更不要と理解されていたことを示すように思われる。④より，西晋恵帝期においてすでに，【史料4】と同様に上計吏に紙筆を授けて陳述させることが認識されていたことが分かるので，すでに実施されていたことの反映であり，郡国の長所を陳述させようとしたと想定できよう。また，④⑥から西晋恵帝期に上計吏の紙筆での陳述をもとに上計吏の才能を見極めようという意識があり，それが【史料4】での評価の淵源になった可能性も想定できる。

以上，北斉の五条詔書等の伝達方法を中心としながら，梁の元会儀礼や西晋の「咸寧儀注」，西晋恵帝期の王渾の認識における詔書の伝達方法等を考察した。その結果，前漢末の郡国上計吏勅戒儀礼で詔書を口頭伝達したこと，「咸寧儀注」で郡国勅戒詔書を口頭伝達したこと，恵帝期に郡国勅戒詔書を口頭伝達したこと，梁の元会儀礼で五条詔書を口頭伝達したこと，北斉の元会儀礼で慰労詔書と五条詔書を口頭伝達したことが確認できた。

したがって，以上の状況を踏まえると，西晋泰始4年の五条詔書も口頭伝達されたと想定できる。【史料1】に「五条詔書を郡国に班つ。」とあるように，口頭伝達後，頒布されたと思われるが，郴州晋簡中に冊書の五条詔書が含まれていることから，冊書で頒布されたと想定できよう。

次に，以上の状況を踏まえ，郴州晋簡中に冊書の五条詔書が含まれていることの意味を考察しておきたい。まず前述したように，泰始4年に頒布された五

19）渡辺信一郎注6前掲論文。

条詔書の内容が，郴州晋簡中に含まれていることは，内容的に郴州晋簡の段階で五条詔書が郡国勅戒の定制として使用されていたことを物語り，泰始4年以後にも定型の文言として郡国に頒布されたか，郡国で定型の文言として継承されたものと思われる。しかし，以上の郡国勅戒の状況を踏まえると，度々郡国勅戒詔書が頒布されているので，後者の可能性は低いように思われる。頒布された後，桂陽郡上計吏が持ち帰った冊書またはその写しが郴州晋簡中の五条詔書と考えられる[20]。上計吏勅戒儀礼の中で五条詔書が口頭伝達された後，冊書で頒布された可能性が想定できるので，儀式的にも五条詔書の伝達・頒布が郡国勅戒の定制となっていたと想定できる。したがって，郴州晋簡の段階で五条詔書の内容とその伝達・頒布が郡国勅戒の定制となっていたと想定できる。なお，前稿で指摘したように郴州晋簡中に上計関係の簡牘が多数含まれているので，上計自体も冊書で行われていたと考えられる。

ところで，以上の郡国勅戒詔書と地方社会との関係に眼を向けると，西晋武帝の泰始4年正月庚寅詔書が注目される。同詔書は，『晋書』巻26食貨志に，

【史料11】（泰始四年正月）庚寅，詔曰，「使四海之内，棄末反本，競農務功，能奉宣朕志，令百姓勸事樂業者，其唯郡縣長吏乎。（後略）」。
((泰始四年正月）庚寅，詔して曰く，「四海の内をして，末を棄てて本に反らしめ，農を競ひ功に務めしめ，能く朕の志を奉宣し，百姓をして事を勸め業を樂ましむる者は，其れ唯だ郡県の長吏のみか。（後略）」と。)

とある。同年正月庚寅は正月22日に当たるので，計階や元会の際の郡国勅戒の詔とは異なるが，武帝が地方社会統治に果たす地方長官の役割を重視していたことが分かる。また，その表現は，前漢宣帝の「庶民所以安其田里而亡歎息・愁恨之心者，政平・訟理也。與我共此者，其唯良二千石乎。（庶民の其の田里に安んじて歎息・愁恨の心亡き所以は，政平・訟理なり。我と此を共にする者は，其れ唯だ良二千石のみか。）」（『漢書』巻89循吏伝序）という言葉を意識したものと思

---

[20] なお，魏斌氏は，郴州晋簡中の五条詔書を，西晋の平呉以後のある年に桂陽郡上計吏が持ち帰ったものとしているが（魏斌注1前掲論文），その写しの可能性もある。

われる[21]。前1世紀の前漢宣帝期以来の地方長官の役割重視の方針が，その後の郡国勅戒詔書に反映・継承され，西晋武帝の時にその方針が改めて強調されて五条詔書が整備され，更に儀礼化されて6世紀の北斉に至ったとみなすことができよう。

おわりに

以上の考察等をもとに時系列的に整理すると，次のようになろう。

郡国上計吏勅戒儀礼や郡国勅戒詔書等には，地方社会統治に果たす地方長官の役割を重視する前漢宣帝期以来の方針が反映・継承されている。

前漢末には郡国上計吏勅戒儀礼に際し，丞相・御史大夫等が詔書を口頭伝達した。

西晋武帝の泰始4年12月に五条詔書が制定・頒布されたが，郡国勅戒詔書の一般的・基準的な内容として整備されたものであった。上計吏勅戒儀礼の中で，口頭伝達された後，冊書で頒布されたと想定できる。「咸寧儀注」では元会儀礼に郡国上計吏勅戒儀礼が含まれており，元会儀礼の最後に郡国の上計吏を招いて階下で勅戒を授けていたが，詔書を口頭で伝達したのであろう。

西晋恵帝の元康年間の王渾の認識をもとにすると，王渾は郡国勅戒詔書が形式化していて改善の必要性があると考えていたが，五条詔書については言及していないので，改善の必要の無い一般的・基準的な内容と認識していた可能性がある。儀礼の最後に上計吏に紙筆が渡され，郡国の長所を陳述させるとともに，上計吏の評価が行われていた可能性が高い。

郴州晋簡段階では，上計自体は冊書で行われていたが，郴州晋簡中に冊書の五条詔書が含まれていることは，この段階で五条詔書が内容的に郡国勅戒の定制として使用されていたことを物語る。郴州晋簡中の五条詔書は頒布された冊書またはその写しと考えられる。五条詔書が上計吏勅戒儀礼の中で口頭伝達された後，冊書で郡国に頒布された可能性が想定できるので，儀式的にも五条詔

---

21) 陳連慶『《晋書・食貨志》校注・《魏書・食貨志》校注』（東北師範大学出版社，1999）参照。

書の伝達・頒布が郡国勅戒の定制となっていたと想定できる。したがって，郴州晋簡の段階で五条詔書の内容とその伝達・頒布が郡国勅戒の定制となっていたと想定できる。

　東晋では，元会儀礼の際に，上計吏に郡国の長所を述べさせ，それをもとに，上計吏を評価するようになっていた可能性がある。

　梁の元会儀礼では，その一環として上計吏勅戒儀礼が行われ，侍中が五条詔書を口頭伝達している。また，上計吏に便宜を陳べさせ，白獣樽で飲酒してから席に戻ることを許可しているので，上計吏の評価が行われていたと想定できる。

　北斉では，元会儀礼の一環として，侍中が慰労詔書や五条詔書を口頭伝達したが，それぞれ黄塗りの大判の詔牘に書写され，儀式が荘厳されていた。その後，冊書または紙に書写された詔書が各郡国の上計吏に頒布されたと想定されるが，冊書か紙かは断定できない。また，儀礼の最後に，上計吏に紙筆が渡され，郡国の長所を陳述させるとともに，上計吏に対する試験と評価が加えられている。

『類聚三代格』にみえる「牓示」小考

寺 崎 保 広

1 問 題 の 所 在

　本稿では，日本古代において，国家の法令や指示が，どのような方法によって末端の官人および百姓（＝民衆）に伝達されたのか，という問題について若干の検討を加える。律令の規定では，百姓への伝達事項がある場合，太政官―国司―郡司―里長（郷長）―百姓という経路をとるはずであるが，特に国司・郡司の命令がどのように下達されるか，という点が検討課題となる。

　そうした点について，早くに検討を加えたのが佐々木恵介である[1]。以下にその要点をあげる。

①律令の中では次の2条が百姓への伝達方法を規定している。

　　・凡詔勅頒行，関=百姓事=者，行下至レ郷，皆令=里長坊長，巡=歴部内=，宣=示百姓=，使=人暁悉=。　　　　　　　　　　（公式令75条）

　　・凡調物及地租雑税，皆明写=応レ輸物数=，立=牌坊里=，使=衆庶同知=。　　　　　　　　　　　　　　　　　　　　　　（賦役令36条）

　　前者は，百姓に関わる内容の詔勅の場合，京内は坊長が，地方では里長が口頭で「宣示」せよとの内容で，太政官符などもこれに準じたのであろう。後者は，百姓が負担すべき税の品目と量を「牌」に書いて掲示せよという内容である。

②この2条に対応する唐令は復原できないが，『新唐書』食貨志に「諸税斂之数，書=于県門村坊=，与レ衆知之」とあり，また「牓」「牓示」という語句を記す敦煌文書などを手がかりに，唐でも同様に「宣示」「牓示」という方法がとられたことが推定できる。

---

1)　佐々木恵介「国家と農民」（黛弘道編『古文書の語る日本史1』筑摩書房，1990）。

1 問題の所在

③中央からの命令は郡レベルまでは文書で伝達されたが，そこから下への伝達方法が不明で，現存する唯一の郡符文書である延暦15（796）年の「越前国坂井郡符」（平安遺文13号）も，宛所が郷などではなく個人宛であり特殊な事例とみられる。一方で，近年「郡符木簡」が出土しており注目される。

④「牓示」という点で，『類聚三代格』からその語句を含む格を集めると16例にのぼる。そのうち，9例が畿内およびその近辺諸国であり，文字を読むにたえる地域では，法令を掲示という形で伝達することが実際に行われていた可能性が高い。同じ地域からは「告知札」木簡の出土も報告されており「牓示」には地域差を考慮すべきかも知れない。

⑤口頭による法令告知については，ほかにも橘奈良麻呂の乱後に「諸司并京畿内百姓村長以上」を平城宮に集めて孝謙天皇の宣命を告知した例，儀制令春時祭田条（19条）の古記で，村ごとの祭礼では男女が集まりそこで「国家法」が「告知」されたことなど，文書伝達と口頭伝達の関係が検討課題である。

次いで「牓示」という伝達方法について，告知札や禁制札などの出土木簡と文献史料に検討を加えた高島英之が，牓示の類型として次の4つを指摘した[2]。

（a）闌遺物の持ち主，あるいは死者の親族の探索のための牓示。
（b）官司の命令を広く伝達する手段としての牓示。
（c）私有地の範囲を明らかにし，他の介入を禁止するための牓示。
（d）上記以外の不特定多数の人々に示すための牓示。

さらに，郡司以下の者が百姓に伝達する時の具体的な方法を論じたのが鐘江宏之で，おおよそ次のような点を指摘している[3]。

（1）文書での伝達は郡司から郡雑任までで，百姓までは及ばず，百姓への伝達方法として口頭による「宣示」と「牓示」が挙げられる。
（2）口頭伝達は二つに分けて考えるべきで，一つは「読みことば」として漢文や宣命体の文章を「音読」すること，もう一つは日常生活に近い

---

[2] 高島英之「牓示木簡試論」（『古代出土文字資料の研究』東京堂出版，2000，初出1995）。
[3] 鐘江宏之「口頭伝達の諸相——口頭伝達と天皇・国家・民衆」（『歴史評論』574，1998）。

「話しことば」によって，内容をかみくだいて伝えることである。
（3）百姓に対する「宣示」とは，「話しことば」で伝えたのであろう。

鐘江の「読みことば」と「話しことば」という議論は魅力ある指摘であるが，それについては大平聡による批判が出された[4]。すなわち，公式令75条（前掲）にいう詔勅の百姓への「宣示」について，これは漢文としての詔勅を「宣読」することであり，宣命文を読み上げることでも，鐘江のいう「話しことば」で伝えることでもなく，あくまでも漢文訓読であり，それは「君恩と奉仕」の関係を口頭で伝達するという理念にもとづくものである，と述べた。

これを受けて鐘江は，詔勅の場合は漢文訓読ののち「話しことば」で解説を加え，太政官や国司の命令の場合は，もっぱら「話しことば」で説明した，と部分修正を行った[5]。大平も，詔勅の「宣読」に重点を置くが，その後に内容を解説したことまでは否定しないので[6]，現状では両者の見解は接近しているといえよう。

以上のような議論が交わされている間に，発掘調査による木簡の出土が相次ぎ，郡司から下達された「郡符木簡」が増加し，さらに2000年には石川県の加茂遺跡から「加賀郡牓示札」の木簡が発見され，上記のような議論が新たな段階に入ったのである。

郡符木簡については平川南による先駆的研究以来いくつかの論文が発表されている[7]。これまでに発見された20点近い郡符木簡の多くは郡から個人に宛てた「符」であり，そのうち内容の判明するものは，ほとんどが召文（召喚状）であるという大きな特徴がある。召文の木簡は平城宮跡等からも出土しており，それについての専論もあるが[8]，本稿で問題とする法の告示とは少し外れるの

---

4) 大平聡「音声言語と文書行政」（『歴史評論』609，2001）。
5) 鐘江宏之「律令行政と民衆への情報下達」（『民衆史研究』65，2003）。
6) 大平聡「日本古代の文書行政と音声言語」（藤田勝久・松原弘宣編『古代東アジアの情報伝達』汲古書院，2008）。
7) 平川南「郡符木簡」（『古代地方木簡の研究』吉川弘文館，2003，初出1995），早川万年「郡符木簡」（平川南ほか編『文字と古代日本1』吉川弘文館，2004）など。
8) 鬼頭清明「「召文」木簡について」（『古代木簡の基礎的研究』塙書房，1993，初出1986），市大樹「平城宮・京跡出土の召喚木簡」（『飛鳥藤原木簡の研究』塙書房，2010，初出2008）など。

で，ここでは触れない。むしろ，同じく「郡符」と書き出す「加賀郡牓示札」が問題となる。報告書によってその概略を示せば，次の通りである[9]。

石川県津幡町の加茂遺跡という古代交通の要衝にあった遺跡が見つかり，平安時代前期の道路側溝から出土した木簡の中に「加賀郡牓示札」と称される木簡が含まれていた。これは，縦23.6 cm×横61.3 cmの板材に界線を引き27行の文章が墨書されており，穿孔と切り欠きの加工があり墨痕部分が風化していることから，紙の文書をそのまま板材に書き写し，それを長らく屋外に掲示したものと推定される。

「郡符 深見村諸郷駅長幷諸刀祢等」と差出・宛所を初行に，次いで，事書「応奉行壱十条之事」として以下8箇条にわたって百姓が守るべき事項が列挙される。そのあと郡符の本文，郡司の署名，郡符の日付「嘉祥二年二月十一日」で郡符がおわり，最終行には「田領」が3日後に郡符を請けた旨を記す。

郡符の本文は，嘉祥2（849）年正月28日付の国符が加賀郡に到着し，国司の指示は，百姓に対する10箇条（牓示されたのは8箇条）を郡司が承知し，内容を「口示」して百姓たちに田を勤作させよというもの。これを受けた郡司から下僚に対する命令は，「田領」らが村々を「廻りて諭し」，符旨を国道の「路頭に牓示」して禁を加えよと伝達方法を指示する。最終行によれば，この郡符を受け取った「田領」が本木簡に書き写した可能性が高い。

以上のように，内容が豊富で，これまで類例のない事例であり，発見以来さまざまな観点から検討が進められてきたことは周知の通りである[10]。すなわち，①告知札・禁制札も含めた掲示木簡としての問題，②8箇条の内容に関わる勧農の問題，③郡符の伝達方法の問題，④田領・刀祢といった郡雑任など末

---

9) 石川県埋蔵文化財センター『発見！古代のお触れ書き──石川県加茂遺跡出土加賀郡牓示札』（大修館書店，2001）。

10) 主なもののみ掲げる。鈴木景二「加賀郡牓示札と在地社会」（『歴史評論』643，2003），佐々木恵介「牓示札・制札」（平川南ほか編『文字と古代日本1』吉川弘文館，2004），藤井一二「大伴池主・家持と「深見村」」（高岡市万葉歴史館編『越の万葉集』笠間書院，2003），森公章「木簡から見た郡符と田領」（『地方木簡と郡家の機構』同成社，2009，初出2005），松原弘宣「牓示考」（『日本古代の交通と情報伝達』汲古書院，2009），吉原啓「加賀郡牓示札についての一研究」（『続日本紀研究』386，2010），松原弘宣「情報伝達における田領と刀祢」（藤田勝久・松原弘宣編『東アジア出土資料と情報伝達』汲古書院，2011），加藤友康「日本古代の情報伝達と出土文字史料」（吉村武彦編『日本古代の国家と王権・社会』塙書房，2014）。

端の官人の問題などである。

　ここでは、③の伝達方法が当面の関心事であるが、牓示札に書かれていることは、国司から郡司への指示としては「口示」して伝えよとあるだけで、そこには「牓示」の語句は見えない。それに対して、国符を受けた郡司から田領らへの指示では二つの方法が示される。一つは、田領らが村毎に廻り諭すことで、これが「口示」にあたる。もう一つが、路傍に「牓示」せよとのことであり、この牓示札はその指示に従って掲げられたもの、と見られる。

　これまでの研究では、この牓示札によって口頭伝達と牓示という二つの方法が同時になされたと考える傾向が強かったように思う。この木簡を「お触書き」と仮称し、牓示札の前に人々をあつめて、そこで下級役人がその内容を口頭で解説しているというイメージである[11]。その可能性もあるとは思うが、牓示札に記していることを文字通り解すれば、先に田領らが村々を廻り歩いて内容を口頭で伝え、その後に郡符を改めて路頭に牓示したと前後関係で解する方が自然な読み方ではなかろうか。あるいは、田領が受け取った時に郡符を板に書き写し、それを持参して村々をめぐり牓示札を前にして百姓に口示し、それが終了した後、最終的に交通の要衝である出土地に固定し往来人に「牓示」したといったことも考えられるが、いずれも想定にとどまる。

　以下では、こうした百姓への法・命令の下達方法を考えるために、佐々木の示した『類聚三代格』の「牓示」史料を改めて分析し、「牓示」の諸相を考えてみたい。

2　『類聚三代格』に見える「牓示」

　佐々木1990では、四至を示すための牓示を除外して検討しているが、ここでは、「牓示」ないし「牓」と表記するものを全て集め一覧にした（文末の表1に掲載）。したがってA～Tまでの20の格が対象となる。

　まず最初に四至の牓示の可能性があるものから見てゆこう。それがA・E・

11）　石川県埋蔵文化財センター注9前掲書。

F・Hの4例である。Aは，春日神山において狩猟をしたり木の伐採をすることを禁じたものであり，大和国司に対し当該郡司と春日神社の預にそのことを命じるとともに，「社前」と「四至之堺」にその旨を牓示せよ，というものである。これは「四至之堺」にも立てられたが，牓示内容は「社前」に立てたものと同じく政府の禁止命令を書いたものであろうから，たんに四至の範囲を示す牓示ではないと判断すべきであろう。

次にEとFであるが，これは，「山川藪沢は公私共利」とする原則に違反した場合，その地を収公するという格の中で，対象となる「山野（E）」「山岳（F）」の四至を記して「分明に牓示」せよと指示しており，四至の牓示といえる。しかし，Eではもう1箇所に「要路に牓示して普く知見せしめよ」とあり，こちらは四至の牓示とは別に禁令文を記した内容の牓示と見られる。なお，E・Fについては，次節で改めて取り上げることとする。

Hは，内膳司進物所や官家の諸人らが，供御にこと寄せて「江河池沼」を差し押さえるために競って「牓示」を立てているが，農耕の妨げとなるので，それを禁止するという内容である。これは政府の命令によって牓示を立てるのではなく，民間で土地の占地にあたってその四至に牓示札を立てているという実態を示すものである。

このHにやや近いのがTである。これは播磨国からの訴えで，六衛府の舎人らが国司の命令にしたがわず，公民の刈り取った稲を私宅に収納し，その倉に争って「牓札」をかけて「本府之物」「勢家之稲」と称しているという実態が報告され，その取り締まりを要請し，認められた格である。差し押さえた倉に「牓札」で表示するという方法が，Hの占地のための四至表示と類似し，ともに私的な行為として禁じられているのである。

したがって，HとTを除いた18例が官による告示内容を掲げた牓示ということになるが，これらをさらに区分すれば，特定の対象者に命じたもの，特定の場所に立てたもの，広く各地の不特定多数に対して命じられたものなどに分けられるのではなかろうか。

特定の対象者への牓示とはB・I・Sがこれにあたる。Bは，祈年祭などの祭日の前に，班幣をうける各神社の祝部たちが神祇官に受け取りに来ないので，

247

彼ら対して参集を命じたものである。ただし，それを「要路に牓示」とあるのは，具体的にどこに立てられたのか不明である。Ｉは，中央と地方を駅馬・伝馬で往復する公使に対し規定数の馬を使用すべきことを命じ，そのことを駅と郡家の門に牓示したもので，設置場所は明確である。なお，佐々木恵介は唐の事例として「牓=衙門=」といった文言のある敦煌文書から，役所の門に張り紙として文書を掲示していた可能性が高いとして日本の牓示との違いを指摘している[12]。Ｉの事例は，Ａの「社前」や後述するＣの「寺并道場」とともに，屋外ではない「牓示」が木札か否かという点で検討の余地があるが，この点も今は触れない。Ｓは，摂津・河内の牧は河畔にあるが，その「牧子」たちが付近を通る諸国の船から品物を略奪しているためこれを禁じた内容で，「縁河之地」に牓示せよとある。以上の３例は，祝部・公使・牧子といった限定された人々を対象とした命令の牓示と言えよう。

次に，特定の場所に立てた牓示として，四至の牓示としたＥ・Ｆのほかに，ＡとＤがある。Ａは，先に述べたように，春日社の神山を対象とした禁制である。Ｄは，山城と河内の国堺にあり淀川にかかる山埼橋の辺に，この橋を渡る際には下馬すべきことを記した牓示があったが守られていないので，厳守を命じたものである。いずれも禁止の対象地は，春日神山，山埼橋に限定されるようであり，他には及ばないものと判断される。

これに準ずるものとして，特定の地域に対して命じられた牓示がＭとＯである。Ｍは，左右京（長岡京）に対して，喪儀を奢侈に行わないよう命じ，条坊と要路に牓示させた。Ｏは，やや対象地域が広くなるが，京および畿内諸国に対する命令で，重病人を路傍に棄てることを禁じた内容であり，やはり「要路に牓示」とある。

以上の特定者もしくは特定場所・地域を対象としたものをのぞくと，全国を対象に牓示が指示されたと考えられるのが残る11例である。

Ｃは，僧寺や尼寺に法会などで人々が集まる時に男女が入り混じることを禁じたもので，そのことを寺や道場に牓示せよというもの。これと類似するのが

---

12) 佐々木恵介注10前掲論文。

Nで，公私の会集の場に男女が混淆するのは風俗を破るものであり，これを禁止するという内容で，路頭に牓示が命じられている。C・Nともに地域は特に限定されていないので，全国を対象としたものであろう。

次にJ・K・Lは，『類聚三代格』の中で「材木事」としてまとめられた4つの格の中の3つである（他は延暦10・6・22格「応定樽丈尺事」）。Jは，歩板や簣子について産出する国々に対して規格以上の材を作ることを命じ，一方で，左右京に対しては街衢に牓示して取り締まるようにとのことで，後者にのみ「牓示」が出てくる。Kは，欠損部があり文意は明確ではないが，生産国への指示であり，檜皮の規格に関して路頭に牓示せよとある。つまり，木材の生産地と消費地の双方で材の規格厳守を求めているのである。Lでは，J以来何度も法令が出されてきたにもかかわらず木材の寸法が守られていないので，国司から再度下知すること，木材を車で運搬する時の長さを材の種類別に定めることの2点を指摘し，それを「山口」つまり産出地に牓示せよと命じている。このように木材の規格に関する指示が，生産地や消費地において，しばしば牓示によってなされている点は一つの特徴といえよう。

Pは，銭の出挙に関するもので，延暦16・4・24官符で定めた出挙を1年に限り利息を5割とする規則を重ねて下知し，徹底を命じる中で「普く路頭に牓示し，衆庶に知らしむべし」と述べている。Rは，調綱郡司（綱領郡司）らの訴えで，調を京進する途中で諸院らの有力者によって品物が奪い取られてしまうので取り締まって欲しいというものに対し，政府は国司に対して取り締まり強化を命じ，その禁令を路頭・津辺に牓示せよというものである。

残るG・Qおよび前述のE・Fは，いずれも「山野河海」に関わる禁制であるが，節を改めて述べることとする。

3　山野河海への「牓示」

『類聚三代格』の中に「山野藪沢江河池沼事」という篇目で12の格が収められているが，それらは宅地・耕作地以外の山野河海といった場所をどのように把握・支配するか，という問題に関わる内容である。山野河海に関しては多く

の研究があり[13]，ここで詳しく触れることはしないが，この篇目に収められた格の多くは「山川藪沢之利，公私共ﾚ之」（雑令9条）という原則に違反し，山野河海を特定の者が独占し他を排除することを禁じた命令であるといって良い。そうした中のいくつかの格に「牓示」という語句が登場するのである。

　端的な例として，Eの延暦17・12・8格の内容を見ておこう。その要点をあげれば，次の通り。

①「寺并王臣家及豪民等」が「公私共利」の原則を無視して「山野・藪沢」を占めているので，これを厳しく禁止せよ。官符によって賜った土地や旧来より買い取った土地も全て収公せよ。

②ただし，未開の墾田地で草木を採ることは認める。

③墓地・牧地は収公しない。

④都に近い「高顕山野」や行幸で通る「顕望山岡」も収公せず伐採は禁止する。

⑤「これらの山野は，並に具に四至を録し，分明に牓示し，これに因りて濫りに遠処に及ぶことを得ざれ。」

⑥国・郡司は専当して糺察せよ。違反した者の処罰法は云々。「すなわち衆に示して決罰し以て将来を懲せ。もし所司阿縦せば，すなわち違勅坐と同じ。要路に牓示し普ねく知見せしめよ。」

　前節で少し触れたように，ここでは2カ所に「牓示」が出てくる。⑥の牓示は明らかにこの格全体の禁止命令を書いたものを「要路」に牓示せよということであろう。⑤の牓示がそれと同じものかどうかが問題であるが，「これらの山野」が指すのは，直前の④「高顕山野」「顕望山岡」であり，①～③を含む全ての場所ではないと判断されるから，「具に四至を録し，分明に牓示」とは，対象となる山にそれぞれ四至の牓示が立てられたと解すべきであろう[14]。したがって，Eの格で指示しているのは特定の山野の四至に牓示するものと，禁令文を書き記して要路に牓示するものの二種類の牓示であると考えられる。

---

13) 森田喜久男『日本古代の王権と山野河海』（吉川弘文館，2009）の序論で，これまでの研究史をまとめている。

14) 西山良平「山林原野の支配と開発」（大林太良編『日本の古代10 山人の生業』中央公論社，1987）。

3　山野河海への「牓示」

ほかに山野河海に関わる牓示として，FとGが「山野藪沢江河池沼事」にあり，前節であげた占地のために「牓示」しているというHもこの篇目に収められている。さらに「禁制事」の篇目に収録されるQも内容としてはこれに類似する。Qは，諸国の「禁野」で狩猟をすることと禁野を守ると称して百姓・樵を妨げることを禁止したもので，「路頭に牓示し，明らかに暁告せしめよ」と命じた上で，専当国司を任じて取り締まることを指示している。

このように山野河海といった領有権が曖昧な場所について，その範囲を明示する場合と用益に関わる禁止事項を示すという二つの意味での「牓示」が見えるのが特徴的である。

ところが，「山野藪沢江河池沼事」に収録される格の中でも「牓示」せよと命ずるものと，ほぼ同じ内容でもその指示がないものがある[15]。その違いは一体どこにあるのであろうか。難しい問題であるが，手がかりになると思われるのが大同元（806）年閏6月8日格である。同格は『類聚三代格』に単独で収められるほか，『日本後紀』の同日条にこれとほぼ同文が「勅」として掲載されている。その内容を要約すれば次の通りである。

① 氏々の祖墓と百姓宅辺に植樹し林となっている地の領有については，規定の面積を守るべきこと。
② 寺社や王臣などの勢家が山野河海を違法に占地しているので，これを一切禁止し「公私共利」の原則を徹底し，関係者を処罰すること。
③ 「山岳之体於国為礼」と「漆菓之樹」は繁茂させるため伐木を禁じること。
④ 山城国大井山は下流域保護のために，これも伐木を禁じること。

以上の諸点を命じたもので，上記E（延暦17・12・8格）を受け継ぐ格といえる。そこで両者を比べると，ともに有力者の違法な占地を禁じていることはもとより，延暦17格の「墓地」を大同元格で「氏々の祖墓」と言い換え，前者の「高顕山野」「顕望山岡」と後者の「山岳之体於国為礼」が対応するなど共通するところが多く，新たに付加したのは，わずかに「漆菓之樹」と「山城

---

15) たとえば，慶雲3（706）・3・14詔は，こうした問題の起点となる禁令であるが，そこに「牓示」の語句がみえないのは，時代差だけが理由ではなかろう。

国大井山」の伐採禁止などに止まる。

　この年の3月に桓武天皇が亡くなり，5月に即位したばかりの平城天皇が，延暦年間にしばしば問題となった山野河海の件について，早々に延暦17年格（E）を基本として取り締まることを表明したかのような内容である。そして，ここにはEで言及された2つの「牓示」といった具体的な指示は全く見られないことが注目される。

　ところが，この格のわずか2ヶ月後に改めて大同元・8・25格（F）が出されたのである。やや長くなるが主要部分を掲げる。なお，引用関係を「　」で示し，大同元・閏6・8格の引用部にアンダーラインを引いた。

　　太政官符
　　　合四箇条事
　　一，氏々祖墓及百姓栽レ樹為レ林等事
　　　右件案ㇳ太政官今年閏六月八日下二五畿内七道諸国一符ㇾ偁，「氏々祖墓及百姓宅辺栽レ樹為レ林等，所レ許歩数具存二明文一」者，…略…，斯則官符所レ謂明レ文，更無レ有レ疑，
　　一，原野事
　　　右件依同前符，「公私可レ共」，案二和銅四年十二月六日詔旨一偁，「親王已下及豪強之家，多占二山野一妨二百姓業一，自今已後，厳加二禁制一，但有ㇳ応二墾開一空閑地ㇼ者，宜ㇳ経二国司一然後聴ㇾ官処分ㇽ」者，…略…，然則除二民要地一之外，不要原野空地者，須レ聴二官処分一，偏不レ可レ拘二无用之土一，
　　一，山岳於レ国為レ礼事
　　　右同前符偁，「山岳之体於レ国為レ礼，又如二山城国葛野郡大井山等類一，並勿二伐損一」者，須ㇳ国司親巡二歴覧山岳一，検二録四至一分明牓示，勿レ令二百姓疑滞鬱ㇾ結彼心一，
　　一，漆菓事
　　　右同前符偁，「漆菓之樹触レ用亦切，事須二蕃茂並勿レ伐損一，其菓実者復宜二相共一」者，夫桑漆二色依レ例載二朝集帳一，一戸三百根已上宜レ任二戸

252

3 山野河海への「牓示」

内_、若有_剰余_亦相共之、…略…、
以前、得=七道観察使解_偁、「今聞、諸国司等、官符到日施_行諸郡_、郡司下_知郷邑_、而後相倶点今曽无レ争_指示_、然則百姓之愚可レ共レ楽成、或暗_菽麦_何曉=符旨_、理須_国司案_検前後詔旨格符并官符之内所レ載事類_、披=捜彼此_発=明上下_、委曲陳喩再三教誡上、則将_黎庶知レ帰手足有レ措、而偏執_目前_須レ聴不レ聴、常嬾_巡検_可レ示無レ示、毎レ下=官符_民疑尋問、良宰苾レ境豈其如之、伏請、下_符諸国_毎レ事存レ限務加=教喩_、无レ致=憂煩_、謹請=処分_」者、右大臣宣、「依レ請」、
大同元年八月廿五日

　この格では、「太政官今年閏六月八日下=五畿内七道諸国_符上偁」「同前符偁」として、前格の内容を4箇条に分け、各項目に分割して引用したのち補足説明を加えている[16]。

　この両者を比べると、閏6月格から8月格へ内容上の変更点は特になく、後者は国司に対して命令の徹底を指示したものというべきである。ただし、前者にはなかった点として、「山岳於国為礼事」の中で「牓示」の命令が付け加わっているのである。関係部分を読み下せば、「すべからく国司親ら巡りて山岳を歴覧し、四至を検録し分明に牓示し、百姓をして疑滞し彼の心を鬱結せしむる勿れ」と、国司に対する具体的な指示となっている。この大同元年の二つの格で「山岳之体於レ国為レ礼」と言っているのが、延暦17・12・8格（E）の「高顕山野」と「顕望山岡」に対応するならば、これはまさにEにいう「此等山野、並具録=四至_、分明牓示」の繰り返しと見るべきであろう。

　この大同元年8月格の主旨がどこにあるのかといえば、4箇条をあげた後の「以前」以下の部分であり、国司に対して、教喩を徹底して行えというに尽きる。この点は前にも指摘したことがあるが[17]、国郡司らは、中央からの命令

---

16) この二つの格およびEの延暦17年格との関係については、亀田隆之「古代における山林原野」（『日本古代制度史論』（吉川弘文館、1980、初出1972）、丸山幸彦「山野河海の世界における東大寺庄園と村里刀禰」（『古代東大寺庄園の研究』（渓水社、2001、初出1967）などが検討を加えている。
17) 寺崎保広「古代の木簡」（『列島の古代史6』岩波書店、2006）。

がきてもそのまま下僚・百姓に伝えるだけで具体的な説明を行っていない。それでは百姓たちが理解できないから，「詔旨格符」の内容について十分に検討を加えた上で，百姓に対して委曲を陳べて再三教喩すべきだ，という興味深い指示をしているのである。その具体的な伝達方法が一つは「口示」であり，一つは「牓示」となるのであろう。なお，この格の言い方からすると，その口示は，鐘江のいう「話しことば」を指すように思われる。

『弘仁格抄』によれば，『類聚三代格』に収録される前は，「弘仁格」の民部省中巻に，ⅰ延暦17・12・8格，ⅱ大同元・閏6・8格，ⅲ大同元・8・25格の順に並んでいたことがわかる。この3者の関係について上述したことをまとめると，ⅰは，全国の国司に対して山野河海の基本政策と具体的な指示を出したものであり，ⅱでは，基本的にⅰの政策を実施するという大綱を勅で表明し，改めてⅲによって国司に対しⅱの徹底を命じるとともに，より細かい指示を行ったと言えるであろう。その中で「牓示せよ」といった命令は，ⅰとⅲの国司に対する具体的な指示として史料に見えるのである。

4　まとめにかえて——「牓示」史料の少なさ

ここまで，『類聚三代格』にみえる「牓示」関係史料を見てきたが，その特徴として気が付いた点を列挙すれば次のようになる。

①告示内容を牓示せよという指示は，Ｂなどを例外とすれば，基本的に国司（京職を含む）に対してなされている。

②その内容は，何らかの禁止事項を記すのがほとんどであり，加賀郡牓示札に見られるような農民生活にかかわる牓示といった事例は『類聚三代格』には見られない。

③材木の規格に関する牓示（Ｊ・Ｋ・Ｌ）は，禁止事項ではあるが，材木の規格を守れという内容からいえば，冒頭に引いた賦役令36条で，税物の規定を「牌」に掲示せよという令文に近いともいえる。

④牓示の指示は，先に出された格を再度下知し，その徹底を命じる中で多く見られる傾向があり，その文言には「牓=示要路=，普令=知見=」といった

一定の型をもっているように思われる。
⑤牓示を見る側，つまり対象としては，B・I・Sのような特定の者を対象とするものを別にすれば，原則として不特定多数と言って良い。
⑥牓示される地域として，京・畿内が多く，それは識字率の問題に関わるという議論もあったが一概にそうともいえず，むしろ全国を対象としたものの方が多いと見られる。

　以上の点は，従来の諸説を追認するものが多いが，若干補足しておく。

　冒頭に紹介した佐々木説以来，公式令75条にいう，百姓に関わる内容の詔勅については官人が部内を巡歴して「宣示」せよ，ということが詔勅以外の太政官符等についても適用され，それが口頭伝達であり，また「牓示」もその方法の一つであろうという点については異存がない。

　周知のように『類聚三代格』に収録された格は，弘仁・貞観・延喜の三代の格編纂時に効力をもつものだけを集めたものであるから，実際に太政官から発行された官符の数は膨大であり，そうした官符の中で百姓に関する内容の場合には，地方官が直接百姓に伝達すべきだという原則のもとに，「宣示」「牓示」せよといった指示が当時はかなり多く出されたのではないかと推測するのである。大同元・8・25格の教喩徹底を命じた文章をみても，そうした百姓への伝達命令が頻繁にあったことを窺わせるし，さらにいえば，特徴④であげたように，「牓示要路，普令知見」といった表現がいわば決まり文句のように史料に見えることもそのことを示唆するように思う。

　ただし，そうした指示が実際にどれほど実施されていたのかは別に検討が必要であろう。そうした中で，加賀郡牓示札が出土した意味はきわめて大きいと言える。百姓に対する「宣示」「牓示」が全くの理念・空文ではなく，国司の指示が郡司に伝わり，さらに下僚を通じて確実に伝達されたことを示す事例だからである。

　特徴②として，農民生活にかかわって「牓示」を指示した格がないということをあげたが，内容的に近い格はいくつかある。たとえば，仁寿2（852）・3・13格「応勧督農業事」では，この頃「不堪佃田」の報告が多いのは国司らが精勤していないためであるとして，「国郡司ら親く自ら巡観し，池堰を修固

し，耕農を催勧せよ」と命じている。あるいは，延暦9（790）・4・16格「応ν禁ν断喫=田夫魚酒=事」では，過剰な魚酒を用意して田夫を集めることを禁じたもので，国司に対して厳しく取り締まることを命じ，「親く郷邑に臨み，子細に検察すべし」とある。ここには「牓示」という語句こそないものの，加賀郡牓示札の内容「禁=制田夫任ν意喫=魚酒=状」（第2条）にきわめて近い内容のことを，村々に出向いて直接指示するよう述べており，そうした場面で「牓示」がなされても何ら不自然ではないように思われる。

　官の命令を百姓に告示せよ，という史料自体それほど多くはない。『類聚三代格』以外の史料で，「牓示」「告示」「宣示」「頒示」といった語句を探してみると，いくつかの事例があるものの，たとえば『延喜式』の成選人列見の儀において「諸番史生抄=選人名=，以授=省掌=牓示」（式部式番上列見条）といったように，官人に対するものが大半を占める[18]。また，六国史の中で，百姓に告示せよと命じた事例としては，『類聚三代格』と同内容のものを除けば3例ほど[19]見られるにすぎない。

　そうした中で『類聚三代格』に百姓等への「牓示」が10例を超えるのは突出していると言って良い。それは太政官符という生の史料を収録し，その中に国司に対する具体的な方法まで指示している格がいくつか残ったからである。さらに，格として残っていなくとも，国司に対して牓示を命じた官符は多かったであろうと推測したが，加賀郡牓示札の場合は，国司の発する符を施行する中で，郡司から下僚に対して「口示」と「牓示」の指示がなされたものである。この点について，文面にはないが，実際は太政官符を受けて加賀国司が符を出したという見解もある。いずれにしても，ここで注目すべきは国符による指示が明記されなくとも，郡司の判断で「牓示」がなされていることである。こうした事例の拡がりを想定すれば，古代の村々においては思いのほか多くの牓示

---

18) 延喜式の中の「牓」「牓示」史料については，高島英之「『延喜式』にみえる木簡」（注2前掲書，初出1991）参照。

19) ①律師が，斎会において斎食を施す者が平等になるよう要請した中で「請頒=示天下=，暁=喩百姓=」とある（『日本後紀』大同元（806）・6・11条）。②地震と山崩れに際して詔が出され，対策を指示したのち「早以頒示，咸使=聞知=」とある（『同』天長5（828）・7・29条）。③租税未納をことごとく免除せよという詔が出されたので，国司は不正を行うことなく実施せよと命じ「牓示=路頭=，普令=知見=」とある（『文徳実録』嘉祥3（850）・4・24条）。

4 まとめにかえて

がなされていた可能性があるのではなかろうか。加賀郡牓示札が1点の例外ではなく，今後類例が出土することを期待するものである。

　最後に蛇足を一つ述べる。最近の拙稿[20]において，奈良時代にピークをむかえた木簡の使用量が平安時代に入ると激減すること，それは文書作成のデータとしての木簡というあり方が大きく変化し，文書行政の形式化が基本的な要因ではないかと推測した。それに対し，今回取り上げた「牓示」史料も加賀郡牓示札もともに平安時代のものである。しかし，この2つの事柄は相反するものではないと考える。

　8世紀には公民なり官人なりの実態を正確に把握した上でそれに応じた行政を行うという原則の徹底が目指され，そのために膨大な木簡が作成されたが，それはいわば下から積み上げてゆく方式の木簡と言えよう。9世紀以降になるとそれが崩れ，データとしての木簡がなくなり，かわって上からの指示を表示する「牓示札」「禁制札」といった形がわずかに残ってゆくのではなかろうか（点数としてはとても比較にはならないが）。同じく木簡とは言っても，その形態も史料的性格も大きく異なるものと見るべきであろう。

---

20) 拙稿「木簡と文書の世紀」(『萬葉』223，2017)。

『類聚三代格』にみえる「牓示」小考（寺崎保広）

表1　『類聚三代格』にみえる「牓示」史料一覧

A　承和8（841）・3・1格「応〒禁レ制春日神山之内狩猟伐レ木事」　　　　　　　　　　　　［神社事］
・「国宜〒承知，仰テ告当郡司并神宮預-，殊加-禁制-，兼復牓-示社前及四至之堺-，令中人易レ知」

B　弘仁8（817）・2・6格（貞観10・6・28格「応レ科レ上-祓祈年月次新嘗祭不レ参五畿内近江等
　　国諸社祝-事」に引用）　　　　　　　　　　　　　　　　　　　　　　　　　　　　　　［科祓事］
・「宜〒委-曲所由-，牓-示要路-，覚-悟愚輩-，勿レ令-違失-」

C　弘仁3（812）・4・16格（弘仁9・5・29格「応レ許下昼日男入-尼寺-女入中僧寺上事」に引用）
　　［僧尼禁忌事］
・「宜下牓-示諸寺并道場-，令レ加-禁断-」

D　貞観15（873）・正・23格「応レ禁-制往還諸人騎-馬過-山埼橋-事」　　　　　　　　　　　［道橋事］
・「検-承前例-，可レ下-馬-状，牓-示橋頭-」

E＊　延暦17（798）・12・8格「応-寺并王臣百姓山野藪沢浜嶋収-入公-事」
　　　　　　　　　　　　　　　　　　　　　　　　　　　　　　　　　　　　　　　［山野藪沢江河池沼事］
・「此等山野並具録-四至-，分明牓示」／「要路牓示，普令-知見-」

F＊　大同元（806）・8・25格「合四箇条事」の「山岳於レ国為レ礼事」　　　　　　　　　　　［同　　上］
・「須下国司親巡歴-覧山岳-，検-録四至-，分明牓示，勿レ令-百姓疑滞鬱-結彼心-」

G　嘉祥3（850）・4・27格「応レ禁-制山野-不レ失-民利-事」　　　　　　　　　　　　　　　［同　　上］
・「宜下牓-示路頭-，普令-知見-」

H＊　寛平4（892）・5・15格「応レ禁-止公私点-領江河池沼等-事」　　　　　　　　　　　　　［同　　上］
・「内膳司進物所并官家諸人等，或寄-事供御-固加-禁制-，或仮-名点地-競立-牓示-」

I　延暦元（782）・11・3格「応レ禁-断上下諸使剋外乗馬-事」　　　　　　　　　　　　　　　［駅伝事］
・「諸国承知，牓-示郡家并駅門-，普使-告知-」

J　延暦15（796）・2・17格「定-歩板簣子丈尺-事」　　　　　　　　　　　　　　　　　　　　［材木事］
・「左右京職，牓-示街衢-，厳加-禁断-」

K　延暦15（796）・9・26格「禁-断短檜皮-事」　　　　　　　　　　　　　　　　　　　　　　［同　　上］
・「牓-示路頭-，著-知百姓-」

L　貞観7（865）・9・15格（貞観10・3・10格「禁-制材木短狭-及定-不如法材車荷-事」に引
　　用）　　　　　　　　　　　　　　　　　　　　　　　　　　　　　　　　　　　　　　　［同　　上］
・「長官相承厳加-督察-，牓-示山口-，分明令レ知」

M　延暦11（792）・7・27格「応レ禁-断両京僭-奢喪儀-事」　　　　　　　　　　　　　　　　　［禁制事］
・「於-所在条坊及要路-，明加-牓示-」

N　延暦16（797）・7・11格「禁-断会集之時男女混雑-事」　　　　　　　　　　　　　　　　　［同　　上］
・「牓-示路頭-，普令-知見-」

O　弘仁4（813）・6・1格「応レ禁-断京畿内百姓棄-病人-事」　　　　　　　　　　　　　　　　［同　　上］
・「牓-示要路-，分明令レ知」

P　弘仁10（819）・5・2格「応レ禁下断銭利過-半倍-并非理沽レ質事」　　　　　　　　　　　　［同　　上］
・「宜下重下知厳加-勾当-，普牓-示路頭-，令中衆庶知上」

Q　貞観2（860）・10・21格「応レ禁-制狩-諸国禁野-事」　　　　　　　　　　　　　　　　　　［同　　上］
・「宜下路頭牓示，明令-暁告-，差-掾已上一人-，令レ検中勾其事上」

258

4 まとめにかえて

R 寛平6（894）・7・16格「応$_レ$禁$_ニ$止諸院諸宮諸家等強雇$_ニ$往還船車人馬$_ヲ$事」　　　［同　上］
・「諸国承知，牓$_ニ$示路頭津辺$_ニ$，莫$_レ$令$_ニ$重然$_ナラ$」

S 昌泰元（898）・11・11格「応$_レ$禁$_ニ$制河内摂津両国諸牧牧子等妨$_ニ$往還船$_ヲ$事」　　　［同　上］
・「両国承知，牓$_ニ$示縁河之地$_ニ$，普令$_ニ$諸人見知$_ヲ$」

T 昌泰4（901）・閏6・25格「応$_レ$科$_ス$罪$_ヲ$居$_ニ$住所部$_ノ$六衛府舎人等対$_ニ$捍国司$_ヲ$不$_レ$上$_レ$進$_ニ$官物$_ヲ$事」
　　　　　　　　　　　　　　　　　　　　　　　　　　　　　　　　　［同　上］
・「或所$_レ$作田稲刈$_リ$収私宅$_ニ$之後，毎$_ニ$其倉屋$_ニ$争懸$_ニ$牓札$_ヲ$，称$_ニ$本府之物$_ト$，号$_ニ$勢家之稲$_ト$」

△　四至の牓示も含めてすべて集めた。佐々木1990の表にないものは，アルファベットの後に「＊」を付けた。
△　掲載格の順序は，［神社事］以下『類聚三代格』の篇目の順とし，篇目の中では年代順とした。

259

特別寄稿

ギリシア聖法と基金を再考する
―― 分類にむけて ――

ジャン＝マシュー・カーボン，エドワード・M・ハリス

栗原麻子 訳

　この論文は，エドワード・ハリスと著者自身（そしてほかの協力者）の現在進行形の仕事の成果であり，ギリシア宗教，とりわけ私的な集団や個人の手で創始，拡大，あるいは発展した祭祀をめぐる碑文に関係する法的用語とその分類について，いくつかの問題を扱うものである。近年，学界では，ローマのコレギアと，中国の商人結社や敦煌の蔵経洞で確認された仏教集団とを比較する動向が見られる（たとえば Monson の近刊予定論文および Hawk 2016 : 180 をみよ）。本稿では，ギリシア側の事例に焦点を合わせることによって，さらなる議論を促進させたい。

　まず手始めに「聖法」や「結社」について概括する。そのうえで一連の細かな事例研究に言及し，さらに発展的な碑文慣習および碑文史料の分類についての考察のよすがとしたい。

　儀礼その他の宗教的な事柄についての指示書きをとどめているギリシア碑文は数多い。その物理的形状はさまざまである。金属板，石柱などもみられるが，公的な文書であれ，非公式の個別の公示であれ，もっとも普及している形状はステーレー（石板）である。なぜそう呼ぶのか，ほとんど説明されることもなく，ただギリシアの「聖法」（ラテン語ではレーゲース・サクラエ）と呼ばれてきたそれらの文書は，いくつかの文書集成を形成している。そのような集成の最初の試みは，ヨハネス・フォン・プロットとルートヴィヒ・ツィーエンによる2巻本の公刊（1896年および1906年）であった（略号表を参照のこと）。フランツェック・ソコロフスキが，この集成を更新・増補して3巻本としたが，このとき文書は地理的地域区分に従って分類された。より最近になって，エラン・ルプが『ギリシアの聖法――新文書集成』と題するたいへん便利な1書を公刊

した。冒頭部では，先人たちが収集した碑文を分類する試みがなされている。

　10年以上前から指摘されて続けていることであるが，ソコロフスキやルプの仕事は有用ではあるものの，碑文学的な見地からも法的な見地からも注意深い再評価が必要であると批判されている。Carbon/Pirenne-Delforge 2012とHarris 2015はそのような批判の最近のものである（およびGeorgoudi 2010, Gagarin 2011）。まず，「聖法」に含まれている碑文類型を調査してみると，それらが一貫性を持ったコーパスを形成しているというよりも，むしろ，決議，契約，境界石，あるいは祭壇のうえやその付近，さらには境界石の上の指示書き，あるいはもっと大規模で複合的な文書群に至るまで，様々な碑文上のジャンルを含んでいることに容易に気づかされる。法的な見地からするならば，これらの集成はカオスである。様々な規則を含む碑文がよせ集められているが，そのうち正しく「法」といえるものはわずかに過ぎず，厳密な意味で「聖法」と呼べるものはさらに少ない。法とは，政治的な権威によって制定され，公職者によって施行される規則である。「聖法」とは，したがって，一義的には聖なる事柄にかかわる法ということになろうし，疑い深く留保をつけるならば，より「聖」であると考えられる法であるということになろう。後者の場合，「聖法」の語は不適切である。ギリシアのポリスのなかでも，コスやペルガモンには，実際にヒエロイ・ノモイと呼ばれる，宗教関連の公的文書の区分があった。ヒエロイ・ノモイは，われわれが近代語で「聖法」といって意図するものに近いように思われる。だがそれは，標準的な事例ではなく例外的である。よって，次のように結論せざるを得ない。（研究上のカテゴリーとしての　訳者注）「聖法」すなわちレーゲース・サクラエは，聖なることがらにかんする実際の法文を，たいへん限られた数しか含んでいない。ところが，そのいっぽうで，法文書ではないが，それでもなおかつ儀礼慣行その他の宗教的な事柄についての規範を定め表しているような，たいへん多様な文書を含んでいるのである。新たな――そしてまったく体系的でない！――碑文集成の試みもある。リエージュ大学のCGRN（ギリシア儀礼規定集）プロジェクトである。

　標準的な集成のなかで，数も多く非常に興味深い「聖法」の下位区分がある。それは「基金」としばしば呼ばれる碑文である。これが本稿のテーマである。

一般的に言って，それは，主としてヘレニズム・ローマ時代のテキストであり，祭祀のための資金集めその他の目的のために，集団の一部または個人が，物品や現金，あるいはその両方の贈与をおこなっていたことを明らかにしている。まずは，これらの文書が，碑文のジャンルとしても法的なカテゴリーとしても，実際たいへん多様性に富んでいるということを，再度，指摘しておこう。それらはまったく標準的な型に当てはまらない。すべてが法であるわけではないが，ほとんどは何らかの規則を含んでいる。ベルナルト・ラウムは 1914 年，非宗教的な基金に関する碑文やパピルスをも含めて，この種の文書を収集した (Laum 1914)。ラウムが（これらの文書群を示すドイツ語タイトルに　訳者注）*Stiftungen* の語を用いたことは影響力が高く，英米圏の主導的な学者たち，そしてフランスの学者たちまでもが，これらの文書を「基金」と呼ぶことが通例となった。だが，それは実のところ，多義的なドイツ語の訳語のひとつに過ぎない（Manzmann 1962 も参照のこと）。著者であるエドワード・ハリス (Harris 2015) とマシュー・カーボン (Carbon and Pirenne 2013) が，それぞれ別個に論じたことではあるが，*Stiftungen* の語もまた批判的検討を要する。もし「基金」が，たとえば新しい祭祀や私的結社を活性化したり創設したりすることを意味するとすれば，多くの碑文は，多少の例外を除いてこのモデルから外れる。法的なパースペクティブに立つならば，ハリスがすでに指摘しているように，これらの文書が表明している行為は，現代の基金やローマ時代の信託のような法的人格をもった統一体を形成しない。「聖法」というカテゴリーも「基金」というカテゴリーも問題含みであることを指摘して，この短い導入部を締めくくる。単に用語について衒学的な難癖をつけようとしているのではなく，精緻さを目指すために，われわれは，新しいカテゴリーを採用するよりもむしろ，ギリシア人によって該当する碑文で用いられていたまさにその用語そのものを用いるべきである。決議はそのまま決議でよい。とくに基金に関していえば，碑文そのもので用いられている用語は，これから見るように，それ自体，遺言状や，奉納，贈り物，その他の関連用語の持っていた効果を，明るみに出す。これらの文書に関するさまざまな定義が，直ちに必要となる。まず，ときに公共善のために公示されたり，ポリスのコントロールの下でおこなわれたりするよ

うな私的な寄付と，結社や家のような限定的な集団に限定される寄付とを細心の注意を払って区別する必要がある[1]。この区別は重要であるので，少し詳細に説明しておきたい。まず，ペロポネソス沿岸部のカラウレイア島出土の一組のヘレニズム期の碑文が興味深い事例を提供する（史料1）。その最初のものは，おそらくわずかに年代が古いもので，アガシクラティスと呼ばれる女性による奉納の記録であるということが示されているのみである（第1行目の鍵となるのがアネテーケ（ἀνέθηκε）の語である。「寄付をおこなった」と訳した動詞アネティテーミ（ἀνατίθημι）は，「設置」されるすべてのものにたいして用いられるが，もっとも一般的には奉納品について用いられる。アガシクラティスは，ポセイドン神（のおそらくは神域）にたいして，300ドラクマを与える。その年の利子は，ポセイドン神と救済神ゼウスにたいする犠牲式のための資金となる。そして，一対の祭壇を，彼女とその子供たちが，彼女の（おそらく故人となった）夫の似姿のそばに立てたのだという。だが，だれが基金を管理し，だれが祭祀に責任を負う「エピメレータイ（第10行以下）（世話役）」を選出するのか。その情報は与えられていない。ただ，選出するのがカラウレイアのポリスであったことが，関連すると思しき別の碑文から推定される。この2番目の碑文（史料1のⅡ）には2つの文書が含まれている。最初のものは断片的であるが，家のメンバーの一覧を示し，たとえば解放奴隷のような，参画する（μετεῖμεν）ことができたほかの個々人についても規定している。家や祭祀の成員権を規定するための同様の規則はほかの碑文にも見出されることから，これは厳密な意味で公的な文書というよりも，私的な碑文や契約の写しであろう。少くとも，それは続いて規定される，祭祀に参加できる参加者の集団を規定しており，おそらくその祭祀によって，この集団が結社としての形をもつことになったと推定することができる。この碑文の2番目のテキスト（Ⅱ-2）は，カラウレイアの市民の完全に保存された決議であり，通常の決議にかんする定型文（第11-12行）が前文となっている。このテキストは，アガシクレスと妻ニカゴラによっておこなわれた金銭および土地の奉納に関する規則を規定している（設置

---

1) 私的基金と家にかかわる祭祀について，現在のところ Lupu *NGSL* : 86-87. Parker 2010 : 118-120.

史料1　カラウレイア出土の2つの奉献（紀元前3世紀末）
IG IV 840／*LSCG* 58／*OGRN* 106

θεοί. τύχαι ἀγαθᾶι. ἐπὶ τοῖσδε ἀνέθηκε Ἀγασίγρατις
[Τε]ισία τῶι Ποσειδᾶνι ἀργυρίου δραχμὰς τριακοσίας ὑ-
πέρ τε αὐσαυτᾶς καὶ τοῦ ἀνδρὸς Σωφάνεος καὶ τοῦ υἱ-
οῦ Σωσιφάνεος [κ]αὶ τᾶν θυγατέρων Νικαγόρας καὶ
Ἀρισ-
το[κ]λείας· ὥστε θύειν τῶι Ποσειδᾶνι ἀπὸ τοῦ
διαφόρου
ἱερεῖον τέλειον καὶ τῶι Διὶ τῶι Σωτῆρι ἱερεῖον τέλειον,
βω[μ]ὸν ἑσσαμένους παρὰ τὰν εἰκόνα τοῦ ἀνδρὸς αὐ-
τᾶς Σωφάνεος, καὶ τὸ λοιπὸν τοῦ διαφόρου καταχρῆσ-
θαι. θύειν δὲ διὰ τριῶν ἐτέων ἐν τῶι Ἀρτεμιτίωι
μηνὶ ἑβδόμωι ἱσταμένου. τοὺς δὲ ἐπιμελητὰς τ[οὺ]-
ς αἱρεθέντας τά τε λοιπὰ ἐπιμελεῖσθαι ὡς ὅτι χα-
ριέστατα καὶ ὅκα κα ἁ θυσία ἦι, τάς τε εἰκόνας
καθαρὰς
ποιεῖν τὰς ἐπὶ τᾶς ἐξέδρας καὶ τὰν ἐν τῶι ναῶι τὰν Ἀ-
γασιγράτιος καὶ στεφανοῦν ὡς ὅτι χαριέστατα. καὶ ἐπεὶ
κα τὸν λόγον ἀποδῶντι τοῦ ἀναλώματος, ποτομόσαι εἶ
μὰν ὀρθῶς καὶ δικαίως ἐπιμεμελῆσθαι.
————————————
σ[——————— καὶ τᾶν ?θυγατέρω]-
ν Ἀρισ[τ—— καὶ ——————— τῶι Π]　-
οσειδᾶν[ι ———————————]
[...] α Εὐκλείαι [——————— τοὺς ἐγγ(?)]-
αίους ἀφ' ἕω κα[τὰ ———————]
καὶ Νικαγόρα Σωτ[———————]
ἱς, Λαοδίκα, Διονυσία, [——————κ]-
αἱ εἴ τινάς κα ἀφῆ<ι> ἐλευ[θέρας Ἀγασικλῆς]
ἢ Νικαγόρα, μετεῖμεν Δα μ[——————τοῦ]
Θεαρίχου.
vacat
ἐπὶ ταμία Σωφάνεος τοῦ Πολι[———, μη]-
νὸς Γεραιστίου, ἔδοξε τοῖς πολίτ[αις περὶ τ]-
οῦ ἀργυρίου καὶ τοῦ χωρίου οὗ ἀνέθηκ[αν Ἀ]-
γασικλῆς καὶ Νικαγόρα τῶι Ποσειδᾶνι· ἐπ[ιμε]-
λητὰς καταστᾶσαι δύο οἵτινες τό τε ἀργύ-
ριον ἐκδανεισοῦντι κατὰ δραχμὰς τριάκο-
ντα ἐπ' ἐγγύοις ἢ ὑποθήκαις ἀρεστοῖς τοῖ[ς]
ἐπιμελεταῖς καὶ τὸ χωρίον ἐκδωσοῦντι δωτ-
ίνας μετὰ τᾶς ἐκκλησίας κατὰ συνγραφάν,
καὶ πράξαντες τὸ διάφορον τοῦ ἀργυρίου καὶ τὰ-
ν δωτίναν τὰν ἐκ τοῦ χωρίου θυσοῦντι τῶι Π-

I　神々。幸運の女神とともに。テイシアスの娘アガシクラティスはポセイドン神に、彼女自身とその夫ソファネス、彼らの息子ソシパネスと彼らの娘ニカゴラとアリストクレイアのために、以下の条件で300ドラクマの寄付をおこなった。その夫ソファネスの像のそばに祭壇を設け、（得られた）利子から、ポセイドンに成獣を一頭、救世神ゼウスに成獣を一頭、利子の残りは使うこと。隔年でアルテミシオス月の7日に犠牲を行うこと。そのほかのことごとについては、選出されたエピメレタイが、できるだけ麗々しく配慮し、犠牲の際には必ずエクセデラにある諸像と神殿内のアガシクラティスの像を清め、できるだけ麗々しく加冠すべきこと。決算報告にさいしては、真に物事を間違いなく正当にとりおこなったことを誓うべきこと。

Ⅱ-1　[…娘?]　アリス[ト…ト]
ポセイドン
エウクレイア[…財産?]
彼から[…に従い?]
そしてニカゴラ・ソト[…],
ラオディカ、ディオニュシア[…]
もし[アガシクレス]　もしくは
ニカゴラが女性を解放すれば参画すべし
テアリコスの息子…]

Ⅱ-2　ポリ[…]の息子ソパネスが財務官で、ゲラスティオス月に、市民はアガシクレスとニカゴラがポセイドン神に奉納した土地について決議した。エピメレテスを2人任命し、そのものたちが金を30ドラクマ単位でエピメレタスたちにたいする保証金あるいは妥当な抵当のもとに貸し出すべし。エピメレタスたちは、民会とともに契約を交わし土地を貸し出すべし。金銭と土地貸付からの収益を受け取ったならばポセイドンに成獣1頭を、救世神ゼウスに成獣1頭を、祭壇を評議会場近くの彼らの像のそばに

οσειδᾶνι ἱερεῖον τέλειον καὶ τῶι Διὶ τῶι σωτῆ-
ρι ἱερεῖον τέλειον, βωμὸν ἑσσάμενοι πρὸ τᾶν ε-
ἰκόνων αὐτῶν τᾶν ποὶ [τ]ῶι βουλευτηρίωι· τὰν
δὲ θυσίαν ποιησοῦντι, καθὼς ἐν τᾶι στάλαι γέγ-
ραπται, κατ' ἐνιαυτόν, καὶ τὰ λοιπὰ ἐπιμελησοῦν-
ται ὡς ὅτι χαριέστατα καὶ εὐθύνους εἰσοισοῦν-
τι τᾶι πράται ἁμέραι ἐπὶ ταῖς σπονδαῖς καὶ λόγ-
ον ἀποδωσοῦντι τοῖς αἱρεθεῖσιν εὐθύνοις τᾶι
ἐπεχὲς ἁμέραι καὶ ποτομοσοῦνται τὸν Δία τὸν Σ-
ωτῆρα, εἶ μὰν μηθὲν νοσφίζεσθαι. ἐπὶ δὲ τὰν σπ-
ονδὰν αἱρείσθωσαν τοὺς ἐπιμελητὰς εἰς τὸν ἐ-
πεχὲς ἐνιαυτὸν τᾶι πράται ἁμέραι.

設け，犠牲として奉納すべし。彼らは，碑に書
かれたとおりに，犠牲を毎年おこない，そのほ
かのことごとについては，できるだけ麗々しく
配慮すべし。彼らは，エウテュノス（公的審査
役）たちを，初日に，厳正なる献酒のもとに紹
介し，翌日に選出されるエウテユノスたちに会
計報告をおこない，救済神ゼウスに何も盗まぬ
と誓うべし。初日に献酒のもと，翌年のエピメ
レテスたちを選ばしむるべし。

ἀνέθηκ[αν の語が，またもや現れる）。カラウレイアは明確にこの贈り物を神のために受け入れ，ちょうど先に見たアガシクラティスの贈り物と同様の条件で，贈り物の管理を規定しようとしている。ポセイドンと救済神ゼウスへの年ごとの犠牲，そのための世話役（エピメレータイ）である。そして世話役はまた宣誓し会計報告（ロゴス）をするのであるが，会計報告は，この2番目の事例では，よりはっきりと，任命された公的な検査者にたいして行われる。

　われわれは，おそらく，カラウレイアの良く知られた篤志家一家の，小賢しい作戦を目の当たりにしている。小賢しいというのは，贈り物が，第1に，都市がよろこんで受け入れるだろう宗教的なものであり，第2に，比較的少額の原資を利子付きで貸し付けることで，長期間にわたって有用であること，第3に，それにもかかわらず恩恵者自身と彼らについての記憶に密接に結びつけられているからである。アガシクラティスは最初の文書で，娘の1人がニカゴラと呼ばれていると述べている。この女性はほぼ確実に，2番目の文書でアガシクレスと夫婦であった女性である。アガシクラティスは，彼女の一家がポセイドンとゼウスのために立てた祭壇が，彼女の夫とその他家族のメンバーの像の近辺に設置されることを保証していた。おそらく，文書内で言及されている湾曲したエクセドラの上であることは間違いない。彼女の奉納は，実際，湾曲した石灰塊の土台に彫られており，土台の上部には，4つの穴が開けられている。この穴はおそらく彫像を固定するか，あるいはほかの一群の石を固定する目的で穿たれたもので，土台はもっと大きな記念建造物の一部であったに違いない[2]。次世代にあたる，ニカゴラと彼女の夫であるアガシクレスの事例も似通

---

2) 現在アイギナの博物館所蔵（あるいは紛失？）。残念なことに，図像は発見されていない。簡便には，Ma 2013：178（「犠牲のために一時的に設置される臨時の祭壇」と述べられているのは誤り。それぞれの碑文におけるアオリスト形は，恒常的な構造物について述べているに違いない）。アガシクラティスはまた，明らかにポセイドン神殿（おそらくは前庭）に像がありその土台は異なった種類のものであったに違いない。アガシクラティスはその人生のなかでそれ以前に神の女神官として仕えており，これは，彼女がこのもう1つの像で顕彰されたときか，この機会に彼女の家族によって像が設置された時のことであったことに違いない（マーは，これを「公的顕彰肖像」と呼ぶ）。カラウレイアにおけるポセイドンの女神官としてのパルテノイについては，パウサニアス 2.33.2 および C. M. Englhofer, in: C. Fraenk et al. eds., *Thiasos. Festschrift für Erwin Pochmarski zum* 65. Geburtstag, Vienna 2008: 211-218. アガシクレスとニカゴラのステーレー（碑）の発見場所については同書を見よ。

っている。一家は，ポリスのための評議会場（ブーレウテリオン）の正面に，彫像を所有していた。ポセイドンとゼウスのための諸祭壇が，またもやそれらにしっかりと隣接して建てられており，さらにポセイドン神殿に文書群が刻まれた大理石の碑が公示されており，その建物の入り口（プロピュロン）がブーレウテリオンと接していた[3]。どちらにおいても，恩恵者によっておこなわれる毎年の犠牲式においては，恩恵者自身の像に近接した場所で，神々に対する崇敬が捧げられている。これは時折みられるようなあからさまな英雄化ではない。恩恵者が生存していたがゆえに，都市にとっては，おそらく，より受け入れやすかったのである。

　事実，都市や公的な聖域に対して直接おこなわれる，この種の贈与と寄付は，ほぼ確実に，*sub modo* すなわち，ひも付きであった。この種の奉献や寄付は，すべからく公的な手続きを必要としていたことが見て取れる。それは，民会や評議会その他の政治組織にたいする依頼状を通して表明され，都市によって承認され，その後さらにさまざまな規則や資格確認を必要としていた。その最たる例として，デルフォイにあるカリュドンのアルケシッポスの碑文がある（史料2）。これはアポロン神殿の下の多角形をした大壁面に直接彫り込まれている（次頁の写真を参照のこと）。おそらく，アルケシッポスは聖域を管理する隣保同盟の比較的富裕な主要メンバーであった（アイトリア地方のカリュドンは，この点で重要な都市であった）。アルケシッポスは，先のアガシクラティスの10倍以上にあたる多額の寄付をおこない，アポロンへの犠牲とそれに続く饗宴のために資金を提供した。ここでも動詞は奉献を意味するアネテーケである。われわれの手中にある文書はおそらく，この事実についての実際的な記録と，アルケシッポスの遺言状（完全版であるか簡略版であるかはわからない）を兼ね備えている。末尾の文言は，明らかに遺言状に言及している。証人が列記され，諸規則はアルケシッポスの死後にはじめて有効となる（Harris 2015）。遺言状（τὰς

---

3) ポロス島博物館蔵。碑は1894年にカラウレイア「土台が，ポセイドン神殿の入場門で」発見されたとあり，ブーレウテリオン近くのこの一等地にほかの公的な文書と共に保存されていたことになる。ブーレウテリオンとその遺構物についての近年の再評価により，より初期の同定は可能ではあるものの，何らかの不整合を伴っていることがわかっている。J. Mylonopoulos, Heiligtümer und Kulte des Poseidon auf der Peloponnes, Kerons Suppl. 13, Liège 2003: 77-78.

史料 2 デルポイのアルケシッポス（紀元前 182/181 年）
SGDI II 2101／LSCG 81

ἄρχοντος Δαμοσθένεος, μηνὸς Ποιτροπίου, ἐπὶ τοῖσδε ἀνέθηκε Ἀλκέσιππος Βουθήρα Καλυδώνιος τῶι θεῶι καὶ τᾶι πόλει τᾶι Δελφῶν χρυσοῦς ἑκατὸν τριάκοντα καὶ ἀργυρίου μνᾶς εἴκοσι δύο στατῆρας τριάκοντα, εἴ τί κα πάθῃ Ἀλκέσιππος, ὥστε θυσίαν καὶ δαμοθοινίαν συντελεῖν τὰν πόλιν τῶν Δελφῶν τῶι Ἀπόλλωνι τῶι Πυθίωι κατ' ἐνιαυτὸν ποτονομάζοντας Ἀλκεσίππεια ἀπὸ τῶν τόκων τοῦ τε χρυσίου καὶ ἀργυρίου, συντελεῖν δὲ τὰν θυσίαν ἐν τῶι Ἡραίωι μηνί, πονπεύειν δὲ ἐκ τᾶς ἅλωος τοὺς ἱερεῖς τοῦ Ἀπόλλωνος καὶ τὸν ἄρχοντα καὶ τοὺς πρυτάνεις καὶ τοὺς ἄλλους πολίτας πάντας. ἀναγραψάντω δὲ οἱ ἄρχοντες ἐν τῶι ἱερῶι καὶ ἁ ἀνάθεσις κυρία ἔστω. καὶ τὰ ἄλλα πάντα τὰ ἴδια {α} ἀνατίθητι, εἴ τί κα πάθῃ, τῶι θεῶι καὶ {καὶ} το‾ι πόλει, καὶ Θευτίμαν τὰν ἰδίαν θεράπαιναν ὥστε ἐλευθέραν εἶμεν αὐτάν, εἴ τί κα πάθῃ. Θαψάντω δὲ Δάμιππος καὶ Θευτίμα καὶ Ἀγέας καὶ Πισίλαος ἀπὸ τῶν χαλκῶν, τῶν καταλιμπάνει παρ' αὑσαυτόν, καὶ λόγον ἀποδόντω τᾶι πόλει. μάρτυροι· Κριτόλαος, Λάτροπος, Ἀγέας, Πολεμοκράτης, Ἀγασίδαμος, Γενναῖος, Ξενοκράτης Μεδεώνιος, Στράταγος, Καλλικλῆς, Ἀνδρόνικος, Πισίλαος, Δεξικράτης, Χαρίξενος, Πολέμαρ[χ]ος Παυσανία. τὰς διαθήκας φυλάσσει Ἄθαμβος, Ἀγέας, Πεισίλαος.

ダモステネスがアルコンのとき、ポイトロピオス月に、カリュドンのブテラスの息子アルケシッポスが神（アポロン）とデルポイのポリスに、金130片と銀22ムナ30スタテールを、次の条件で奉納した。もしアルケシッポスに何かあれば（例えば死ぬならば）、デルポイのポリスは、毎年、金銀の利子のなかからアポロン・ピュティオスのために犠牲と公宴を開き、これをアルケシッポス祭と呼ぶべきこと。犠牲はヘライオス月に執り行われ、アポロンの神官たちとアルコンと当番評議員と残りのすべての市民が、広場から行列すべきこと。アルコンたちは、（これを）神域に書きつけ、奉納が有効たるべし。アルケシッポスが死すならば、彼はほかの私有物も、すべて神と

デルポイの多角壁

> ポリスに奉納すべし。使用人も同様であり，彼女はアルケシッポスの死後自由たるべし。ダミッポスとテウティマ，そしてピシラオスはかれ自身が遺した青銅貨から得た（資金を用いて）彼を埋葬すべし。彼らに，（支出の）会計報告をポリスにたいして提示させること。証人：ダミッポスとテウティマ，アゲアス，ポレモクラテス，アガシダモス，ゲッナイオス，メデオンの子クセノクラテス，ストラタゴス，カッリクレス，アンドロニコス，ピシラオス，デクシクラテス，カリクセノス，パウサニアスの子ポレマルコス。アタムポス，アゲアス，ペイシラオスが，遺言書の守護者たるべし。

διαθήκας）を保護することについても明白に述べられており，文書上に，アルケシッポスの奉納と遺言についての写しを，「聖域に（ἐν τῶι ἱερῶι）」刻むべきであると規定されている。そのために目立つ場所，つまり多角壁が用意された。多角壁には，デルフォイのほかの多くの公的文書や奴隷解放に関する文書が刻まれていた（アルケシッポスは明らかに遺言において奴隷テウティマの解放についても言及している）。しかしながら，遺言者の贈り物や希望の所在を超えたところで，寄進の最終的な権威は，うたがいなく都市や聖域の役人の手元にあったということが強調されるべきである。役人たちは文書を刻み，そのことによってのみ，贈与は有効なものとされた（カギとなる文言は「役人たちは聖域に書き記すべし。設置された事柄は有効となるべし」である）。

アルケシッポスは，デルフォイでおそらく有力者であったにもかかわらず，文書が主張する公的な支持を保持するために，出身都市に働きかける必要があっただろう。われわれの碑文はしかしながら，たいへん偏った見識しか与えてくれない。都市の指示を取り付けることに失敗したというような碑文上の失敗例は，当然ながら，石などに記録されなかった。それにもかかわらず，成功しないことがあったかもしれない可能性を示す証言が，歴史家ポリュビオスの文章にみいだされる（史料3）。紀元前185年，エウメネス2世は，アカイア同盟にたいして，評議員議員に給与を支払うための基金を設立するために銀120タラント（72万ドラクマに相当）という巨額の贈与の申し出をおこなった。同盟はこのときおそらく王から高額の贈与の申し入れを受けて驚いて，贈与を固辞している。しかしながらこれは特殊な例であると思われる。なぜならアポッロニダスなる男が，規模と条件の両方について，不適切であると論じているからである。それというのも，君主によって与えられた金銭を用いて政治のための給

史料3　エウメネス2世の失敗
ポリュビオス 22.11

μεθ' οὓς Ἀπολλωνίδας ὁ Σικυώνιος ἀναστὰς κατὰ μὲν τὸ πλῆθος τῶν διδομένων χρημάτων ἀξίαν ἔφη τὴν δωρεὰν τῶν Ἀχαιῶν, κατὰ δὲ τὴν προαίρεσιν τοῦ διδόντος καὶ τὴν
χρείαν, εἰς ἣν δίδοται, πασῶν αἰσχίστην καὶ παρανομωτάτην. τῶν γὰρ νόμων κωλυόντων μηθένα μήτε τῶν ἰδιωτῶν μήτε τῶν ἀρχόντων παρὰ βασιλέως δῶρα λαμβάνειν κατὰ μηδ' ὁποίαν πρόφασιν, πάντας ἅμα δωροδοκεῖσθαι προφανῶς, προσδεξαμένους τὰ χρήματα, πάντων εἶναι παρανομώτατον, πρὸς δὲ τούτοις αἴσχιστον ὁμολογουμένως. τὸ γὰρ ὀψωνιάζεσθαι τὴν βουλὴν
ὑπ' Εὐμένους καθ' ἕκαστον ἔτος καὶ βουλεύεσθαι περὶ τῶν κοινῶν καταπεπωκότας οἱονεὶ δέλεαρ, πρόδηλον ἔχειν τὴν αἰσχύνην καὶ τὴν βλάβην. νῦν μὲν γὰρ Εὐμένη διδόναι χρήματα, μετὰ δὲ ταῦτα
Προυσίαν δώσειν, καὶ πάλιν Σέλευκον. τῶν δὲ πραγμάτων ἐναντίαν φύσιν ἐχόντων τοῖς βασιλεῦσι καὶ ταῖς δημοκρατίαις, καὶ τῶν πλείστων καὶ μεγίστων διαβουλίων ἀεὶ γινομένων περὶ τῶν πρὸς τοὺς βασιλεῖς ἡμῖν διαφερόντων, φανερῶς ἀνάγκη δυεῖν θάτερον ἢ τὸ τῶν βασιλέων λυσιτελὲς ἐπίπροσθεν γίνεσθαι τοῦ κατ' ἰδίαν συμφέροντος ἢ τούτου μὴ συμβαίνοντος ἀχαρίστους φαίνεσθαι πᾶσιν, ἀντιπράττοντας τοῖς αὑτῶν μισθοδόταις.

彼ら[エウメネス2世の使節たち]の次に、シキュオン人アポロニダスが立ち上がって、与えられた金額に関しては、贈り物はアカイア人にふさわしいが、送り主の意図と送り主が示す目的は、万事のなかでもっとも恥じ多く違法なものであると述べた。なぜならば、法は私人であれ役人であれ、どのような前提条件のもとであれ王から贈り物を受けることを禁じており、公然と賄賂を受けて金を受け取ったものは誰であっても、万事のなかでもっとも不正であるばかりでなくもっとも恥じ多いことは、万人の認めるところであるから。評議会が毎年エウメネスの視察を受け、連邦に関する事柄に助言を受けなければならないということは、罠にでもかかったようで、明らかに恥であり傷であるのだから。エウメネスが金を与えたいま、プルシアスが、次にセレウコス（4世）が、与えるだろう。そして王たちと民主政体のありかたは相反するのであり、最大級の論争はいつも我々と王の間の差異に発しているのであるから、2つのうちどちらかが起こることは明らかである。王たちの利益がわれわれのそれよりも先行するか、それが起こらなければ、自分の雇い主に逆らって行動することによって、すべての人にとって好ましくないとみられるかのどちらかである。それゆえ彼は、アカイア人たちに、贈り物を斥けるだけではなく、彼の贈り物の意図ゆえにエウメネスを嫌悪するように求めたのであった。（中略）これらの演説が行われたあと、群集は、だれも王の側につこうとせず、差し伸べられた基金の量ゆえに、それを目にして拒否することは難しいと見えるにもかかわらず、みな叫び声をあげて提供された贈り物を投げ出した。

史料4　アッタロス2世とデルフォイ
SGDI 2642 / *LSCG* 80（160/159 BC）; cf. *Schenkungen* 97

> ἔδοξε τᾶι πόλει τῶν Δελφῶν ἐν ἀγορᾶι τελείωι σὺμ ψάφοις ταῖς ἐν- νόμοις·
> ἐπειδὴ βασιλεὺς Ἄτταλος βασιλέως Ἀττάλου, ἀποστειλάντων ἁμῶν
> πρέσβεις ποτ' αὐτὸν πρότερόν τε Πραξίαν Εὐδόκου, Καλλίαν Ἐμμε-
> νίδα ὑπὲρ τᾶς τῶν παίδων διδασκαλίας, καὶ πάλιν Πραξίαν Εὐδόκου,
> Βάκχιον Ἄγρωνος, φίλος ὑπάρχων διὰ προγόνων καὶ εὔνους τᾶι πόλει
> τά τε ποτὶ τοὺς θεοὺς εὐσεβῶς καὶ ὁσίως διακείμενος, ἐπακούσας προθ-
> μως τὰ ἀξιούμενα ἀπέστειλε τᾶι πόλει εἰς μὲν τὰν τῶν παίδων διδασκ-
> λίαν ἀργυρίου δραχμάς, Ἀλεξανδρείους, μυρίας καὶ ὀκτακισχιλίας,
> εἰς δὲ τὰς τιμὰς καὶ θυσίας δραχμὰς τρισχιλίας, ὅπως ὑπάρχη ἁ δω- ρεὰ
> εἰς πάντα τὸν χρόνον ἀΐδιος καὶ οἱ μισθοὶ τοῖς παιδευταῖς εὐτα- κτέωνται
> καὶ τὸ ἀνάλωμα εἰς τὰς τιμὰς καὶ θυσίας γίνηται ἐγδα-
> νεισθέντος τοῦ ἀργυρίου ἀπὸ τῶν τόκων· ἀγαθᾶι τύχαι, δεδόχθαι τᾶι
> πόλει, εἶμεν τὸ ἀργύριον ποθίερον τοῦ θεοῦ, καὶ μὴ ἐξεῖμεν μήτε ἄρχοντι
> μήτε ἰδιώται μηθενὶ εἰς ἄλλο καταχρήσασθαι μηθὲν μηδὲ καθ' ὁποῖον
> τρόπον, μήτε κατὰ ψάφισμα μήτε κατ' αἶνον· κτλ...

> デルポイのポリスは定足数を満たす民会において，正当な投票数により決議した。王アッタロス（2世）は，若者の教育について，まずはエンメニダスの息子カッリアスとエウドコスの息子プラクシアスを，二度目はエウドコスの息子プラクシアスとアグロンの息子バッキオスを使節として遣わしたところ，ポリスの父祖の友人であり敬虔であり，神々の名誉に正しく対処し，われわれの要求に熱心に耳を傾け，18,000ドラクマのアレクサンドロス銀貨を，若者の教育のためにポリスに遣わしたので，その贈り物が永続し，教師の給料は定期的に支払われ，名誉の賦与と犠牲の費用が，貸し出される銀の利息によって賄われるべし。幸運よ。ポリスによって決議された。銀は神の聖財とすべし。アルコン（役人）であれ，ほかの私人たる市民であれ，ほかのいかなる目的のためにもいかなる方法においても，決議であれほかのいかなる解決策によってであれ，これを用いることを許さざるべし。

与を支払うことは賄賂に等しく，民主的であろうとする政府にとって危険な先例となるというのである。

しかしながら，資本が少ないか，少なくともより利益が大きく宗教的な領域にかかわるほかの諸事例においては，王によるこの種の恩恵賦与が受け入れられやすかった。たとえば，再びデルフォイの例を引くならば，紀元前160年から159年にかけての年，即位からほどなく，アッタロス2世によっておこなわれた巨額の寄進という顕著な例がある（史料4）。ここでも永続的に，教師の俸給と若者たちの教育にかかるその他の必要に供するために18,000ドラクマ，加えてアッタレイア祭とよばれる毎年の犠牲式を設立するための資本として

3,000ドラクマという，巨額の金がかかわっている。都市デルフォイはこの金を受け入れその運営と使用にかんする入念な決議をおこなった。この決議は王の彫像の土台に刻まれ，とりわけこの場合，恩恵賦与を直接的に望んだのは，都市の側であったと告げている。この碑文は，一度ならず二度までも使節が王の元を訪れ，若者の教育のための支払いを援助してくれるよう求めたことを物語っている。犠牲式のための付加的な基金は王自身の考えであったかもしれない。

　つまるところ，都市あるいは都市の神域にたいする金銭的な贈与について，われわれの手元にある証拠は，贈与する側と受け手のあいだの複雑な協議過程を垣間見せている。このことはまずもって施与行為の互酬的な性格を裏づけるものである。贈与者は彼の寛大さと敬虔さを喧伝し，何らかの方法で贈与によって記憶に留められる。これはカラウレイアにおける恩恵者たちの彫像近くでおこなわれた祭祀や，デルフォイにおけるアルケイッペイアとかアッタレイアとか呼ばれる新しい犠牲式の創出（これは非常に限定的な意味で基金といえる）がその証拠となる。そのいっぽうで受け手である都市や神域は，贈り物として金を原資として受け取るが，お返しに，その利益を管理し，義務を果たさなくてはならなかった（この問題については，Harter-Uibopuu 2001の議論をみよ）。アッタロスの基金はさらに明解であり，贈与の統合性を保護するための予防線が張られている。すでにみたように都市は法令を交付し，金が別々に管理されること，そして執務審査と管理を受けることを保証したのである。このことは同様に，そこまで明解とはいえないが，カラウレイア出土のテキストからも明らかである。これに関連する2つ目の論点として，すべての贈与が同等ではなかったということもまた明らかである。カラウレイアにおける年次の儀礼では，選別された集団によって肉が消費された。このように少額で限定的な事例もあった。ほかの贈与は，アルケシッペイア祭やアッタレイア祭のように大規模な，市民全体の饗宴と分配に帰結した。さらには，この種の公的な寄付は自動的に受け入れられたわけではない。エウメネス2世の有名な事例ですでにみたように，要求があまりにも高かったり不適切である場合，都市当局によって拒絶されることもあった。明らかに敬虔なものと思われるような贈与，たとえば表向き，

特別寄稿　ギリシア聖法と基金を再考する（ジャン＝M・カーボン，E・ハリス）

祭祀を壮大なものにするという利益を目指していたり，なにかほかのかたちで慈善的であったりする場合（子どもの教育がその例にあたる），より容易に，受け入れられることになったと推定することもできる。

　都市や共同体や聖域への贈与のほかにも，これまでみてきたような公的な手続きを踏まずに個々人が比較的大規模な寄進や寄付をおこなう方法として，少なくともほかに2つ重要なものがある。まず，1つには家族であれ，なんらかの祭祀集団であれ，自分自身の集団を正式に作ってしまうという方法が挙げられる。2つには，すでに存在している私的結社の利益に寄与するという方法である。これらの代替的な手続きに目を転ずるならば，史料はわれわれを，はるかに私的な異なる行動領域へと導くことになる。1つ目については，いくつかの長文の碑文があり，これらの碑文も，しばしば「基金」と呼ばれてきた[4]。これらの文書は，集団の公式な決定行為を記録していることがあり，その限りにおいて，「基金」とみなしうるということは事実である。しかしこれらの碑文はごくまれに，もしくはあいまいなかたちでしか，新しい祭祀や崇敬の場を，彼らの法規の決定事項の一部とみなしていない。ともかく，これまでにみてきたどのような事例においても，これらの碑文は法的な意味での「基金」ではない。碑文学上は，しばしば，すでにみたように，寄進の記録であるか，もしくは本質的には集団の規則を形成するような，諸文書を複合的に収めたものである。

　後者の主要な事例として，紀元前3世紀前半のハリカルナッソスにポセイドニオスによって設置された碑文が挙げられる。これは約1メートルの碑（ステーレー）に文書をまとめ刻んだものであり，3つの部分に分けることができる（史料5：3つの部分のそれぞれにローマ数字を振ってある）。碑文はまずポセイドニオスの求めに応じてくだされた神託を保存している。この神託は，ポセイドニ

---

4) ディオメドンとポセイドニオスとエピクテタのヘレニズム的「基金」の3つが主要な事例であり，Carbon and Pirenne-Delforge 2013 で論じられている。Laum 1914：ディオメドンについて52―56頁，第45番，ポセイドニオスについて111―112頁，第117番，エピクテタについて42―52頁，第43番。これらは Dareste et al, *Recueil des inscriptions juridiques greques* 24A and 24 B。エピクテタとディオメドンについては，それぞれ，「遺言基金」として。ポセイドニオスの場合，第25D番に，「生前贈与」の一部として含まれており，ややましであるが下記を見よ。一般に受け入れられているところに従って，これらを「基金」と呼ぶ。

史料 5　ハリカルナッソスのポセイドニオスの文書群（紀元前 285-240 年頃）
　　　　Cf. "Appendix" in Carbon and Pirenne-Delforge 2013:

(I) ἀποσ[τ] είλαντος Πο[σ] ειδω[νίο] υ χρησάσ[θα] ι
τῶι Ἀπόλλωνι, τί ἂν αὐτῶι τε καὶ τοῖς ἐξ αὐτοῦ
γινομένοις καὶ οὖσιν, ἔκ τε τῶν ἀρσένων καὶ τῶν θ-
ηλειῶν, εἴη λῶϊον καὶ ἄμεινον ποιοῦσιν καὶ πράσ-
σουσιν, ἔχρησεν ὁ θεὸς ἔσεσθαι λῶϊον καὶ ἄμει-
νον αὐτοῖς ἱλασκομένοις καὶ τιμῶσιν, καθάπερ
καὶ οἱ πρόγονοι, Δία Πατρῶϊον καὶ Ἀπόλλωνα Τελε-
μεσσοῦ μεδέοντα καὶ Μοίρας καὶ Θεῶν Μητέρα·
τιμᾶν δὲ καὶ ἱλάσκεσθαι καὶ Ἀγαθὸν Δαίμονα Ποσει-
δωνίου καὶ Γοργίδος· τοῖς δὲ ταῦτα διαφυλάσσουσιν
καὶ ποιοῦσιν ἄμεινον ἔσεσθαι.

vacat
(II) Ποσειδώνιος Ἰατροκλέους ὑπέθηκεν τοῖς ἐξ ἑαυτοῦ
καὶ τοῖς ἐκ τούτων γινομένοις, ἔκ τε τῶν ἀρσένων
καὶ τῶν θηλειῶν, καὶ τοῖς λαμβάνουσιν ἐξ αὐτῶν,
[εἰ]ς θυσίαν οἷς ὁ θεὸς ἔχρησεν, ἀγρὸν τὸν ἐν Ἀστυ-
παλαίαι ὁμουροῦντα τὸν Ἄνθει καὶ Δαμαγήτωι
[κ]αὶ τὴν αὐλὴν καὶ τὸν κῆπον καὶ τὰ περὶ τὸ μνημεῖον
[κ]αὶ τοῦ ἐν Ταρά[[μπ]]τωι ἐνηροσίου τὸ ἥμυσυ· καρπευ-
[έ]τω δὲ καὶ ἱερατευέτω τῶν ἐκγόνων τῶν ἐκ Ποσει-
δωνίου ὁ πρεσβύτατος ὢν ἀεὶ κατ' ἀνδρογένειαν,
ἀποδιδοὺς κατ' ἐνιαυτὸν χρυσοῦς τέσσαρας ἀτελέ-
ας. (III) ἔδοξεν Ποσ[[ει]]δωνίωι καὶ τοῖς ἐκγόνοις
τοῖς ἐκ Ποσειδωνίου καὶ τοῖς εἰληφόσιν ἐξ αὐτῶν αἱρεῖ-
σθαι ἐπιμηνίους ἐξ ἑαυτῶν τρεῖς κατ' ἐνιαυτό[ν],
οἵτινες ἀπολαμβάνοντες τῆς ὑποθήκης π[αρ]ὰ [τοῦ]
ἱερέως ἑκάστου ἐνιαυτοῦ μηνὸς Ἐλευθερίου [χ]ρυσ[οῦς]
τέσσ[α]ρας συντελέσουσιν τὰς θυσίας· ἂν δ[ὲ] μὴ ἀπο-
διδῶι ἢ μὴ θέληι καρπεύειν, εἶναι τὰ ὑποκείμενα κ[οι]νά, καὶ τοὺς
ἐπι[μ]ηνίους ἐγδιδόναι· τὸ δὲ τέμενος εἶναι [κο]ινὸν [κ]αὶ
τ[οὺ]ς ἐ πιμηνίους ἐγμισθοῦν, καὶ τὸ μίσθωμα καὶ τὸ ἐνη-
[ρό]σιον κομιζόμενοι ν μηνὸς Ἑρμαιῶνος ἐπιμελεί-
τωσαν ἐπὶ δύο ἡμέρας, τῶι ἱερεῖ τὰ νομιζόμε[ν]α
παρέχον[[τε]]ς εἰς τὰς θυσίας πάντα, τῆι μὲν πρώτηι
θύεινΤύχηι Ἀγαθῆι πατρὸς καὶ μητρὸς Ποσει[δ]ωνίου
κριὸν καὶ Δαίμονι Ἀγαθῶι Ποσειδωνίου καὶ Γοργίδος
κριόν, τῆι δὲ δευτέραι Διΐ Πατρώϊωι κριὸν καὶ Ἀπόλλωνι
Τελεμεσσοῦ μεδέοντι κρ[ιὸν] καὶ Μοίραις κριὸν
                            vvvv
καὶ Θεῶν Μητρὶ αἶγα· ὁ δὲ ἱερ[. ε]ὺς ⟨λ⟩αμβανέτω ἑκάστου
ἱερείου κωλῆν καὶ τεταρτη μ[ο]ρίδα σπλάγχνων,
καὶ τῶν ἄλλων ἰσόμοιρος ἔστω· τὰ δὲ λοιπὰ κρέα οἱ

275

ἐπιμήνιοι, ἀφελόντες ἱκανὰ τοῖς δειπνοῦσιν καὶ
γυναιξίν, μερίδας ποησάντωσαν ἴσας καὶ ἀποδόντω-
σαν ἑκάστωι μερίδα τῶν τε παρόντων καὶ τῶν ἀπόντων·
τὰς δὲ κεφαλὰς καὶ τοὺς πόδας αὐτοὶ ἐχόντων· τὰ δὲ
κώιδια πωλούντων ἐν τῶι θιάσωι, καὶ τῆι δευτέραι
λόγον ἀπο<δ>όντωσαν πρὸ τοῦ δείπνου ἀνα-
γράψαντες εἰς ὃ ἕκαστον ἀνήλωται, καὶ τὸ
περιγινόμενον ἀναλίσκειν εἰς ἀναθήματα·
ἀναγράψαι δὲ καὶ τὸν χρησμὸν καὶ τὴν ὑποθήκην
κ[αὶ] τὸ δόγμα ἐν στήληι λιθίνηι καὶ στῆσαι ἐν τῶι
τεμένε[ι·] τοῖς δὲ ταῦτα διαφυλάσσουσιν καὶ ποιοῦ-
σιν ἄμεινον γίνοιτο ὑπὸ θεὸν καὶ ἄνθρωπον.

vvvv

Ⅰ．ポセイドニオスが，彼と，彼の男女の子孫から生まれる子孫にとって，何をなし，何を試みるのが，よりよいことなのか，アポロンへの神託をうかがいに遣ったところ，神は，彼らの祖先がそうしたように，神を宥め敬うのがよりよいと答えた。父祖のゼウスと，テレメッソスを治めるアポロン，そして運命の女神と地母神。彼らは，また，ポセイドニオスとゴルギスのよきダイモーンを敬い宥めること。これら（の指示）を維持し施行するものたちにとってもそれがよりよいことになろう。

Ⅱ．イアトロクレスの息子ポセイドニオスは，彼の子孫への保証として，男女の子孫から生まれる子孫と，彼らから（妻を）娶るものたちのために，アポロン神が規定する神々への犠牲のために，以下を与える。アンテスとダマゲトス（の土地）と境界を接する，旧市（アステュパライア）の畑，前庭と庭，墓の周りの土地，さらにはタラムプトスの耕作権の権利の半分。ポセイドニオスの子孫のうち最年長のものが，男系により，常に担保を利用し，神官として奉仕する権利をもつ。毎年金4片を引き渡すこと。

Ⅲ．ポセイドニオスは決定した。ポセイドニオスの子孫と彼らから（妻を）娶ったものたちが，毎年彼らのなかから3人の「月次役人（エピメニオイ）」を選出し，その者が，エレウテリオス月に神官から，担保金から毎年（持ち出された）4片を受け取ると，犠牲をおこなう。もし彼（神官）が支払わず，もしくは（担保金を）利用する権利を拒否するならば，担保とされる財産は共有とされ，月次役人によって貸し出されるべきこと。聖域もまた共有財産となり，月次役人によって貸し出されるべきこと。地代と耕作権からあがる収入を得たならば，彼らは，ヘルマイオン月に2日間にわたって儀礼を監督し，すべての定めの必要品を神官に提供すべし。第1日には，ポセイドニオスの父母の「幸運」に子羊を，ポセイドニオスとゴルギスのよきダイモンに子羊を犠牲とすべし。2日目には，父祖のゼウスのために子羊を，テレメッソスを治めるアポロン神に子羊を，運命の女神に子羊を，地母神にヤギを犠牲とすべし。神官は，それぞれの動物から太ももと内臓の4分の1を得るべし。神官はほかの部分にも同様の分け前を得るべきこと。月次役人は，宴会への参加者とその妻のために残った肉から十分な分量をとり分けたならば，等分した分け前を出席者にも欠席者にもそれぞれ与えるべきこと。頭と足は彼ら自身のために取りよけさせること。彼らは皮をティアソス（祭儀団体）に売り，2日目夕食前に，それぞれの額が何に使われたのか会計報告をし，残り（すなわち利益）は奉納に用いられるべし。神託と担保，そして決議は，大理石の碑に刻まれ，聖域に設置されるべし。この（指令）を守り施行する人々に，神と人間のもとに幸いあれ。

オスとその子孫が，勧告されるかぎりの最善の行動をとおして崇拝の対象とすべき，父祖の神々やより新しい神々について規定している。第2番目の部分は，ポセイドニオスによる子孫のためのヒュポテーケー（担保）を記録しており，これは主として，神託によって勧告された犠牲の資金のために，条件付きで寄付された様々な財産からなっている。最後に当たる第3番目の部分は，ポセイドニオスとその家族によって提案された，はるかに長大な決議であり，祭儀や彼の行為を管轄するための諸手続にかんするさまざまな詳細規定である。

　ヒュポテーケーは一般に抵当を意味するが，ここでは抵当は正確な語義ではない。むしろヒュポテーケーはここでは，「義務の遂行を保全するための担保」として，現存しないポセイドニオスの遺言にたいする補遺のようなものとして機能している。ポセイドニオスは，長男やその子孫が祭祀の神官を恒久的に務め，毎年4枚の金片を儀礼のために（物的担保として Harris 2013）手渡すという約束を裏づける担保として，子孫に財産と収入を与えている。

　だがこの担保を管理するのは誰だったのか。実際上，それはポリスではありえない。碑文の以前のバージョンでは，第3部の終わり近くの一行を，家族集団内部の役人が，出費についての会計報告を「ポリスの民会で，2日目に」おこなう，と読んでいた。ところが，石の再検分の結果，この読みは退けられ，毎年の会計報告は，家族の「共通の夕食会」でおこなわれるにすぎなかったということがあきらかになった。実際，この第3部にあたる，ポセイドニオスとその家族によって制定された決議から，問題となっている当の集団が，担保を管掌していたということが明らかである。エピメニオイと呼ばれる3人の役人が毎年，儀礼の際に神官を補助するのみならず，そのための資金繰りが適切になされることを保証しなくてはならなかった。もしも男系の子孫のうち最年長のものが神官を務め，何らかの理由で支払いをしなかったりしたがらなかったりすることがあれば，ポセイドニオスによって抵当として与えられた財産が，神官の支配下を離れ，集団の共有財産に移管されることになっただろう。そして予期されたように，これらの役人は担保を用い，とりわけ担保となった土地を1年間貸し出すことによって，定めの儀式の支払いをおこなったことであろう（カギとなるのは，「もし彼（神官）が支払わず，もしくは（担保金を）利用する権

利を拒否するならば，担保とされる財産は共有とされ，月次役人によって貸し出されるべきこと」の文言である）。

　言いかたを変えるならば，ここでわれわれは，これまでに見た公的な寄付と実質的にパラレルの関係にあるような，別種の寄付の事例を扱っているといえる。それは特定の神々のための年ごとの儀礼に資金を提供しそれを創始し，どのように資金が保証金から引き出されるかも規定し儀礼が毎年適切に資金を充てられることを確実なものとすべく予防線を提案しようとしている。いっぽうで，文書は本質的に異なってもいる。それは単に私的な（ここではポセイドニオスの）努力に起因しているだけではなく，この方法によって原則的に強制されてもいる。ポセイドニオスの尽力に，ポリスの権威は顔をあらわさない。これはほかの私的結社の事例でもほぼ明らかである。そうはいっても，ポセイドニオスのそれのような遺言や保証は，もちろん法的に強制力を伴う契約であり原則的にはポリスの権威と承認のもとに服していた。それはほかの私的な契約と同様である。もし家族や結社の一員に，規則の見通しにかかわらず，なにか合意できないことがおこったときには，紛争は都市の法廷で決着する羽目になっただろう。法廷外の紛争解決や，公的な調停，そして私的な仲裁もまた可能であった（事例については後述する）。

　しかしそのような法的な手段を除けば，ポセイドニオスらは寄付と結社を都市の枠組みから大きくはみだすところまで発展させようとしていた。規則の強制力と罰則に関して，ポセイドニオスの家族やほかの集団は，ほかのメカニズムに頼らなくてはならなかった。結社の規則には，遵守しないものにたいする罰金その他を見出すことができる。ポセイドニオスの場合，宗教的な権威にたいする特別なアピールを見出すこともできる。ポセイドニオスが求めた神託は，家族の碑に真っ先に挙げられ，それを保持し，祝福の言葉を唱えることによって，その命令を実行するようにと要求している（原文）。同様に，家族の決議（第3部）は，神託の表現を繰り返す祈願で終わる。「それら（命令）を守り実行するものどもにとって神々と人間のもとに」。このような祝福の言葉の裏側に含意されているのは呪いであったということに留意したい。呪いの言葉はこのような文脈においてしばしば見いだされる。神々が確実に，規則を逸脱する

者たちにとって事態を悪くしてくれるように，と。

　集団の創設者や創造者になることと似通っているのが，とりわけ既存の私的結社にたいする施与をおこなうことによって，個人が自分自身を指導者として別格化することができる類似のメカニズムである。非常に詳細で殊更に明らかにするところのおおきな事例がある。ここでごく簡単に取り上げておこう。それは，アテナイのペイライエウス港にあったディオニュシアスタイと呼ばれるディオニュソスの崇拝者結社（オルゲオーネス）にたいしてディオニュシオスなる人物がおこなった施与である。この人物が贈り物を送り続けたことが2つの碑文から確認できる。そのうちのひとつで彼は，引用は省略するが，ディオニュソスの神殿を立て，なんらかのかたちで祭祀の創始者のひとりに数えられている。その死後，集団によってつくられたもうひとつの碑文（史料6）には，彼の記憶を崇敬するという決定が記録され，彼が神の神官を務めていた時におこなったほかの贈り物を列挙し，ディオニュシオスを彼らの英雄とし，その息子に終身の神官職を与えることを決議している。この場合，ディオニュシオスは，彼が祭祀を率いた神とほぼ名前を同じくしており，いまやその神聖さと崇敬の両方において，ある程度神と合一している（カギとなるのは45―46行目「ディオニュシオスは英雄化され（その立像が），それが永きに渡って彼のもっとも美しい記憶となるように神（の立像）の脇の父の（立像）もある場所に建てられるように，オルゲオーネスが配慮するように（決議された）」である。）。

　ほかにも，義務の程度を異にするものの同様の文書が多々見られるが，ここで論ずる余裕はない。だが，すでに詮索したある問題を再び問いかけておきたい。これは寄付の存在意義にかかわる問題であり，かつ，寄付によって創出され発展させられる集団や結社の目的でもある。これまで示そうとしてきたのは，共同体や共同体の神域に贈り物をなした個々人が，おそらく自己の利益のためにそれをおこなっていたということである。寄付者は，その振る舞いやかれら自身についての記憶をある程度記念するような方法で金銭を差し出し，その金銭が彼らの敬虔さを示しだす。またそれは，よりおおきくいえば，ギリシア諸ポリスにおいて支配的であった恩恵施与の文化に燃料を投下した。神的な金庫のために用途を定められた金であるという意味では，理論的には万人が恩恵を

史料6 恩恵者ディオニュシオス
    IG II²1326 (紀元前176/5年および紀元前185/4年)

Θ   Ε   Ο   Ι
ἀγαθεῖ τύχει· ἐπὶ Ἱππάκου ἄρχοντος, Ποσιδεῶ-
νος ἀγορᾶι κυρίαι· Σόλων Ἑρμογένου Χολαργεὺς
εἶπν· ἐπειδὴ συμβέβηκεν Διονυσίωι μεταλλά-
ξαι τὸν βίον ἀποδεδειγμένωι ἐμ πολλοῖς ἦν ἔ-
χων εὔνοιαν διετέλει πρὸς ἅπαντας τοὺς τὴν
σύνοδον φέροντας τῶι θεῶι, αἰεί τινος ἀγαθοῦ πει-
[ρ]ώμενος παραίτιος γίνεσθαι καὶ ἰδίαι καὶ κοινεῖ
[φ]ιλάγαθος ὢ[ν] ἐμ παντὶ καιρῶι· ὃς γοῦν προτι-
μηθεὶς ὑπὸ τῶν Διονυσιαστῶν καὶ λαβὼν τὴν ἱε-
ρεωσύνην τοῦ θεοῦ καὶ κατασταθεὶς ταμίας τάς
τε κοινὰς προσόδους ἐπηύξησεν ἐκ τῶν ἰδίων
ἐπιδοὺς αὐτοῖς ἀργυρίου χιλίας δραχμὰς καὶ τό-
πον μετὰ τῆς ἄλλης χορηγίας πάσης εἰς ὃν συν-
ιόντες θύσο[υ]σιν κατὰ μῆνα ἕκαστον τῶι θεῶι κα-
τὰ τὰ πάτρια, ἐπέδωκεν δὲ καὶ ἄλλας ἀργυρίου
πεντακοσίας δραχμὰς ἀφ᾽ ὧν κατεσκευάσατο τὸ
ἄγαλμα τοῦ Διονύσου τοῖς ὀργεῶσιν καὶ προσιδρύ-
σατο κατὰ τὴν μαντείαν τοῦ θεοῦ, καὶ περὶ ἁπάντων
τούτων ὑπά[ρ]χουσιν αἱ ἀποδείξεις ὑπὲρ τἀνδρὸς σα-
φεῖς διὰ τῶν χρηματισμῶν εἰς τὸν ἅπαντα χρόνον·
ἀνθ᾽ ὧν ἐπιγνόντες οἱ Διονυσιασταὶ ἐτίμησαν
αὐτὸν ἄξιον ὄντα καὶ ἐστεφάνωσαν κατὰ τὸν the,
νόμον· ἵνα ο[ὖ]ν φαίνωνται οἱ τὴν σύνοδον φέρον-
τες μεμνη[μ]ένοι αὐτοῦ καὶ ζῶντος καὶ μετηλλα-
χότος τὸν β[ίο]ν τῆς πρὸς αὐτοὺς μεγαλοψυχίας
καὶ εὐ[νοίας κ]αὶ ἀντὶ τούτων φανεροὶ ὦσιν τιμῶν-
τες τοὺς ἐξ [ἐκ]είνου γεγονότας, ἐπειδὴ συμβαί-
νει διαδόχους αὐτὸν κ[α]ταλελοιπέναι πάντων
τῶν ἐν δόξ[ε]ι καὶ τιμεῖ αὐτῶι ὑπ[α]ρχόντων, περὶ ὧν
καὶ ὁ νόμος τῶν ὀργεώνων καλεῖ πρῶτ[ον ἐ]πὶ [ταῦ]-
τα τὸν πρεσβύτατον τῶν ὑῶν, καθὼς καὶ προεισ[ῆ]-
κται ἐπὶ τὴν χώραν τἀδελφοῦ Καλλικράτου ζῶν-
τος τοῦ πατρός· δεδόχθαι τοῖς ὀργεῶσιν, τὴν ἱερεω-
[σύ]νην τοῦ Δ[ι]ονύσου δεδόσθαι Ἀγαθοκλεῖ Διονυσίου
[Μα]ραθωνίωι καὶ ὑπάρχειν αὐτῶι διὰ βίου ἐπὶ ταῖς
[τιμ]αῖς ταῖς αὐταῖς αἷς ἐτετίμητο καὶ ὁ πατὴρ αὐ-
[τοῦ], ἐπειδὴ ὑπομεμένηκεν τὴν ταμιείαν εἰς τὸν
[με]τὰ ταῦτα χρόνον διεξάξειν καὶ ἐπαυ[ξ]ήσειν τὴν
Kallikratos, [σύνο]δον διδοὺς εἰς ταῦτα ἑαυτὸν ἀπ[ροφ]ασίστως,
[βουλ]όμενος ἀποδείκνυσθαι τὴν ἑαυτοῦ εὔνοιαν
[καὶ] καλοκαγ[α]θίαν πρὸς ἅπαντας τοὺς Διονυσιαστά[ς]

[εἰσή]γαγεν [δ]ὲ καὶ τὸν ἀδελφὸν αὐτοῦ Διονύσιον Διο-
νυσίου Μαρα[θ]ώνιον εἰς τὴν σύνοδον ἐπὶ τὰ τοῦ πατρ[ὸς]
ὑπάρχοντα [μ]εθέξοντα τῶν κοινῶν κατὰ τὸν νόμο[ν]·
φροντίσαι δὲ τοὺς ὀργεῶνας ὅπως ἀφηρωϊσθεῖ Δι[ο]-
νύσιος καὶ ἀ[ν]ατεθεῖ ἐν τῶι ἱερῶι παρὰ τὸν θεόν, ὅπου κα[ὶ]
ὁ πατὴρ αὐτοῦ, ἵνα ὑπάρχει κάλλιστον ὑπόμνημα αὐτοῦ
εἰς τὸν ἅπαντα χρόνον. ἀναγράψαι δὲ τό
δε τὸ ψήφισμα ἐ[ν] to all of the Dionysiastai;
στήλει λιθίνει καὶ στῆσαι παρὰ τὸν νεὼ τοῦ θεοῦ, τὸ δὲ
γενόμενον ἀνάλωμα εἰς τὴν στήλην καὶ τὴν ἀνάθεσιν
μερίσαι τὸν [τ]αμίαν. ταῦτα Σόλων εἶπεν.

幸運とともに。ヒッパコスがアルコンの年、ポセイドン月、通常民会で、コラルゴス区のヘルモゲネスの子ソロンが以下の動議を提出した。ディオニュシオスが没してしまったので、多くの機会に恩恵を示し、(それを) 神のために結社を組むすべての人々に (見せ) 続け、個人にたいしても共同体にたいしても、求められればいつでも、あらゆる機会に恩恵者となって、なにかしら良いことをもたらし、すでにディオニュシアスタイ (ディオニュソスの結社) によって顕彰され、神の神官職を授与され財務官に任命されると、さらに共通の資金を増加させ、それにたいして自分の財産から、銀1000ドラクマを寄付し、(彼が貢献した) ほかの経費に加えて、彼らが毎月集まり、父祖の習慣に従って犠牲を捧げるための場所 (を寄付し)、それに加えてさらに銀500ドラクマを寄付し、これを元手にディオニュソスの像がオルゲオーネスのために準備され、神のお告げの通りに設置された。これらすべての事柄に関して、永続的に、(オルゲオーネスの) 保管庫にこの男に関する明白な証拠が保存されているので、これらについて、ディオニュシアスタイは認識しており、価値あるものとして彼を顕彰し、(結社内部の) 法に従い加冠すること。これにより結社をもたらすものたち (すなわち構成員) が、彼の生前にも死後にも、その偉大さと彼らにたいする善意を覚えているように。そしてこれらゆえに、彼らはその息子を公に顕彰した。なぜならば、彼が備えていた栄光と栄誉の後継者をあとに伝えることになったためである。そして、彼らに関しては、オルゲオーネスの法は、まずは、これらの事柄について、まず最年長の息子を呼びあげている。ちょうど彼が、父の生前、弟であるカリクラトスの代わりに土地を譲り受けたのと同様に。オルゲオーネスによって決議された。ディオニュソスの神官職はマラトンのディオニュシオスの息子アガトクレスに与えられるべきこと。そして彼は、その間 (ディオニュシオスの死後) 金庫を維持し続け、これらのことに献身することをためらわず、善意と高貴さをディオニュシアスタイの全員にたいして示そうと望み、結社を強化したゆえに、その父が受けたのと同じ名誉のもとに神官職を生涯にわたって保持すべきこと。彼はまた、兄弟であるマラトンのディオニュシオスの息子ディオニュシオスを、父の財産ゆえに、法に従ってすべての共有物を分かち持つようにオルゲオーネスに入会させた。ディオニュシオスは英雄化され (その立像が)、それが永きに渡って彼のもっとも美しい記憶となるように神 (の立像) の脇の父の (立像) もある場所に建てられるように、オルゲオーネスが配慮するように (決議された)。この布告は石に刻まれ、神殿のわきに立てられるべきこと。設置は財務官が担うべきこと。ソロンが提案をおこなった。
(Kloppenborg and Ascough 2011: no. 36 に従う)

被り，現実にも，犠牲や職業あるいはほかの利益が生じるという意味で，少なくとも選ばれた個人の集団が恩恵を被る。しかしすでに強調したように，これは単純なことではない。公的な手続きは，助言，妥協，そして時折の失敗と不和を伴ったのである。

　富裕な恩恵者たちには代わりの場所があっただろうか。1つの選択肢は，公的な枠組の外で実質的に動き，個人的な贈り物や奉献を確立させることである。ポセイドニオスの保証はそのよい事例である。そこには，家族的な集団を正式に創出することをめぐって非常に入念な規則が見られるのである。契約があるに過ぎず，規則は，共同体の法や決議の持つ強い力を持たなかったが，家族的な集団が計画通りに機能するためには，規則が不可欠であった。ポリスとの直接の協調や相互関係が見られないだけではない。私的な手続きには利点もあった。個人や集団が，独自の教えや宗教的な細則について比較的容易に定めることができるという利点である。もしさらなる正当化を望むならば，神による承認を求めることができた。ポセイドニオスの場合，伝統と神託によって正当化された父祖伝来の祭儀と，墓にいる恩恵者の亡くなった両親のアガテー・テュケー（幸運の女神）および，恩恵者自身とその妻のアガトス・ダイモーン（よき精神）との合祀——これは多かれ少なかれ，地方レベルでの英雄化の一種である——を内容に含んでいた。これと比較すべきはアテナイにおけるディオニュシオスの事例である。この恩恵者は，死後に英雄化され，彼自身が支払いをおこなったディオニュソス像のわきに場所を占めていた。これらの私的な企てをポリスが丸ごと支持したかどうかは疑わしい[5]。

　古代ギリシアの私的結社による恩恵行為にはここで論ずることができなかった側面がまだまだある。たとえば，私的結社が果たしていた，構成員にたいする社会保障のひとつの形態としての役割（Faraguna 2012）とか，家族の代わりに（あるいは家族を補完するものとして）葬儀をとりおこなうという役割である。私的な奉納と私的結社の，利己的な利益追求についてはわきにおくとしても，

---

5) これは，ポリスが，支配者や恩恵者のために神々や英雄のような栄誉を決議しそびれたということを指すわけではない。彼らは，より確実にヘレニズム期においてはそれをおこなっていた。しかしそれはポセイドニオスやデイオニュシオスのように，より穏当な富裕者の手の届くところではなかったことだろう。

史料7 アテナイにおける犠牲提供者としてのオルゲオネス（結社）
IG II² 1289 (ca. 250 BC)。第 11-18 行目については Sosin 2012。

[——————————— εὐορ] -
[κοῦντι μέν μοι] ε[ἴ] η πολλὰ κα[ὶ ἀγαθά, εἰ δὲ μ] -
. [ἢ τὰ ἐ] να[ντ] ία.
vacat
τάδε διέλυσαν οἱ δικασταὶ [ἐπιτρεψάν] -
ν τῶν ἀμφοτέρων· τὰ μὲν κτήματ[α εἶναι τῆς]
θεοῦ καὶ μηθενὶ ἐξεῖναι μήτ' [ἀποδόσθαι]
μήτε ὑποθεῖναι, ἀλλὰ ἐκ τῶν π[ροσόδων θύ] -
ειν τὰς θυσίας τὸν ἱερέα μετ[ὰ τῶν ὀργεώ] -
νων κατὰ τὰ πάτρια.
vacat
ἀπαγορεύει δὲ καὶ ἡ θεὸς κ[αὶ ὁ προφήτης]
Καλλίστρατος μηθένα ὀ[ρ] γ[εῶνα τῶν κτη] -
μάτων τῶν ἑαυτῆς μηδ[ὲν ἀποδίδοσθαι μη] -
δὲ μισθοῦσθαι [ε] ἰς ἄ[λλο ἢ εἰς τὰς θυσίας]
μηδὲ κακοτεχνεῖν μ[ηδένα τὰ περὶ τὰ ἑαυ] -
τῆς κτήματα μήτε τ[έχνηι μήτε παρευρέ] -
σει μηδεμιᾶι ὥσ[τε τὸν ἱερέα ἐκ τῶν προσό] -
δων λαμβάνον[τα μετὰ τῶν ὀργεώνων θύ] -
ειν ἑαυτεῖ ——————————
καταλε ——————————
νον δι ——————————
του ——————————
μη ——————————

[誓言に従うならば] 私に，多くの [善いことが，さもなくば] 逆 [のことが]。
両者が委ねたので，仲裁者は以下を解決した。財産は女神に属し，何人たりともそれを [売却した
り] 担保に入れてはならないが，神官はオルゲオネスとともに，父祖の慣習に従って犠牲を執り行
うべきこと。女神と [その予言者] カリストラトスは何人であれオルゲオネス員が，その財産を
[犠牲以外の] どのような目的であれ [売却し] [どのような条件であれ] 方法であれ [その] 財産
を流用することを禁ずべし。[神官は] （金を）[歳入から] 獲得し，
[オルゲオネスとともに] 女神それ自身のために [犠牲を捧ぐ] べし。

無視することのできないもうひとつの結社の本質的な目的として，祭儀と共食
という関連深いテーマが挙げられる。これまで分析してきたほとんどの贈り物
と私的集団は，新しい，勧進された神々のための儀礼を遂行することを目的と
している。それは同時に人間へのかたちのある恩恵（肉，ワインなど）をもたら
した。ここに，もう一つの互恵的な恩恵賦与の本質的な循環がはたらいている。
実際のところ，贈与やその管理に関する紛争が起こる場合であっても，これら

の第一義的で欠かすことのできない目的は,厳密に承認されている。すでにこのことの片鱗をポセイドニオスの文書群において確認済みであるが,結論に代えて,もうひとつ事例を取り上げておいてもよい(史料7)。史料7は,アテナイにおいてオルゲオーネスとも呼ばれた宗教的崇拝者たちの私的な集団に関するものである。一見したところ,オルゲオーネスが奉仕する女神に属する財産を適正に使用するために集団内で議論が引き起こされたようである。集団は,オルゲオーネスの規則の一部として,文書群を碑に刻んだ。第1に,非常に断片的であるとはいえ,おそらくメンバーがおこなう新しい規則を尊重するという誓い,第2に,集団が探してきて紛争解決のために雇ったおそらくは私的な仲裁者(ディカスタイ)の決定,最後に女神と彼女のための予言者によって詳述される禁忌などについての一連の規則,要するに,法的決定と禁止行為が,女神と私的集団の財産から得られる収入について,犠牲以外のなにものにも資金を提供することができないということを明言している。言い方を変えよう。私的祭祀の財産と収入は,もちろん不可分のものであったのだが,それ以上に,集団の本務である,女神のための犠牲とその結果としての共食という価値を実現するためにのみ,用いることができたのである。

[略号表]
CGRN　J.-M. Carbon, S. Peels and V. Pirenne-Delforge, *Collection of Greek Ritual Norms*, website of the University of Liège, 2016[6].
LGS　H. von Prott and L. Ziehen, *Leges graecorum sacrae e titulis collectae*, 2 vols., Leipzig 1896 & 1906.
LSAM　F. Sokolowski, *Lois sacrées de l'Asie Mineure*, Paris 1955.
LSCG　F. Sokolowski, *Lois sacrées des cités grecques*, Paris 1969.
LSS F.　Sokolowski, *Lois sacrées des cités grecques, Supplément*, Paris 1962.
NGSL　E. Lupu, *Greek Sacred Law: A Collection of New Documents*, Leiden/Boston [2005] 2009.
Schenkungen　K. Bringmann and H. von Steuben, *Schenkungen hellenistischer Herrscher an griechische Städte und Heiligtümer*, 2 vols., Berlin/Boston 2000.

主要参考文献
Carbon, J.-M. and Pirenne-Delforge, V. 2012. "Beyond Greek 'Sacred Laws'", *Kernos* 25: 163-182.

---

6) http://cgrn.ulg.ac.be/ (訳注)

特別寄稿

Carbon, J.-M. and Pirenne-Delforge, V. 2013. "Priests and Cult Personnel in Three Hellenistic Families", in: M. Horster and A. Klöckner eds., *Cities and Priests: Cult Personnel in Asia Minor and the Aegean Islands from the Hellenistic to the Imperial Period*, Religionsgeschichtliche Vorsuche und Vorarbeiten (RGVV) 64, Berlin/Boston: De Gruyter: 65-119.

Faraguna, M. 2012. "Diritto, economia, società: riflessioni su eranos tra età omerica e mondo ellenistico", in: B. Legras ed., *Transferts culturels et droits dans le monde grec et hellénistique*, Paris: 129-153.

Gagarin, M. 2011. "Writing Sacred Laws in Archaic and Classical Crete," in: A. P. M. H. Lardinois, J. H. Blok and M. G. M. van der Poel eds., *Sacred Words: Orality, Literacy and Religion*, Leiden/Boston: 101-111.

Georgoudi, S. 2010. "Comment régler les *theia pragmata*. Pour une étude de ce qu'on appelle les 'lois sacrées'," *Mètis* n.s. 8: 39-54.

Harris, E. M. 2013. "Finley's *Studies in Land and Credit* Sixty Years Later", *Dike* 16: 123-146.

Harris, E. M. 2015. "Towards a Typology of Greek Regulations about Religious Matters: A Legal Approach", *Kernos* 28: 53-85[7]

Harter-Uibopuu, K. 2011. "Money for the *polis*: Public Administration of Private Donations in Hellenistic Greece", in: O. M. van Nijf and R. Alston eds., *Political Culture in the Greek City After the Classical Age*, Leuven/Paris/Walpole MA: 119-139.

Hawk, B. 2016. *Law and Commerce in Preindustrial Societies*, Leiden/Boston.

Kloppenborg, J. S. and Ascough, R. S. 2011. *Greco-Roman Associations: Texts, Translations and Commentary*, vol. 1: Attica, Central Greece, Macedonia, Thrace, Berlin/New York.

Laum, B. 1914. *Stiftungen in der griechischen und römischen Antike*, 2 vols., Berlin.

Ma, J. 2013. *Statues and cities: Honorific Portraits and Civic Identity in the Hellenistic Period*, Oxford.

Manzmann, A. 1962. *Griechische Stiftungsurkunden: Studie zu Inhalt und Rechtsform*, Münster.

Monson, A. forthc. "Political and Sacred Animals: Religious Associations in Greco-Roman Egypt", in: B. Eckhardt ed., *Private Associations and Jewish Communities in the Hellenistic and Roman Cities*, Leiden.

Sosin, J. 2002. "Two Attic Endowments", *ZPE* 138: 123-128.

Sosin, J. 2014. "Endowments and Taxation in the Hellenistic Period", *Ancient Society* 44: 43-89.

---

7) 継続する一連の仕事として，Edward Harris and Jan-Mathieu Carbon, 'The Documents in Sokolowski's Lois sacrées des cités grecques (LSCG)' および Id, 'The Documents in Sokolowski's Lois sacrées des cités grecques. Supplément (LSS) 7, Kernos [Online], 28 | 2015, Online since 01 October 2015, connection on 04 May 2018. URL: http://journals.openedition.org/kernos/2373; DOI: 10. 4000/kernos.2373 がある（訳注）。

お わ り に

　編者は，前編著『東アジア木簡学のために』(汲古書院，2014) のあとがきに，今後の課題として「文字文化を通した社会的な分析を深めてゆく」ために「石刻は格好の素材となる」といった。しかし古代日本に石刻は少ない。そのことを念頭に「(日・中・韓) 三か国に共通していなくてもよい。なぜなら「存在しない理由を考えることに意味がある」」のだから，と威勢よく書いている。今回の共同研究班はこうした考えから出発したものである。

　しかし，何事も言うは易しである。ないものをどうやって比較するのか，という疑問は当初から根強くあった。なかなか妙案は出てこない。結局各自のフィールドに存在する石碑について，石を選んだ意味を問い，その背景を徹底的に追究するしかないのではないか，ということになった。本書の各論考は，以上のような紆余曲折を経，議論を重ねつつ，各自がそれぞれのアプローチのしかたで問題に取り組んだ結果である。諸賢のご批判を乞う次第である。

　最後に，日本をはじめ中国，韓国，イギリス，ベトナムなど多くの研究者，研究機関の方々にたいへんお世話になった。心よりお礼を申し上げたい。現場を見，実物に触れることによって感得される大きさは測ることができない。本書が学恩に少しでも報いるものであることを願うばかりである。

　2019 年 1 月 20 日

　　　　　　　　　　　　　　　　　　　　　　　　　　　編　　者

編者・執筆者紹介（五十音順）

【編　者】
角谷常子（スミヤ　ツネコ）
　奈良大学文学部史学科教授。専門：中国古代史。
　『東アジア木簡学のために』（編著，汲古書院 2014），「碑の誕生以前」（『古代東アジアの情報伝達』汲古書院 2008），「秦漢時代における家族の連坐について」（『江陵張家山二四七号墓出土漢律令の研究』朋友書店 2006）

【執筆者】
市　大樹（イチ　ヒロキ）
　大阪大学大学院文学研究科准教授。専門：日本古代史。
　『日本古代都鄙間交通の研究』（塙書房 2017），『飛鳥の木簡——古代史の新たな解明』（中央公論新社 2012），『飛鳥藤原木簡の研究』（塙書房 2010）

伊藤敏雄（イトウ　トシオ）
　大阪教育大学理事・副学長。専門：中国古代史。
　「楼蘭出土漢文文字資料中の簿籍と公文書について」（『敦煌・吐魯番の文書世界とその時代』東洋文庫 2017），「長沙呉簡中の『叩頭死罪白』文書木牘」（『湖南出土簡牘とその社会』汲古書院 2015），「魏晋期における在地社会と国家権力」（『歴史学研究』651　1993）

栗原麻子（クリハラ　アサコ）
　大阪大学大学院文学研究科教授。専門：西洋古代史。
　「家族の肖像　前 4 世紀アテナイにおける法制上のオイコスと世帯」（『史林』99-1　2016），「ギリシアの世界像——ヘロドトスのジェンダー認識と異民族観を中心として」『世界史の中の「世界史」』（ミネルヴァ書房 2016），"GRAPHAI IDIAI: Sense of Community in Demosthenes 21 (Against Meidias)", *Kodai: Journal of Ancient History* (Editorial Board of Kodai) vol. 10, 2015.

佐川英治（サガワ　エイジ）
　東京大学大学院人文社会系研究科教授。専門：中国古代史。
　『中国古代都城の設計と思想』（勉誠出版 2016），『378 年　失われた古代帝国の秩序』（共著，山川出版社 2018），「六朝建康城と日本藤原京」（黄暁芬・鶴間和幸編『東アジア古代都市のネットワークを探る』汲古書院 2018）

竹内　亮（タケウチ　リョウ）
　花園大学文学部文化遺産学科専任講師。専門：日本古代史。
　『日本古代の寺院と社会』（塙書房 2016），「大仏料銅産出の歴史的前提」（『歴史のなかの東大寺』法藏館 2017），「石川宮考」（『日本古代のみやこを探る』勉誠出版 2015）

寺崎保広（テラサキ　ヤスヒロ）
　奈良大学文学部史学科教授。専門：日本古代史。
　『若い人に語る奈良時代の歴史』（吉川弘文館 2013），『古代日本の都城と木簡』（吉川弘文館 2006），『長屋王』（吉川弘文館 1999）

i

東野治之（トウノ　ハルユキ）
（公益財団法人）武田科学振興財団杏雨書屋館長。専門：日本古代史。
『日本古代金石文の研究』（岩波書店 2004），『大和古寺の研究』（塙書房 2011），『聖徳太子』（岩波ジュニア新書 2017）

藤田高夫（フジタ　タカオ）
関西大学文学部教授。専門：中国古代史。
「蜀の学堂――漢代成都の郡国学」（『関西大学文学論集』62-4 2013），「木簡の行方――唐代木簡の存否を考えるための覚書」（『東アジア木簡学のために』汲古書院 2014），「漢代における軍費推算の資料と方法」（『東アジア文化交渉研究』9 2016）

籾山明（モミヤマ　アキラ）
（公益財団法人）東洋文庫専任研究員；埼玉大学元教授。専門：中国古代史。
『秦漢出土文字史料の研究――形態・制度・社会』（創文社 2015），『中国古代訴訟制度の研究』（京都大学学術出版会 2006），『漢帝国と辺境社会――長城の風景』（中央公論新社 1999）

李成市（リ　ソンシ）
早稲田大学文学学術院教授。専門：古代東アジア史。
『闘争の場としての古代史』（岩波書店 2018），『世界歴史大系　朝鮮史１，２』（共編著，山川出版社 2017），「平壌楽浪地区出土『論語』竹簡の歴史的性格」（『国立歴史民俗博物館研究報告』194 2015）

渡辺晃宏（ワタナベ　アキヒロ）
奈良文化財研究所副所長・都城発掘調査部副部長。専門：日本古代史。
「平安時代の不動穀」（『史学雑誌』98-12 1989），『平城京と木簡の世紀』（講談社 2001），『平城京 1300 年「全検証」――奈良の都を木簡からよみ解く』（柏書房 2010）

［特別寄稿］
Edward M. Harris（エドワード・M・ハリス）
ダラム大学名誉教授；エディンバラ大学名誉教授格フェロー。専門：西洋古代史
Democracy and the Rule of Law in Classical Athens: Essays on Law, Society and Politics (Cambridge University Press, 2006), *The Rule of Law in Action in Democratic Athens* (Oxford University Press, 2013), *The Ancient Greek Economy: Markets, Households, and City-States* (co-edited, Cambridge University Press, 2016)

Jan-Mathieu Carbon（ジャン＝マシュー・カーボン）
コレージュ・ド・フランス（パリ）准講師；リエージュ大学（ベルギー）古代学部研究協力者。専門：西洋古代史
With S. Peels-Matthey, *Purity and Purification in the Ancient Greek World: Texts, Rituals, and Norms*, Kernos Supplement 32 (Presses Universitaires de Liège: Liège, 2018), "A Network of Hearths: Honours, Sacrificial Shares, and 'Traveling Meat'", *Feasting and Polis Institutions*, Mnemosyne Suppl. 414 (Leiden/Boston, 2018), "Ritual Cycles: Calendars and Festivals", *The Oxford Handbook of Ancient Greek Religion*, 2nd ed. (Oxford, 2017 [2015])

＊所属は 2019 年 3 月現在

古代東アジアの文字文化と社会

2019年4月1日　発行

編　者　　角谷常子
発行者　　片岡　敦
印　刷　　創栄図書印刷株式会社
発行所　　株式会社 臨川書店
　　　　　〒 606-8204
　　　　　京都市左京区田中下柳町八番地
　　　　　電話(075)721-7111
　　　　　郵便振替 01070-2-800

落丁本・乱丁本はお取替えいたします。ISBN978-4-653-04381-2 C1022　　Ⓒ角谷常子　2019
定価はカバーに表示してあります。

・JCOPY　〈(社)出版者著作権管理機構　委託出版物〉

本書の無断複写は著作権法上での例外を除き禁じられています。複写される場合は,
そのつど事前に,(社)出版者著作権管理機構（電話 03-5244-5088, FAX 03-5244-5089,
e-mail: info@jcopy.or.jp）の許諾を得てください。
本書を代行業者等の第三者に依頼してスキャンやデジタル化することは著作権法違反です。